中国特色社会主义政治经济学论坛文集

中国特色社会主义政治经济学研究

（2019）

总第20卷

胡家勇 主编

中国社会科学出版社

图书在版编目（CIP）数据

中国特色社会主义政治经济学研究．2019：总第20卷/胡家勇主编．—北京：中国社会科学出版社，2019.9

ISBN 978－7－5203－5167－6

Ⅰ.①中…　Ⅱ.①胡…　Ⅲ.①中国特色社会主义—社会主义政治经济学—研究　Ⅳ.①F120.2

中国版本图书馆CIP数据核字(2019)第202409号

出 版 人　赵剑英
责任编辑　卢小生
责任校对　周晓东
责任印制　王　超

出　　版　中国社会科学出版社
社　　址　北京鼓楼西大街甲158号
邮　　编　100720
网　　址　http：//www.csspw.cn
发 行 部　010－84083685
门 市 部　010－84029450
经　　销　新华书店及其他书店

印　　刷　北京明恒达印务有限公司
装　　订　廊坊市广阳区广增装订厂
版　　次　2019年9月第1版
印　　次　2019年9月第1次印刷

开　　本　710×1000　1/16
印　　张　19.75
插　　页　2
字　　数　334千字
定　　价　98.00元

《中国特色社会主义政治经济学研究》
学术委员会

（以姓氏笔画为序）

目　　录

[基本理论问题探讨]

[贫困问题研究]

［农村改革与发展］

［基本理论问题探讨］

新时代中国特色社会主义政治经济学的时代逻辑

杜人淮　林景慧

摘　要　新时代中国特色社会主义政治经济学是当代中国马克思主义政治经济学的最新理论成果，是习近平新时代中国特色社会主义思想的重要组成部分，有其鲜明的时代逻辑。新时代中国特色社会主义政治经济学，以中国特色社会主义进入新时代作为逻辑前提，以中国经济发展进入经济新常态作为逻辑起点，以坚持以人民为中心发展思想作为逻辑内核，以坚定不移贯彻落实新发展理念作为逻辑展开，以推动经济迈向和实现高质量发展作为逻辑指向，以建立完善的社会主义市场经济体制作为逻辑主题，以深入推进供给侧结构性改革作为逻辑主线，以建设现代化经济体系作为逻辑载体。

关键词　新时代　中国特色社会主义　政治经济学　时代逻辑

党的十八大以来，以习近平同志为核心的党中央运用马克思主义基本理论，立足中国特色社会主义建设实际，在实践中形成了习近平新时代中国特色社会主义经济思想，与时俱进地丰富和发展马克思主义政治经济

［作者简介］杜人淮，国防大学政治学院教授、博士、博士生导师，上海市习近平新时代中国特色社会主义研究中心特聘研究员，江苏省中国特色社会主义理论体系研究中心特聘研究员；林景慧，国防大学政治学院研究生。

［基金项目］本文系国家社会科学基金项目“国防工业发展的军民融合战略研究”（12BJY077）和江苏省社会科学基金重点项目“习近平关于军民融合深度发展重要论述研究”（17WTA014）阶段性成果。

学，逐步构建了新时代中国特色社会主义政治经济学。习近平强调，“要立足我国国情和我国发展实践，揭示新特点、新规律，提炼和总结我国经济发展的规律性成果，把实践经验上升为系统化的经济学说，不断开拓当代中国马克思主义政治经济学新境界”①，“要不断完善中国特色社会主义政治经济学理论体系，推进充分体现中国特色、中国风格、中国气派的经济学科建设”。②“要坚持中国特色社会主义政治经济学的重大原则，坚持解放和发展生产力，坚持社会主义市场经济改革方向，使市场在资源配置中起决定作用，是深化经济体制改革的主线”③，要求“各级党委和政府都要学好用好政治经济学，自觉认识和更好遵循经济发展规律，不断提高推进改革开放、领导经济社会的发展、提高经济社会发展质量和效益的能力水平”。④ 从“立足我国国情和我国发展实践”到“上升为系统化的经济学说”，再到“推进充分体现中国特色、中国风格、中国气派的经济学科建设”，从“坚持中国特色社会主义政治经济学的重大原则”到“学好用好政治经济学”，这既体现了新时代中国特色社会主义政治经济学发展的必然逻辑，也内含新时代中国特色社会主义政治经济学鲜明的时代逻辑。

一 逻辑前提：中国特色社会主义进入新时代

党的十九大报告中指出：“经过长期努力，中国特色社会主义进入了新时代，这是中国发展新的历史方位。”⑤ 新时代中国特色社会主义，首先是中国特色社会主义。“中国特色社会主义不是从天上掉下来的，而是党和人民历尽千辛万苦、付出各种代价取得的根本成就。改革开放前的社会主义实践探索，是党和人民在历史新时期把握现实、创造未来的出发阵

---

① 习近平：《立足我国国情和我国发展实践 发展当代中国马克思主义政治经济学》，《人民日报》2015 年 11 月 25 日。

② 习近平：《坚定信心 增强定力 坚定不移推进供给侧结构性改革》，《人民日报》2016 年 7 月 9 日。

③ 《2015 年中央经济工作会议》，《人民日报》2015 年 12 月 22 日。

④ 习近平：《更好认识和遵循经济发展规律 推动我国经济持续健康发展》，《人民日报》2014 年 7 月 9 日。

⑤ 习近平：《决胜全面建成小康社会，夺取新时代中国特色社会主义伟大胜利》，人民出版社 2017 年版，第 10 页。

地，没有它提供的正反两方面的历史经验，没有它积累的思想成果、物质成果、制度成果，改革开放也难以顺利推进。一切向前走，都不能忘记走过的路；走得再远、走到再光辉的未来，也不能忘记走过的过去。”[①]“中国特色社会主义特就特在其道路、理论体系、制度上，特就特在其实现途径、行动指南、根本保障的内在联系上，特就特在这三者统一于中国特色社会主义伟大实践上。”[②] 党的十八大后，中国特色社会主义进入了新的发展阶段，不仅取得了新的成就，而且面临新的矛盾和问题，新时代中国特色社会主义政治经济学既要回答建设什么样的和怎么建设中国特色社会主义的基本问题，还要回答建设什么样的和怎么建设新时代中国特色社会主义的时代课题，新时代中国特色社会主义政治经济学必然有其显著的新时代特征、内涵和要求。

（一）坚持把习近平新时代中国特色社会主义思想作为指导思想

习近平新时代中国特色社会主义思想具有鲜明的时代性，明确回答了中国特色社会主义进入新时代的总目标、总任务、总体布局、战略布局和发展方向、发展方式、发展动力、战略步骤、外部条件、政治保证等基本问题。[③] 2017 年 12 月，中央经济工作会议首次使用“习近平新时代中国特色社会主义经济思想”的提法，指出“这是五年来推动我国经济发展实践的理论结晶，是中国特色社会主义政治经济学的最新成果，是党和国家十分宝贵的精神财富，必须长期坚持和不断丰富发展”。习近平新时代中国特色社会主义经济思想是习近平新时代中国特色社会主义思想经济篇，是新时代中国特色社会主义政治经济学的集中概括。新时代中国特色社会主义政治经济学必须以习近平新时代中国特色社会主义思想作为指导思想，深入回答解决新时代中国特色社会主义经济建设、改革和发展等一系列重大问题，揭示新时代中国特色社会主义经济建设发展基本规律。

---

① 习近平：《在纪念毛泽东同志诞辰 120 周年座谈会上的讲话》，《人民日报》2013 年 12 月 26 日。

② 习近平：《习近平谈治国理政》，外文出版社 2014 年版，第 9 页。

③ 王晓晖：《深刻领会习近平新时代中国特色社会主义思想的核心要义和创新观点》，《人民日报》2017 年 11 月 23 日。

（二）坚持对新时代中国特色社会主义经济发展理论创新

进入21世纪，世界经济政治形势不断地发生深刻变化，中国的改革开放和现代化建设取得了历史性成就，在西方发达国家经济低迷增长的情况下，中国经济继续保持较高速度发展。这不仅是西方主流经济学说无法回答和解释的，而且经典作家创立的马克思主义政治经济学也难以更好回应。为了更好回应时代关切和要求，需要创新发展中国特色社会主义政治经济学。“中国特色社会主义政治经济学只能在实践中丰富和发展，又要经受实践的检验，进而指导实践。要加强研究和探索，加强对规律性认识的总结，不断完善中国特色社会主义政治经济学理论体系，推进充分体现中国特色、中国风格、中国气派的经济学科建设。”① 党的十八大以来，面对复杂多变的国际经济形势和国内经济发展的新情况，以习近平同志为核心的党中央，审时度势，不忘初心，奋发有为，成功驾驭了经济发展大局，不断总结形成了一系列治国理政的新理念新思想新战略，形成了新时代中国特色社会主义政治经济学的重大创新成果。

（三）坚持为新时代中国特色社会主义经济建设发展提供新方案

每个时代都有这个时代的重大发展问题，解决这个时代的重大发展问题需要有相应的解决新方案。中国特色社会主义进入新时代，虽然未改变我国社会主义初级阶段的基本国情，但也面临着诸多阶段性的新矛盾新问题。国际上，贸易保护主义、单边主义和反全球化等思潮抬头，并演化为危及世界经济健康发展的贸易战；在国内，资源环境压力加大，中低端产能过剩、有效需求不足、发展不平衡不协调、收入差距较大和创新能力不够强等问题依然突出，我国社会主要矛盾已经转变为人民日益增长的美好生活需要与不平衡不充分的发展之间的矛盾。习近平强调：“我国稳定解决了十几亿人的温饱问题，总体上实现小康，不久将全面建成小康社会，人民美好生活需要日益广泛，不仅对物质文化生活提出了更高要求，而且在民主、法治、公平、正义、安全、环境等方面的要求日益增长。”② 面

① 习近平：《坚定信心　增强定力　坚定不移推进供给侧结构性改革》，《人民日报》2016年7月9日。

② 习近平：《决胜全面建成小康社会，夺取新时代中国特色社会主义伟大胜利》，人民出版社2017年版，第11页。

对新时代存在的新的重大发展问题，我们党提出，要加快经济发展由高速的规模扩张转向中高速的质量提升，推进发展方式由规模速度型转向质量效率型，经济结构由增量扩能为主转向调整存量、做优增量并举，发展动力由劳动密集型转向多要素集约型等，这既是基于我国经济发展实践的科学把握和深刻总结，也是新时代中国特色社会主义经济建设发展的最新方案。

二　逻辑起点：中国经济发展进入新常态

研究政治经济学需要从当前国民经济的事实出发，要以现实的经济关系和经济问题作为起点。习近平指出："当前，全党面临的一个重要课题，就是如何正确认识和妥善处理我国发展起来后不断出现的新情况新问题。"① 基于新时代国内外宏观经济新形势和中国经济发展出现的新情况新问题，在2013年年底中央经济工作会议上，习近平明确指出，中国经济发展进入新常态，这是基于我国经济面临的突出矛盾和挑战与社会发展新趋势的科学判断，是构建新时代中国特色社会政治经济学的逻辑起点。

（一）坚持历史地认识经济发展新常态

马克思主义政治经济学认为，生产力和生产关系相互作用决定了人类经济社会发展。习近平指出，"从历史长过程看，我国经济发展历程中新状态、新格局、新阶段总是在不断形成，经济发展新常态是这个长过程中的一个阶段"。"新常态是一个客观状态，是我国经济发展到今天这个阶段必然会出现的一种状态，是一种内在必然性。"② 这充分说明经济发展新常态是我国经济向高级形态发展中的一个必经阶段，是生产力和生产关系不断调整适应的动态过程，是不以人的意志为转移的。这就需要我们从历史发展的进程中去认识经济新常态的必然性，准确把握经济新常态的内涵。研究新时代中国特色社会主义政治经济学，需要准确把握经济新常态的内涵、新特点、新规律。在认识上确立：新常态不是一个事件，不要用

---

① 习近平：《习近平谈治国理政》，外文出版社2014年版，第401页。

② 习近平：《习近平在省部级主要领导干部学习贯彻党的十八届五中全会精神专题研讨班上的讲话》，《人民日报》2016年1月18日。

好或坏来判断；新常态不是一个框子，不要什么都往里面装；新常态不是一个“避风港”，不要把不好做或难做好的工作都归结于新常态。

（二）坚持辩证地看待经济发展新常态

习近平强调，“我们看问题，要坚持辩证法，一分为二”。关于经济发展新常态，需要把握和处理好以下三对矛盾关系。一是机遇与挑战的相互并存。当前我国经济增量增速依然可观，但稳定经济增长任务繁重；经济增长动力更为多元，但核心动力源正在培育中；发展预期趋于稳定，但经济结构转型升级困难重重；市场活力逐步释放，但“放管服”改革还需进一步推进。[①] 二是“不变”与“变”的对立统一。我国经济发展进入新常态，没有改变我国仍处于可以大有作为的重要战略机遇期的判断，改变的是重要战略机遇期的内涵和条件；没有改变我国经济发展总体向好的基本面，改变的是经济发展方式和经济结构。[②] 三是“稳”与“进”的矛盾关系。“稳”就是要毫不动摇坚持我国基本经济制度，按照协调推进“四个全面”战略布局要求，坚持稳中求进工作总基调，牢牢把握经济社会发展主动权；“进”是在“稳”的前提下，全面深化经济领域改革，大力推进产业结构的优化调整、发展动力的转化。

（三）适应把握和引领经济发展新常态

我国经济新常态是发展增速变化、发展方式转化、经济结构调整、发展动力转换的新常态，谋划和推动我国经济社会发展，需要把适应新常态、把握新常态、引领新常态作为贯穿发展全局和全过程的大逻辑。[③] 一方面，需要深化推进供给侧结构性改革，坚持创新驱动发展，调整产业结构，转变发展方式，注重人口经济和资源环境空间的均衡，努力保持经济稳定增长，实现高质量发展目标；另一方面，需要加强实施宏观调控，引导好市场行为和社会心理预期，处理好政府与市场的关系，扩大对外开放，注重推进高水平双向开放，坚持底线思维，着力防范化解各种潜在的经济社会风险，如房地产风险、地方政府债务风险、金融风险，积极构建

① 张占斌：《新时代中国特色社会主义政治经济学》，人民出版社 2018 年版，第 142—145 页。

② 习近平：《习近平谈治国理政》，外文出版社 2017 年版，第 234 页。

③ 同上书，第 245 页。

现代化经济体系。

三　逻辑内核：坚持以人民为中心的发展思想

经济发展的理论和实践需要解决的基本问题，就是为谁发展。习近平提出了坚持以人民为中心的发展思想。“坚持以人民为中心的发展思想，这是马克思主义政治经济学的根本立场。要坚持把增进人民福祉、促进人的全面发展、朝着共同富裕方向稳步前进作为经济发展的出发点和落脚点，部署经济工作、制定经济政策、推动经济发展都要牢牢坚持这个根本立场。”强调：“以人民为中心的发展思想，不是一个抽象的、玄奥的概念，不能只停留在口头上、止步于思想环节，而要体现在经济社会发展各个环节。要坚持人民主体地位，顺应人民群众对美好生活的向往，不断实现好、维护好、发展好最广大人民根本利益，做到发展为了人民、发展依靠人民、发展成果由人民共享。”① 坚持以人民为中心的发展思想继承和发展了科学社会主义的原则立场，是我国经济社会发展的出发点和落脚点，指明了新时代中国特色社会主义政治经济学的理论宗旨、发展方向和实践路径，是新时代中国特色社会主义政治经济学的核心。

（一）研究主题要更加注重“人民主体”

人民是物质财富的生产者、精神文明的创造者和社会历史进步的推动者，我们国家是人民当家做主的国家，坚持以人民为中心就是要坚持人民主体地位。“近代以来久经磨难的中华民族迎来了从站起来、富起来到强起来的伟大飞跃，迎来了实现中华民族伟大复兴的光明前景。”② 新中国成立后，社会主义政治经济学先后确立了以人民为主体的“站起来”“富起来”和“强起来”的研究主题。党的十九大规划了“强起来”的整体战略安排，明确到建党一百年时全面建成小康社会，然后到2035年，在全面建成小康社会的基础上，基本实现社会主义现代化，到21世纪中叶，在基本实现现代化的基础上，把我国建成富强民主文明和谐美丽的社会主

---

① 习近平：《习近平总书记系列重要讲话读本》，《人民日报》2016年4月29日。

② 习近平：《决胜全面建成小康社会，夺取新时代中国特色社会主义伟大胜利》，人民出版社2017年版，第10页。

义现代化强国。新时代中国特色社会主义政治经济学，坚持把“强起来”作为研究主题，是以人民为中心展开的，越来越注重人民主体原则，闪耀着马克思主义人本思想的光芒。

（二）解决矛盾要更加关注“人民需要”

坚持以人民为中心就是要以人民需要为出发点和归宿，始终关注并最大限度地满足人民需求。习近平指出：“把人民对美好生活的向往作为奋斗目标。”① 进入新时代，随着人民物质文化水平的不断提高，人民群众的需要领域、需求层次和需求重心已逐渐超出物质文化层面，越来越向往和追求更加美好的生活。人民在期待物质文化生活改善和提高的同时，更加期盼有更好的工作收入、社会保障、教育水平、医疗卫生、居住条件、精神文化生活等。“我国社会主要矛盾已经转化为人民日益增长的美好生活需要和不平衡不充分的发展之间的矛盾。”② 面对我国社会主要矛盾的转变，新时代中国特色社会主义政治经济学，不仅要更加关注人民对美好生活需求，而且需要更加关注着力通过解决好影响和制约满足人民美好生活需求的不平衡不充分发展问题；既要着力提升整体发展水平，解决发展不平衡问题，也要通过挖掘发展潜力、补足发展短板、大力提升发展质量效益，解决好发展不充分问题，更加关切和满足人民对富裕及公平、公正等美好生活的需求，加快推动社会全面进步和人的全面发展。

（三）发展指向要更加凸显“人民共享”

实现全体人民的共同富裕是社会主义本质要求，是经济社会发展极为重要的环节，是落实以人民为中心发展思想的重要举措。党的十九大报告强调：必须坚持以人民为中心的发展思想，不断促进人的全面发展、全体人民共同富裕。“把人民对美好生活的向往作为奋斗目标，依靠人民创造历史伟业。”③ 实现共同富裕的核心要义是人民共享，就是要实现全民共享、全面共享、共建共享、渐进共享。全民共享就是要使发展成果人人享有和各得其所，而不是部分人享有，更不是少数人享有；全面共享就是要

---

① 习近平：《决胜全面建成小康社会，夺取新时代中国特色社会主义伟大胜利》，人民出版社 2017 年版，第 21 页。

② 同上书，第 11 页。

③ 同上书，第 21 页。

使人民共同享有国家各方面建设成果，并依法保障人民权益；共建共享就是要通过共建实现共享，而不是坐享其成，也不是搞平均主义；渐进共享就是要通过一个从低级到高级、从不均衡到均衡过程实现共享。新时代中国特色社会主义政治经济学需要聚焦共同富裕目标，既要深化对积累物质财富方面研究，着力做大“蛋糕”，更要强化对收入和财富公平合理分配研究，着力分好“蛋糕”，实现人民共享。

四 逻辑展开：坚定不移贯彻落实新发展理念

“发展是解决我国一切问题的基础和关键，发展必须是科学发展，必须坚定不移贯彻创新、协调、绿色、开放、共享的发展理念。”① 创新、协调、绿色、开放、共享的新发展理念，不仅是我们党对我国经济发展实践的科学总结，对新时代中国特色社会主义经济特点规律的深刻洞察和科学把握，而且是马克思主义政治经济学的重大创新，是习近平新时代中国特色社会主义经济思想的主要内容，是习近平新时代中国特色社会主义思想的重要理论成果。新发展理念就成为新时代发展中国特色社会主义经济建设发展的战略引领，新时代中国特色社会主义政治经济学创新发展的科学指南。

（一）开辟了当代中国马克思主义政治经济学新境界

马克思主义政治经济学揭示了生产力决定生产关系、生产关系必须适应生产力发展要求的基本原理。新发展理念体现了生产力与生产关系、自然与社会、手段与目的、当前利益与长远利益、平衡与动态的统一，顺应了马克思主义政治经济学研究对象对新时代现实问题的重要关注。创新发展强调的是科技、理论、制度、道路等诸方面创新，关注的是经济、政治、文化、社会等领域全面创新。协调发展把经济的平衡增长拓展到了经济的平衡发展，强调发展的协调性和平衡性，统筹推进“五位一体”总体布局，协调推进“四个全面”战略布局，丰富和发展了马克思主义生产关系与生产力、上层建筑与经济基础相协调理论；绿色发展要求把生态

① 习近平：《决胜全面建成小康社会，夺取新时代中国特色社会主义伟大胜利》，人民出版社 2017 年版，第 21 页。

文明融入经济、政治、文化和社会建设全过程，形成节约资源和保护环境的产业结构和生产、生活方式，在理论和实践上，丰富和拓展了马克思主义人与自然和谐发展的生态经济思想。开放发展本质在于推进和实现世界范围内的合作发展，开创了马克思主义的国际价值理论；共享发展突出共享共建、人民至上，旨在解决发展中共享不够、分配不公等问题，彰显了中国马克思主义公平发展观的当代发展。

（二）推进了中国共产党关于实现发展理论的新飞跃

实现什么样的发展、怎样实现发展等带有根本性方向性问题，是当代中国社会主义政治经济学不可回避的。党的十一届三中全会后，我们党先后提出了“发展是硬道理”“发展党执政兴国第一要务”“坚持以人为本、全面协调可持续发展”等重要思想。新发展理念持续和升华了党的发展理论，是新时代发展理论创新的最新成果，正如习近平所强调的：“这五大发展理念不是凭空得来的，是我们在深刻总结国内外发展经验教训的基础上形成的，也是在深刻分析社会发展规律大势的基础上形成的，集中反映了我们党对社会发展规律认识的变化，也是针对我国发展中的突出矛盾和问题提出来的。”[①] 新发展理念科学回答了新时代实现什么样的发展、怎样实现发展的问题，阐明了当前与长远、公平与效率、政府与市场、对内与对外、人与自然等重大关系，推动了我们党关于发展理论的新飞跃。

（三）书写了中国特色社会主义政治经济学新篇章

随着经济的发展，我国生态环境遭到了严重破坏，资源、人口、生态等红利因素逐渐减少，社会经济逐渐上升到发展“瓶颈”。根据发展环境条件和我国社会矛盾的新变化，我们党提出的新发展理念，坚持了为人民发展的本质要求，强调发展是解决我国一切问题的基础和关键，实现更高质量、更有效率、更加公平、更可持续发展的必由之路，强调转变发展方式、优化经济结构、转换增长动力，实现我国社会生产力水平总体跃升；坚持和完善我国社会主义基本经济制度和分配制度，使市场在资源配置中起决定性作用，更好地发挥政府作用，推动新型工业化、信息化、城镇化、农业现代化同步发展，主动参与和推动经济全球化进程，发展更高层

① 习近平：《习近平谈治国理政》，外文出版社 2017 年版，第 197 页。

次的开放型经济，不断壮大我国经济实力和综合国力。[①] 新发展理念是习近平新时代中国特色社会主义思想的主要内容，是对新时代中国特色社会主义政治经济学的深刻阐释，是当代中国马克思主义政治经济学新的理论贡献。

五　逻辑指向：推动经济迈向和实现高质量发展

坚定不移贯彻新发展理念，就是要实现我国经济的高质量发展。“我国经济已由高速增长阶段转向高质量发展阶段”。[②] 高质量发展就是坚持以提高发展质量和效益为中心，由主要依靠“要素驱动、投资驱动”走向更加注重“创新、技术驱动”，推动经济发展质量变革、效率变革、动力变革，增强我国经济的创新力、竞争力，旨在更好满足人民日益增长的美好生活需要。高质量发展贯穿于经济新时代生产、流通、分配、消费经济运行全过程，是遵循经济发展规律和建设社会主义现代化强国的必然要求，是我国新时代确定经济战略、制定经济政策和进行宏观调控的根本要求，是构建新时代中国特色社会主义政治经济学的重要指向。

（一）高质量发展深刻内涵和本质要求

高质量发展是高效率的发展，是以人民为中心的发展，是体现新发展理念的发展，是多维度的有机统一。一是过程与目标的统一。高质量发展首先是一个“阶段”，即由高速增长转向高质量发展的阶段。其次，高质量发展是一个“目标要求”，是保证经济持续健康发展的必然要求，是适应我国社会主要矛盾变化和全面建成小康社会、全面建设社会主义现代化国家的必然要求，是遵循经济发展规律的必然要求。二是供给与需求的统一。高质量发展首先要解决的就是供给侧结构性方面的问题。同时，随着新时代的到来，人民对美好生活有了更高需求，高质量发展要顺应需求升级的要求，提升产品和服务质量。三是数量与质量的统一。高质量发展，是从“有没有”转向“好不好”，由以往靠粗放型经济发展方式，迅速提

---

① 习近平：《决胜全面建成小康社会，夺取新时代中国特色社会主义伟大胜利》，人民出版社2017年版，第21—22页。

② 同上书，第30页。

高经济体量，加快生产满足社会需要的各类产品，转向按照“质量第一、效率优先”要求，依靠技术进步、改善管理和提高劳动者素质的集约型增长，更加注重产品的“质”，而不是“量”。

（二）推进高质量发展工作思路和举措

实现高质量发展是一项复杂的系统工程，需要坚持问题导向，坚持创新引领，做好统筹规划，抓住主要矛盾。一是深化供给侧结构性改革，把着力点放到振兴实体经济上，重点在“破”“立”“降”上下功夫，推进“中国制造”向“中国创造”转变，中国速度向中国质量转变，制造大国向制造强国转变；二是激发各类市场主体活力，推动国有资本和民营企业大力发展，全面实施并不断完善市场准入负面清单制度；三是实施乡村振兴战略，推进农业供给侧结构性改革，深化粮食收储制度改革，畅通要素下乡渠道，促进城乡融合发展；四是实施区域协调发展战略，重点抓好京津冀协调发展、“一带一路”、西部大开发、粤港澳大湾区建设等，实现基本公共服务均等化，人民生活水平均衡化；五是推动形成全面开放新格局，有序放宽市场准入，加强知识产权保护，大力发展服务贸易；六是提高保障和改善民生水平，针对人民群众关心的问题精准施策，着力解决好教育、养老、医疗、社会治理等民生问题；七是加快建立多主体供应、多渠道保障、租购并举的住房制度，加强宏观调控，促进房地产市场平稳健康发展；八是加快推进生态文明建设。启动大规模国土绿化行动，加快生态文明体制改革，恢复好绿水青山。

（三）健全的保障高质量发展制度体系

推进高质量发展，既要有有效的实践路径，更要有相关的制度体系来保障。为此，需要加快形成推动高质量发展的指标体系、政策体系、标准体系、统计体系、绩效评价、政绩考核，创建和完善制度环境，推动我国经济在实现高质量发展上不断取得新进展。① 一是建立与高质量发展相适应的现代化经济体系，坚持以供给侧结构性改革作为经济工作的主线，完成好党的十九大报告提出的“六大战略任务”；二是建立与高质量发展相适应的宏观政策体系，创新和完善宏观调控，完善社会主义市场经济体

---

① 《2017 年中央经济工作会议》，《人民日报》2017 年 12 月 21 日。

制，统筹各项政策，防范化解重大风险，确保经济发展稳中有进；三是建立与高质量发展相适应的制度环境体系，为统筹推进“五位一体”总布局和协调推进“四个全面”战略布局保驾护航。

六 逻辑主题：建立完善的社会主义市场经济体制

改革开放后，我国确立了建立和完善社会主义市场经济体制的改革目标。改革和完善社会主义市场经济体制的核心问题，是处理好政府与市场的关系。“经济体制改革是全面深化改革的重点，核心问题是处理好政府与市场的关系，使市场在资源配置中起决定性作用和更好发挥政府作用。”① 习近平强调，使市场在资源配置中起决定性作用和更好发挥政府作用的关系“二者是有机统一的，不是相互否定的，不能把二者割裂开来、对立起来，既不能用市场在资源配置中的决定性作用取代甚至否定政府作用，也不能用更好发挥政府作用取代甚至否定市场在资源配置中的决定性作用”。② 改革和完善社会主义市场经济体制，就是要逐步建立成熟定型的社会主义市场经济体制，能够充分展现和发挥社会主义制度优势。完善社会主义市场经济体制，使市场在资源配置中起决定性作用、更好发挥政府作用和充分发挥社会主义制度优势，就成为构建新时代中国特色社会主义政治经济学的重要主题。

（一）使市场在资源配置中起决定性作用

市场经济是市场对资源配置发挥决定性作用的经济。随着我国市场经济体制改革的不断深化，市场已成为推动和实现经济增长的基本动力，必须使市场在资源配置中起决定性作用。但在我国社会主义市场经济中，市场在资源配置中起决定性作用不是绝对的。习近平指出：“市场在资源配置中起决定性作用，并不是起全部作用。市场起决定性作用，是从总体上讲的，不能盲目绝对讲市场起决定性作用。”③ 发挥市场的决定性作用，应当以不损害社会的公平正义为前提，在此前提下，但凡依靠市场机制能

---

① 《中共中央关于全面深化改革若干重大问题的决定》，人民出版社 2013 年版。

② 习近平：《在十八届中央政治局第十五次集体学习时的讲话》，《人民日报》2014 年 5 月 28 日。

③ 习近平：《在中央财经领导小组第五次会议上的讲话》，《人民日报》2014 年 3 月 14 日。

够带来较高经济效率和社会效益的，都交给市场来自行运作。为了更好地发挥市场在资源配置中的决定性作用，需要加快健全各类企业的市场主体地位，规范和保护产权，逐步建立起现代企业制度，实现企业优胜劣汰；加快完善市场体系，使各种生产要素都能进入市场并自由流动，实现要素市场化配置；加快完善主要由市场决定价格的机制，按照市场的供求关系，实现价格反应灵活；加快规范市场秩序，完善公平竞争市场环境，实现统一开放、有序竞争；加快建立奖惩分明的激励制度，完善产权制度，防止各种投机倒把行为，实现产权有效激励，提高资源的配置效率。

（二）更好发挥市场经济条件下政府作用

社会主义市场经济条件下的政府作用，既不是传统计划经济体制下的政府作用，也有别于资本主义市场经济条件下的政府作用。政府主要发挥政策引导、基础设施建设、维护公平竞争、提高制度供给、全方位服务保障等作用，最大限度减少政府对市场活动的干预，但在市场机制失灵时，给予及时的纠正和有效的调控。为此，要遵循经济和社会发展规律，尊重市场作用和企业主体地位，全面正确履行政府职能，实施科学、适度、有效的宏观调控，建立以公平竞争为导向的宏观调控体系；要在尊重市场规律的基础上，以负面清单和权力清单界定政府边界，转变政府职能、简政放权、放管结合、优化服务力度，不断增强政府公信力和执行力；要明确地方政府的主体权责，消除“以 GDP 论英雄”的政绩考核体系，大力推动建立以公共服务为导向的财税体制，有效约束地方政府的经济行为；要提供良好的法律环境和制度保障，坚持社会主义基本经济制度，创造公平竞争的市场环境，构建完备的社会信用体系，统筹公平与效率，更好实现人民在市场经济活动的获得感，激发全体人民参与经济活动的热情。

（三）充分发挥和展现社会主义制度优势

社会主义市场经济，既是对传统计划经济的超越，也是对资本主义市场经济的扬弃和超越；既能有效发挥市场经济的优越性，又能充分发挥社会主义优越性。习近平指出：“在社会主义条件下发展市场经济，是我们党的一个伟大创举。我国经济发展获得巨大成功的一个关键因素，就是我们既发挥了市场经济的长处，又发挥了社会主义制度的优越性。……之所以说是社会主义市场经济，就是要坚持我们制度的优越性，有效防范资本主义市场经济的弊端。”[①] 中国特色社会主义经济建设实践和取得的巨大成就证明，通过发挥市场经济和社会主义两个方面的优越性，为中国特色社会主义经济发展注入了巨大的活力，创造了中国经济发展的奇迹，成为全球经济增长的引擎，展现了中国特色社会主义的独特优势和光明前景，从而明确社会主义市场经济是人类历史上最先进的经济制度和体制。因此，改革完善社会主义市场经济体制，要充分发挥社会主义基本经济制度、分配制度、保障制度和党领导经济制度等制度优势，有效避免和化解资本主义制度下市场作用的种种弊端，更好发挥市场对资源进行有效配置的功能，更好促进经济社会健康稳定秩序发展。

七 逻辑主线：深入推进供给侧结构性改革

供给与需求是社会经济运行的两个基本侧面，是政治经济学的两个重要范畴，需求侧管理与供给侧管理则是宏观调控的两种具体形式。供给（生产）决定需求（消费），需求（消费）对供给（生产）具有反作用，是马克思主义政治经济学的基本原理。新时代，我们要“坚持适应我国经济发展主要矛盾变化完善宏观调控，相机抉择，开准药方，把准供给侧结构性改革作为经济工作的主线”。[②] 这不仅体现了我们党对我国经济发展新阶段面临的突出矛盾和问题的深刻把握，而且是对马克思主义政治经济学的继承和发展。供给侧结构性改革不是否定和排斥需求侧，而是紧密地结合需求侧提高供给质量和效率，重点是解放和发展社会生产力，用改革的办法推进结构调整，减少无效和低端供给，扩大有效的中高端供给，增强供给结构对需求变化的适应性和灵活性，提高劳动生产率。供给侧结构性改革，不仅是新时代我国经济工作的主线，而且是新时代中国特色社会主义政治经济学发展的主线。

（一）深刻理解供给侧结构性改革的本质特征

2015 年 11 月召开的中央财经领导小组会议首次提出了供给侧结构性

① 习近平：《在十八届中央政治局第二十八次集体学习时的讲话》，央广网，2015 年 11 月 25 日。

② 《2017 年中央经济工作会议》，《人民日报》2017 年 12 月 21 日。

改革，强调“从提高供给质量出发，用改革的办法推进结构调整，矫正要素配置扭曲，扩大有效供给，提高供给结构对需求变化的适应性和灵活性，提高全要素生产率，更好满足广大人民群众的需要，促进经济社会持续健康发展”。[①] 然而，我国供给侧结构性改革的理论基础绝不是西方经济学的供给学派，更不是所谓供给自动创造需求的萨伊古典自由主义经济思想，而是马克思主义政治经济学。我国经济发展进入新常态，所面临的问题在供给和需求两侧，但矛盾的主要方面在供给侧。供给侧结构的调整，只能依靠改革的办法。供给侧结构性改革可理解为“供给侧+结构性+改革”。“供给侧”就是从生产端出发，对劳动力、资本、技术等生产要素进行有效管理和配置。“结构性”主要是对生产结构、产业结构、收入分配结构、区域结构等当中的错配资源进行高效配置和优化重组，提高劳动生成率。“改革”是对原来束缚资源要素供给、市场配置功能以及结构优化调整的体制机制进行变革，以有利于进一步解放和发展生产力。可见，供给侧结构性改革的核心要义就是用改革的办法推进结构调整，提高全要素生产率，解放和发展社会生产力，是马克思主义政治经济学话语体系下供给侧和需求侧的对立统一。

（二）积极探索供给侧结构性改革的实现路径

习近平指出：“我国不是需求不足，或没有需求，而是需求变了，供给的产品没有变，质量、服务跟不上。有效供给能力不足带来大量‘需求外溢’，消费能力严重外流。解决这些结构性问题，必须推进供给侧改革。”[②] “推进供给侧结构性改革，是适应和引领经济发展新常态的重大创新，是适应国际金融危机发生后综合国力竞争新形势的主动选择，是适应我国经济发展新常态的必然要求。”[③] 推进供给侧结构性改革，主要是从生产端入手提高供给体系质量，着力“去产能、去库存、去杠杆、降成本、补短板”，即“三去一降一补”。一是去产能，就是要化解过剩产能，破除无效供给，果断处置和淘汰“僵尸企业”，该停贷的就得停贷，该关

---

① 《七问供给侧结构性改革——权威人士谈当前经济怎么看怎么干》，《人民日报》2016年1月4日。

② 习近平：《在省部级主要领导干部学习贯彻党的十八届五中全会精神专题研讨班上的讲话》，《人民日报》2016年1月18日。

③ 《2015年中央经济工作会议》，《人民日报》2015年12月22日。

停的就得关停，该转向的就得转向，推动制造业由低端转向中高端；二是去库存，就是要化解产品库存，特别是有些地方的房地产库存，加快推进户籍制度改革，建立租购并举的住房制度，消化库存，稳定房地产市场；三是去杠杆，就是要通过实施稳健的货币政策，适度降低杠杆率，清理和降低地方政府和企业债务，防范和控制系统性金融风险；四是降成本，就是要清理各种不合理收费，降低制造业增值税税率等，逐步降低企业成本，让企业轻装发展；五是补短板，就是要通过加快完善各类基础设施，加大科技研发投入，加强生态环境保护，加紧创新人才队伍建设，解决好基本公共服务不均衡问题等，补足发展条件和民生的短板。

八 逻辑载体：建设现代化经济体系

建设现代化经济体系是党中央顺应中国特色社会主义进入新时代的新要求做出的重大决策部署。党的十九大报告指出："建设现代化经济体系是跨越关口的迫切要求和我国发展的战略目标。"[①] 只有建设和形成现代化经济体系，才能更好顺应现代化发展潮流和赢得国际竞争主动，也才能为其他领域现代化提供有力支撑。[②] 以人民为中心发展思想、新发展理念、高质量发展、社会主义市场经济体制、供给侧结构性改革等，因而建立现代化经济体系就成为新时代中国特色社会主义政治经济学的逻辑载体。

（一）应对"跨越关口"的迫切要求

马克思在《〈政治经济学批判〉序言》中指出："人们在自己生活的社会生产中发生一定的、必然的、不以他们的意志为转移的关系，即同他们的物质生产力的一定发展阶段相适应的生产关系。这些生产关系的总和构成社会的经济结构，即有法律的和政治的上层建筑竖立其上并有一定的社会意识形式与之相适应的现实基础。"[③] 我国经济进入新常态，进入了速度变化、结构优化、动力转化的新阶段，由高速增长转向高质量发展，

① 习近平：《决胜全面建成小康社会，夺取新时代中国特色社会主义伟大胜利》，人民出版社 2017 年版，第 30 页。

② 习近平：《建设充分发挥市场作用、政府作用的经济体制》，新华网，2018 年 2 月 1 日。

③ 《马克思恩格斯选集》第二卷，人民出版社 1995 年版，第 32 页。

这一转变体现的社会生产力的发展变化，而生产力的发展必然引起生产关系的变化，即“社会经济结构”的变革，这就必然要求经济体系也要随之相应调整变化。同时，生产关系的变化为生产力的发展开创条件，提供保障。在信息化引领的第五次技术革命中，我国长期处于“跟跑”状态，现在以人工智能为中心的第六次技术革命正处于起步阶段，我国与西方发达国家在很多领域处于“并跑”状态，为了实现由“跟跑到并跑”向“并跑到领跑”的跨越，强烈要求我国生产力尤其是创新技术的突破发展，这就迫切需要建设现代化的经济体系，为突破这生产力跨越的关口提供保障，实现经济发展的“领跑”。

（二）加快建设现代化强国战略任务

现代化国家的基石是现代化经济体系，没有现代化经济体系就谈不上现代化国家。建设现代化经济体系，是着眼实现社会主义现代化和中华民族伟大复兴，顺应中国特色社会主义进入新时代的经济体系。党的十九大将我国第二个百年奋斗目标的前半部分做出了战略安排：第一阶段，从二〇二〇年到二〇三五年，在全面建成小康社会的基础上，再奋斗十五年，基本实现社会主义现代化；第二阶段，从二〇三五年到，本世纪中叶，在基本实现现代化的基础上，再奋斗十五年，把我国建成富强民主文明和谐美丽的社会主义现代化强国。① 国家强，经济体系必须强，为确保社会主义现代化强国目标如期实现，必须加快建设现代化经济体系。与建设和实现社会主义现代化强国相契合，党的十九大明确了建设现代化经济体系的战略任务，即大力发展实力经济、实施创新驱动发展战略、积极推进城乡区域协调发展、着力发展开放型经济、深化经济体制改革等。对此，习近平进一步强调，建设现代化经济体系就是要建设创新引领、协同发展的产业体系，建设统一开放、竞争有序的市场体系，建设体现效率、促进公平的收入分配体系，建设彰显优势、协调联动的城乡区域发展体系，建设资源节约、环境友好的绿色发展体系，建设多元平衡、安全高效的全面开放体系，建设充分发挥市场作用、更好发挥政府作用的经济体制。② 新时代

---

① 习近平：《决胜全面建成小康社会，夺取新时代中国特色社会主义伟大胜利》，人民出版社 2017 年版，第 28—29 页。

② 习近平：《建设充分发挥市场作用、政府作用的经济体制》，新华网，2018 年 2 月 1 日。

中国特色社会主义政治经济学需要把建设现代化经济体系作为有机整体来研究，确保我国现代化经济体系的一体建设、一体推进。

参考文献

《中共中央关于全面深化改革若干重大问题的决定》，人民出版社2013年版。

习近平：《决胜全面建成小康社会，夺取新时代中国特色社会主义伟大胜利》，人民出版社2017年版。

习近平：《在纪念毛泽东同志诞辰120周年座谈会上的讲话》，《人民日报》2013年12月26日。

习近平：《习近平谈治国理政》，外文出版社2014年版。

习近平：《坚定信心　增强定力　坚定不移推进供给侧结构性改革》，《人民日报》2016年7月9日。

张占斌：《新时代中国特色社会主义政治经济学》，人民出版社2018年版。

正义的三维品格及实现路径

宋圭武

摘　要　正义有三个维度：一是权利分配维度，二是秩序运行维度，三是政府管理维度。最终社会的正义品格，取决于三个维度的不同组合。权利分配维度，是正义的基础维度，主要涉及对权利等资源如何进行分配更为合理，而涉及权利等资源的分配对象主要有四大类：安全、平等、自由、奉献。对这四大类权利如何分配更符合正义原则，应根据不同对象，采取不同的分配方式。秩序运行维度，主要涉及社会已经确定了权利的分配秩序，需要按秩序来进行分配。如何保障正义的秩序运行维度，最核心的是社会需要有诚信的品格。政府管理维度，是对权利分配维度和秩序运行维度中可能存在的问题提供的补救和调控措施。政府管理维度是一种主导维度，为正义力量的发挥提供一种主导作用。

关键词　正义品格　国家　权利分配

"正义"一词，在中国最早见于《荀子》："不学问，无正义，以富利为隆，是俗人者也。"在西方语言中，"正义"一词源自拉丁语 justitia，由拉丁语中"jus"演化而来。"jus"是一个多义词，有公正、公平、正直、法、权利等多种含义。法文中的"droit"、德文中的"recht"、意大利文中的"diritto"等，都兼有正义、法、权利的含义。在英文中，jus-

［作者简介］宋圭武，甘肃省委党校研究员。

tice 一词，具有正义、正当、公平、公正等意思。①

何为正义？古希腊智者卡克利斯认为，优者比劣者多得一些是正义的，强者比弱者多得一些是正义的。柏拉图认为，各尽其职就是正义，正义存在于社会有机体各部分间的和谐关系中。亚里士多德对正义问题做出了较全面深入的研究。他认为，正义可分为普遍正义与特殊正义。普遍正义要求公民的言行举止必须遵守法律，特殊正义则包括分配正义、矫正正义和交换正义三种。就正义作用范围而言，正义分为家庭正义和政治正义。关于正义原则，主要有两方面：其一，城邦政治法律制度原则；其二，作为个体正义美德原则，即人们从内心自觉服从和践行这些规则时，社会正义方能有效实现。伊壁鸠鲁认为，正义是人们彼此约定的产物。基督教伦理学家认为，肉体应当归顺于灵魂就是正义。霍布斯认为，自然法是使人类走出自然状态的条件，也是建立在理性之上的普遍法则。他认为，自然法最核心的内容是“己所不欲，勿施于人”，在自然法支配之下，人人都是平等的。遵守自然法就是实现正义、公平、公道。伏尔泰也认为，正义是自然法的基本要求，是普天之下都认为如此，它既不使别人痛苦，也不是以别人的痛苦使自己快乐，实现自然法的要求就是实现了正义。斯宾塞把自由看成是正义最高的价值。功利主义认为，正义就是最大多数人的福利最大化。乌尔比安认为，正义就是给每个人以应有权利的稳定的永恒的意义。凯尔森认为，正义是一种主观的价值判断。马克思主义者认为，任何社会的正义都不是抽象的、绝对的和永恒不变的，而是具体的、相对的和历史的，不同的社会存在不同的正义观念。权力绝不能超出社会的经济结构以及经济结构制约的社会文化发展。希腊人和罗马人认为，奴隶制是正义的；1789 年，资产者的正义要求是废除封建制度。在普鲁士的容克看来，甚至可怜的行政区域条例也是对正义的破坏。所以，关于正义的观念不仅因时因地而变，甚至也因人而异。罗尔斯认为，作为公平的正义的两个原则是：第一，平等自由的原则，即每一个人对于最广泛的基本自由，与其他人相一致的自由都有相同的权利。第二，社会的和经济的不平等应当满足两个条件：一是公职和职位向所有人开放，即机会均等的公平原则；二是有利于最小受惠者的最大利益，即差别原则。并且罗尔斯认为，第一优先原则平等的自由优先，自由只有为了自由的缘故而

① https：//baike. baidu. com/item/% E6% AD% A3% E4% B9% 89/361936？ fr = aladdin.

被限制。第二优先原则正义对效率和福利优先，其中，机会平等原则优先于差别原则。也就是第一原则优先于第二原则，第二原则中的机会均等原则又优先于差别原则。德沃金认为，正义应当是资源平等，也就是使经济结构中分配给每一个公民的资源尽可能是平等的。其衡量标准就是通过嫉妒检验：一旦分配完成，如果有任何居民宁愿选择别人分到的那一份资源而不要自己的那份，则资源的分配就是不平等的。在资源平等论中，德沃金同时认为，政府和社会应当为个人不能负责的运气负责，但个人应对自己的抱负和选择负责。①

对于上述关于正义问题的不同看法，笔者不去一一讨论，下面就正义问题谈一些自己的思考。正义有三个维度：一个维度是权利分配维度，另一个维度是秩序运行维度，还有一个维度是政府管理维度。最终社会的正义品格，取决于三个维度的不同组合。

权利分配维度，是正义的基础维度，主要涉及对权利等资源如何进行分配更为合理。而涉及权利等资源的分配对象主要有四大类：安全、平等、自由、奉献。对这四大类权利如何分配更为符合正义原则，应根据不同对象，采取不同的分配方式。

对于涉及安全方面的权利，平均分配符合正义原则。因为生命的安全是人类最基本的权利，也是最基本的要求。生存是第一位的，没有安全，就没有生存的基本保证。而没有生存，后面的平等、自由、奉献等权利也就没有任何意义。所以，安全是拥有其他权利的基本前提条件。比如粮食，在大饥荒的情况下，就必须要考虑平均分配原则，让更多的人有粮食吃，不至于饿死。而其他原则，比如市场交换分配原则，让有钱人更多享受粮食，甚至吃不了浪费掉，而穷人因为缺钱，吃不饱甚至于饿死，这种分配方式的结果必然是非正义的。

对于涉及平等方面的权利，主要包括参与机会和收益分配两个方面。在参与机会层面，核心应体现机会均等原则，应给予有能力的人最大限度发挥能力的机会，而不应受身份、性别、年龄等方面的限制。在收益的分配权利层面，应分三种情况选择不同分配方式。对于来自先天资源的收益，比如石油、煤炭等，应更多地体现平均原则。因为先天资源，其形成

① 宋圭武：《怎样才算公平》，http：//www.wyzxwk.com/Article/shushe/2011/07/238524.html。

是先天的，任何后天的人都没有对其形成做出贡献，所以，先天资源自然应是属于全人类的共同财富，其收益应是属于全人类的，而且每个人都应有份，应是平均分享其收益。这里我们可以把先天资源比作一个无主的黄金，后天的一群人捡到这块黄金，自然是人人有份，若有些人依据强权多占多拿，本质就非正义。而对于后天劳动收益，核心应体现按劳分配原则，应让真正对社会有贡献的人，拿到自己该拿的，享受自己该享受的，社会应当多劳多得，少劳少得。或者这里比如说，人类在捡到先天形成的黄金平均分配后，每个人可以对黄金进行加工，而加工收益应根据各自劳动创造价值而定，应体现按劳分配原则。但按劳分配原则对于失去劳动能力的人来说，是有缺陷的。因为有些人失去劳动能力，本人是无法控制的，其责任也不在本人身上。在这种情况下，收益分配应体现人道保障原则，应通过完善社会保障制度，让失去劳动能力的人有一个基本的生存和生活条件。这里存在的一个问题是：三种分配方式，如何确定三者的收益界限。这是一个需要进一步讨论的问题，其中最核心的是劳动创造价值的确定。

对于涉及自由方面的权利，具体是指个人在不伤害别人自由的情况下，对个人事务具有最大的选择自由性，核心是应体现自主原则和机会均等原则。自由是人的本质性规定之一。人对自由的追求是天然的。社会应在个人自由不伤害社会其他人自由的前提下，最大限度地实现个人自由，或为其提供最大的自由选择天地。

对于涉及奉献方面的权利，是指个人具有基于同情心原则对社会进行无偿贡献的自主选择自由，其核心是应体现自愿原则。人类的同情心是天然具有的，是人的一种自然本能。亚当·斯密说："最大的恶棍，极其严重地违犯社会法律的人，也不会全然丧失同情心。"① 一些研究表明，同情心在儿童早期就出现萌芽。有关研究也表明，如果一个人对他人很有同情心，则意味着他的大脑前额叶的功能非常健康。伦敦大学心理学系的迈克尔·巴尼西认为："实验表明，触觉系统和同情的某些特定方面存在着联系。"另外，近年来，科研人员也发现，除了人以外，黑猩猩、海豚和大象等动物也能够对同类死亡表示同情。由于人都有同情心，所以，人对落难者必然会产生一种天然帮助的心理。所以，人类对奉献也具有一种天

① ［英］亚当·斯密：《道德情操论》第五版，商务印书馆 1997 年版，第 5 页。

然需求的心理，社会也有义务满足人类的这一天然权利。一个压制人类自愿奉献的社会，本质也是非正义的。

从人类所应具有的权利分配角度看，安全、平等、自由、奉献，这四大类权利，在追求的过程中，或者在分配的过程中，可能会存在互相冲突的现象。比如，社会为了安全，可能会牺牲平等的价值等。在这种情况下，四类权利，顺序应是安全的价值最高，具有无限大的价值，是首要考虑的问题。其次是平等的价值。也就是安全的价值要优先于平等的价值，要在安全的基础上，才考虑平等问题。再次是自由的价值。这里，平等的价值应优先于自由的价值。因为没有平等，自由本质是伪的，自由就是强者对弱者的自由，社会也就不会有真正的自由。最后是奉献的价值。奉献虽然在人类的道德境界上，属于最高级，但在人类需要分配的权利层面上，应属于最后才考虑的价值。所以，从权利产品的分配角度看，总体而言，符合正义原则的分配顺序应是：安全优先于平等，平等优先于自由，自由优先于奉献。奉献虽然是道德的最高级，但其产生的基础和前提条件是社会要有安全、平等和自由。若社会没有安全、平等、自由，所谓奉献，最终也不会落到实处，最终就是一句空话。

在安全、平等、自由和奉献四大类权利的分配方式上，越是靠近安全的一方，越需要政府的参与，越需要体现强制原则，越需要体现“左”的倾向；越是靠近奉献的一方，越需要体现自主性，越需要体现个人自愿的原则，越具有右的倾向。

另外，在生命安全这个层面上，由于生命的价值是无限大的，是没有办法用金钱或福利效用衡量其大小的，所以，功利主义的思维方式本质是失效的。因为一个人的生命价值是无限大的，五个人的生命价值也是无限大的。在这种情况下，就不能因为五个人的生命价值要高于一个人的生命价值，就可以损害一个人的价值，因为两者的价值都是无限大，两者是没有办法比较大小的。比如用一个好人的器官，通过移植，去救活五个人，由于涉及生命价值无限大，所以，就无法判断救的价值和不救的价值哪个大。还有，用一个人的生命堵失控的电车，去救五个无辜的生命，还是不用这个人的生命去堵，让电车轧死五个无辜的人，到底哪个更符合正义原则，这都是无法比较的选择，因为两者都涉及无限大的价值选择。在这种情况下，应采取当事人自愿的原则，也就是若当事人愿意用自己的器官，通过移植，去救活五个人，或者站在高桥上的人，自愿跳下去堵失控的电车，这时就不存在价值选择的困难。在自主原则下，个人的选择就具有了正义性，而且对这种正义行为，社会应给予高额的回报。但在非自愿的情况下，政府绝不能去强制，若政府去强制，或者有人强制一个人这样做，比如强制摘取一个人的器官，或者强制将一个无辜的人推下高桥去堵失控的电车，这就违背了正义原则，是不应提倡的。

秩序运行维度，主要涉及社会已经确定了权利的分配法则，就需要按秩序来进行分配。这就是秩序正义。秩序运行维度是正义的保障维度，因为若没有秩序正义，也就不可能有权利分配正义。因为在没有秩序的情况下，任何正义的权利分配原则是无法有效实现的。

如何保障正义的秩序运行维度，最核心的是社会人文品格需要富含诚信精神。诚信是秩序的灵魂。诚信本质是一种守诺精神，有守诺精神，自然社会规则就容易得到遵守，因为规则本质也是众人互相之间的一种游戏承诺。而若社会人人守规则，社会也就必然有秩序。另外，在秩序运行维度的正义品格追求方面，从法治社会角度看，核心也就是要大力建设法治社会，最终实现社会有法可依、有法必依、违法必究、执法必严的境界。

政府管理维度，是对权利分配维度和秩序运行维度中可能存在的问题提供一些补救和调控措施。一方面，由于人类的理性总是有限的；另一方面，由于社会问题总是复杂多变的。所以，社会的权利分配维度和秩序运行维度不可能穷尽所有的可能性，总会遗漏一些正义的空间，这客观上需要社会有一个补救和调控机制，所以，政府管理维度也是社会实现正义所必需的。另外，虽然政府管理维度对正义的实现是一种补救和调控，但同时还是一种主导维度，其为正义的实现和正义力量的发挥提供一种主导作用。成也萧何，败也萧何，政府的主导作用至关重要。

政府如何在正义的补救和调控方面发挥好主导作用。第一，政府要把救助社会弱势群体和穷人作为自己的一项天然职能。尼古拉·亚历山德罗维奇·柏提耶夫说：政府存在的目的不是把人类生活变成天堂，而是防止其沦为地狱。亚当·斯密认为，帮助穷人是政府的一项必要职能，并认为，这并不仅仅属于收入分配的范畴，而是为了消除各种潜在社会危机的需要。在早期的英格兰，这一职能主要是由社区而不是政府来担任的。阿道夫·瓦格拉也认为，政府应致力于富裕人群和较低收入人群之间收入及财产的再分配工作。这一观点也得到了约翰·斯图亚特·穆勒的支持。为了实现这一目标，政府应从较富裕的人群那里征收更多的税款，用于为较低收入群体提供公共服务。政府为什么要把扶助弱势群体和穷人作为一项天然职责？一是因为市场本身具有嫌贫爱富的特性，缺乏有效调节贫富差距的内在机制。二是一旦陷入贫困，在市场竞争激烈的情况下，依靠贫困者自身摆脱贫困，需要付出更大努力，客观上需要政府提供支援。三是贫困对社会的危害是全局性的，不是局部性的。从政治方面看，贫困对政治建设十分不利。在一个贫富差距大的社会，政治行为会更多地被垄断集团所绑架。从经济方面看，贫困对长期经济增长不利。穷人多，不利于促进社会人力资本建设；另外，穷人多，经济增长也必然缺乏有效需求。从人文精神方面看，贫困对社会人文精神建设也十分不利。穷人多，社会犯罪率必然会有增加趋势，社会人文精神就会有堕落趋势。政府如何发挥好救助弱势群体和穷人的职能，需要政府的任何政策措施都要优先考虑社会最弱势群体和穷人的利益，政府的任何改革措施，应首先使弱势群体和穷人获利最大，或至少不能使弱势群体和穷人利益受损。第二，政府应成为社会公共产品的主要提供者。这里的公共产品，主要是指满足消费的非排他性和非竞争性的产品，如国防、教育、医疗、环境保护等。第三，政府应大力促进社会公共精神建设。公共精神本身也是一种公共产品。政府应把社会公共精神建设作为一项长期任务。在公共精神建设方面，尤其要加大社会诚信建设的力度。要把诚信建设作为公共精神建设的首要任务，要常抓不懈。第四，政府要着力促进社会公共秩序建设。政府在秩序维护方面，必须要保持中立公正原则，要当好裁判员。自己更不能带头违法乱纪。第五，政府要着力促进社会第三部门发展。所谓第三部门，主要是基于同情心原则或道德原则而建立的志愿者组织。第三部门是对政府不足和市场不足的有益补充。

要使政府发挥好主导作用，政府自身建设是不可或缺的。如何加强政府建设？由于政府的产品更多的是公共产品，无法从产出方面进行准确的衡量，这需要更多地从投入角度进行约束。政府应建立更加透明的预算投入机制；政府的运行过程也应更透明和公开；政府的组成主体应是多元的，应让社会各个阶层在政府中都有自己的代言人，或者都应有自己利益表达的渠道；政府应建立广泛的协商制度，应就一些重大政策问题，举行更广泛的协商和讨论，通过讨论和协商，凝聚共识，形成发展合力。

人类社会发展，本质是离不开正义的，正义是文明的支柱，但人类社会实现正义的道路，本质是不平坦的。因为正义境界的最终完全实现，取决于正义的权利分配、秩序运行和政府管理三个维度的最优组合。当三个维度状态都达到最优时，社会才有可能达到最满足正义要求的状态。而实际的社会正义状态，往往是三个维度呈现一种犬牙交错的状态，总是会有一些维度或一个维度的一些方面很难满足正义的一些基本要求。而且随着社会经济发展状态的变化，正义的三个维度的状态也在随时发生变化，实际情况也正如美国法理学家博登海默所说，正义有着一张普罗修斯似的脸，变幻无常，可随时呈现出不同形状并具有极不相同的面貌。

所谓正义问题的有关悖论问题，更多的也是正义三个维度建设不和谐所致。因为正义的理论体系大厦本质上也是一个逻辑大厦，人类要想从根本上消除正义问题的各种悖论问题，就需要人类能完全消除逻辑悖论问题，目前在逻辑理论上还没有彻底完全解决这一问题。但若我们能最大限度消除正义三个维度建设上的不和谐，就可以最大限度减少正义悖论所导致的各种选择困境问题，使正义悖论问题只存在于很有限的空间中。

从长远看，社会要达到一种十分理想的正义境界，离不开全人类的全面觉醒，离不开全人类的共同努力和行动，为此，正义建设也需要一个启蒙的过程。而启蒙，有两种形式：一种是知识启蒙，另一种是道德启蒙。其中道德启蒙要比知识启蒙更重要。因为道德建设是社会正义建设的治本之策。《周易》讲，厚德载物。道德是文明之根基，也是正义之根基。另外，加强社会道德建设，会更少遇到利益阻力，这比制度建设更容易推进。如何进行道德启蒙，如何加强社会道德建设，一是从道德内容建设看，一个优良的道德体系，必须要具备三个基本元素：诚信、理性和敬畏。这里并不是任何道德体系都符合建设正义品格的要求，只有同时具备诚信、理性和敬畏三个基本元素的道德框架，才更符合优良道德体系的框架，也更有利于滋润正义的大树。其中诚信是人与人之间关系应具有的基本品格。因为若人与人之间的关系，没有诚信品格，则所有的道德关系界定都是虚的，都是不可靠的。理性是人处理与自然关系时应具有的基本品格。理性精神就是科学精神，尊重科学，按科学规律办事，是人与自然关系和谐的基本条件。敬畏是人处理与不确定性世界关系时应具有的基本品格。这里说的敬畏，本质是一种恐惧和尊敬的混合。由于科学还没有解决所有问题，不确定性本质是存在的。承认不确定性的存在，本质也符合唯物主义的要求。面对不确定性，保持一种尊敬和恐惧的态度，本质也是一种理性精神。所以，基于建设正义社会的需要，要加强道德建设，客观上需要大力加强诚信意识、理性意识和敬畏意识三方面的建设，夯实这三根道德大厦的支柱。二是从道德建设方式看，需要立足于人性特点建设道德，不能抽象空洞。立足人性特点，核心是要立足同情心，加强道德建设。同情心是道德的起点和根源。孟子说："恻隐之心，仁之端也。"（见《孟子·公孙丑上》）亚当·斯密说，由同情可产生两种基本美德，即正义和仁慈。另外，由于人都有同情心，立足同情心，道德教育就容易引起人性的共鸣，就容易引起心灵振动，教育内容就容易入脑入心，就容易达到理想的教育效果。三是从道德建设机构看，学校是基础机构，学校教育是基础工程。社会要高度重视学校教育。要进一步加大学校教育方面的各种投入，尤其是要严把教师选拔质量关，要把最优秀的人选拔为教师。同时，还要高度重视教师队伍的道德建设，对教师职业，应普遍实行道德一票否决制，对教师的道德败坏行为应实现零容忍，要坚决把道德败坏的教师清除出教师队伍，绝不能有任何的心慈手软。在教育理念方面，教育体系要始终把道德教育放在教育任务的首位。学校既要重视知识教育，更要重视道德教育，要着力培育学生的正义品格。道德教育需要从小孩子抓起，需要从托儿所和幼儿园就开始要抓好道德教育，不能等到中学或大学再重视道德教育。因为一个人一旦世界观基本形成，再后天教育改变就很难。另外，道德教育还需要从小事抓起。大境界最终都是由一件一件小事夯实的。古人云："合抱之木，生于毫末；九层之台，起于累土；千里之行，始于足下。"（见老子《道德经·第六十四章》）"天下难事，必作于易；天下大事，必作于细。是以圣人终不为大，故能成其大。"（见老子《道德经·第六十三章》）古人还说："凡牧民者，欲民之有义也；欲民之有义，则小义不可不行；小义不行于国，而求百姓之行大义，不可得也"。（见《管子·权修》）四是从道德物质基础建设看，需要大力发展经济。经济是道德的重要基础。这里，虽然经济发展水平提高，不一定就是社会道德水平提高，两者并不具有完全的正相关关系，但经济发展水平提高，总体对道德建设利好消息多。从经济学角度分析看，也有一定道理。因为根据边际效用递减原理，当人们的物质收入水平不断提高时，人们对来自物质收益方面的边际效用会递减，对来自精神收益方面的边际效用会递增。也就是说，在人们物质财富更富有的情况下，人们会更趋向于追求精神收益。古人云："仓廪实而知礼节，衣食足而知荣辱。"（见《管子·牧民》）说的就是这个理。五是从道德制度基础建设看，需要建设更加公正的制度体系。[①] 六是从道德建设主体看，政府和社会精英人士是关键。政府在道德建设中要发挥好主导作用。道德本质就是公共精神，所以，道德建设也是政府的一项天然职责。另外，社会精英人士也要起到表率作用。尤其是知识分子，更应成为社会道德的表率。知识分子不仅要启蒙社会，而且也要启蒙自身，要在呼吁改造社会的同时，也要不断改造自己。

另外，社会正义建设，还需要坚持短板原则，应对三个维度或某一维度中的短板内容进行重点建设。所谓坚持短板原则，实质上就是抓准抓牢主要矛盾。抓准抓牢主要矛盾，是解决问题的有效捷径，往往会收到事半功倍的效果。若社会在每一个发展阶段，都能抓准抓牢主要矛盾，能及时解决好一些突出重点问题，则社会正义建设就能总体沿着最优路径前进，正义建设就能总体实现社会总成本最小化和社会总收益最大化。

参考文献

[古希腊] 亚里士多德：《政治学》，商务印书馆 1965 年版。

[美] 罗尔斯：《政治自由主义》，译林出版社 2000 年版。

[美] 罗尔斯：《正义论》，何怀宏等译，中国社会科学出版社 2001 年版。

[美] 德沃金：《至上的美德：平等的理论与实践》，江苏人民出版社 2007 年版。

[美] E. 博登海默：《法理学：法律哲学与法律方法》，中国政法大学出版社 2017 年版。

马捷莎：《亚里士多德正义观及其启示》，《黑龙江社会科学》2016 年第 1 期。

淑芹、曹义孙：《柏拉图与亚里士多德正义观之辨析》，《哲学动态》2008 年第 10 期。

宋圭武：《公平是发展的首要价值》，《红旗文稿》2013 年第 11 期。

① 这里，需要说明的一个问题是，一方面，本文中提出要建设正义社会（其中正义社会，应具有公正的制度体系），需要加强道德建设；另一方面，本文又提出加强道德建设，又需要建设公正制度体系。虽然从理论逻辑看，这存在循环论证的问题，但从实践逻辑看，不存在循环论证的问题。因为从实践逻辑看，社会问题往往是，众多现象之间多是互为因果的，互相之间都有联系，总体是互相制约和互相影响的。比如，制度与道德，两者就是互相制约和互相影响，要建设其中一个，就离不开对另一个的建设。而且在社会实践改造层面，我们更应遵循实践逻辑，按实践的逻辑出牌，而不是按理论的逻辑出牌。

改革开放40年政府与市场关系的演进与创新

郭冠清　王　瑶

摘　要　改革开放40年的经济发展变化史也是一部中国特色社会主义市场经济发展史，其核心是正确处理政府与市场的关系，破解社会主义与市场经济相容性难题。本文从历史唯物主义视角，结合现代经济学工具，审视和回顾了40年来我国政府与市场关系演进的激荡历程。这一历程主要包括从否定和排斥市场作用到使市场起“辅助性作用”，从使市场起“辅助性作用”再到使市场起“基础性作用”，最后使市场从起“基础性作用”到使市场起“决定性作用”的三次历史性飞跃。本文以历史唯物主义为基础，结合现代经济学的研究成果，对改革开放40年政府与市场关系进行了理论分析，对社会主义与市场经济相容性问题进行了论证，对经济新常态下以习近平为核心的党中央重塑政府与市场关系并构建“党、政府、市场三位一体框架”的新型模式进行了研究。

关键词　改革开放40年　历史唯物主义　政府与市场　中国特色社会主义

改革开放40年的经济发展变化史也是一部中国特色社会主义市场经济发展史，其重点是经济体制改革，其核心是正确处理政府与市场的关

［作者简介］郭冠清，中国社会科学院经济研究所研究员，《资本论》研究室主任；王瑶，中国社会科学院经济研究所副研究员。

系，其难点是社会主义与市场经济相容性问题。① 对于政府与市场关系的研究，文献很多②，有的文献专注于某一行业领域的分析③，有的文献使用现代经济理论去分析政府与市场的关系④，有的文献使用政治经济学的方法对政府与市场关系进行评判⑤，不过，大多数文献是对中央重要文件和精神中的政府与市场关系进行阐释。⑥ 本文的研究是一个综合性研究，尝试从历史唯物主义视角，结合我国和苏联东欧社会主义国家经济史，审视和回顾40年来我国政府与市场关系演进的主要历程，对在这种演进过程中可能存在的问题进行分析，对政府与市场关系的未来发展给予前瞻性的研究。本文的边际贡献在于以重新解读的历史唯物主义⑦为基础，结合现代经济学的研究成果，对改革开放40年我国政府与市场关系进行了理论分析，对社会主义与市场经济相容性问题进行了论证，对经济新常态下以习近平为核心的党中央重塑政府与市场关系，构建“党、政府、市场三位一体框架”的理论创新进行了研究。

一 在计划经济中引入市场的探索（1978—1992）

经过“大跃进”和“文化大革命”两次运动的冲击，在从1958年开始的20年时间里，我国经济处于停滞和徘徊状态⑧，1978年我国的经济水平仅相当于富裕国家的6.8%，世界平均水平的22.1%⑨，工人的人均住房面积仅3.6平方米，比1952年还少0.9平方米⑩，大批返城的知识青

① 《关于全面深化改革若干重大问题的决定》，人民出版社2013年版。

② 通过知网以“政府与市场”为主题进行检索，截至2018年6月30日可以检索到8560条结果。

③ 陈雨露：《金融发展中的政府与市场关系》，《经济研究》2014年第1期。

④ 林毅夫：《政府与市场的关系》，《国家行政学院学报》2013年第6期。

⑤ 胡钧：《政府与市场关系论》，《当代经济研究》2013年第8期。

⑥ 魏礼群：《正确认识与处理政府和市场关系》，《毛泽东邓小平理论研究》2014年第5期。

⑦ 郭冠清：《回到马克思：政治经济学核心命题的重新解读（上）——以〈马克思恩格斯全集〉历史考证版第二版（MEGA2）为基础》，《经济学动态》2015年第5期；《习近平〈对发展社会主义市场经济的再认识〉一文的学术贡献》，《福建论坛》2018年第11期。

⑧ 邓小平：《邓小平文选》第三卷，人民出版社1993年版。

⑨ 蔡昉：《绪论中国改革开放四十不惑》，载《中国经济改革与发展（1978—2018）》，社会科学文献出版社2018年版。

⑩ 萧冬连：《筚路维艰：中国社会主义路径的五次选择》，社会科学文献出版社2014年版。

年找不到工作，贫穷与落后依然困惑着我们。“以阶级斗争为纲”“宁要社会主义的草，不要资本主义的苗”为主要特征的意识形态束缚与摆脱贫困、解决温饱问题的迫切需求之间的矛盾，伴随最高权威毛泽东的去世而获得了帕累托改进的可能。在这种背景下，以党的十一届三中全会召开为起点，我国开始尝试在指令性计划中注入市场因素，在指令性计划经济的生产和交换条件下，寻求促进生产力发展的制度安排[①]，结果，我们在“摸着石头过河”中获得了农村经济发展的张力，在放权让利中为企业释放出自身的活力，在“增量渐进改革”的低成本制度转换路径中创造出工业生产资料价格改革的双轨制，这不仅使我们成功地走出了“马尔萨斯—李嘉图的贫困陷阱”，而且也为社会主义与市场经济的结合，正确处理政府与市场的关系奠定了基础。

（一）农村改革的制度创新

1978 年 11 月在党的十一届三中全会召开之前，安徽省小岗村全队 18 户户主（两户单身汉外流）召开了一个秘密会议，把田分到户上，即实行包干到户（俗称“大包干”）。这是在将全队 20 户人家 115 人分成两组，没有效果，又分成四组，仍然没有效果，接着分成 8 组，每组只有两三户结果还是不好的情况下的一次大胆的尝试。1979 年，小岗村获得了大丰收，粮食产量高达 13.2 万斤，是 1966—1970 年的五年的总和，而油料的产量达到 3.5 万斤，是过去二十多年的总和。[②] 包产到户过去多次出现过，例如，20 世纪 50 年代末合作化高潮时出现过，60 年代初期经济困难时也出现过，但包干到户则是改革开放后第一次出现在中国大地上。包产到户以生产队实行“五统一”（统一支配生产资料、统一调配劳动力、统一生产计划、统一重大生产措施、统一处理产品和收益分配）为基础，而包干到户则是生产队与农户签订承包合同，农民在“上缴国家的，留足集体的”之后，“剩下全是自己的”。尽管对包干到户（连同包产到户、包干到组）的质疑声不断，1979 年 9 月召开党的十一届四中全会通过的《关于加快农业发展的若干问题的决定》也规定“不许分田单干”，但是，

① 郭冠清：《习近平〈对发展社会主义市场经济的再认识〉一文的学术贡献》，《福建论坛》2018 年第 1 期。

② 曹普：《当代中国改革开放史》，人民出版社 2016 年版。

包产到户、包干到户在安徽省、四川省等地取得的巨大成功，不仅赢得了时任安徽省省委第一书记万里、四川省委第一书记赵紫阳的大力支持，而且赢得了邓小平的青睐，他在1980年4月2日、1980年5月31日两次谈话中明确表示了支持。[①] 根据邓小平的讲话精神，贵州省在1980年7月15日发文，允许在全省农村普遍推行以包干到户为主的家庭承包制。1980年9月27日，中央下发了《〈关于进一步加强和完善农业生产责任制的几个问题〉的通知》，通知中明确提出了对“包产到户”“包干到户”的支持。[②] 在经过几年的实践检验后，1983年“中央一号文件”提出，包干到户“是在党的领导下我国农民的伟大创造”。1983年6月6日召开的全国人大六届一次会议首次把“大包干”称为“家庭承包责任制”[③]，由此奠定了以家庭承包经营为基础、统分结合的双层经营体制为特点的农村基本经营制度。[④] 到1983年年底，实行家庭联产承包责任制的生产队高达586.3万个，占生产队总数的99.5%，其中实行“大包干”的生产队达576.4万个，占生产队总数的97.8%。[⑤]

从上面所讲的情况可以看出，农村改革与其说起源于党的十一届三中全会提供的比较宽松的政治环境，引导出农村的管理方式和经营方式的重大变革，不如说是“三级所有，队为基础”的生产方式严重阻碍了农业生产力的发展，以致农民为摆脱饥饿而冒着长期坐牢的风险的强烈需要之必然选择，用参与决策的时任农业部部长杜润生的话讲，就是“农村的改革并没有事先描绘好的蓝图，它是在农民、基层干部、地方政府和中央领导各个层次、各个方面的互动过程中完成的”[⑥]，而这无意中促使农民成了“改革的先锋队”。

农村改革另一个突出的表现是乡镇企业的异军突起。乡镇企业1984年以前叫社队企业，是人民公社时期的三级集体（公社、生产大队、生

① 曹普：《当代中国改革开放史》，人民出版社2016年版。

② 同上。

③ 当代中国研究所：《中华人民共和国史稿》第四卷，人民出版社2012年版。

④ 张晓山：《农业农村经济体制改革》，载蔡昉等《中国经济改革与发展（1978—2018）》，社会科学文献出版社2018年版。

⑤ 根据我们对东北、华北的实地调研，北部地区实行“包干到户”普遍较晚，大部分是在1983年春天才开始进行。

⑥ 萧冬连：《筚路维艰：中国社会主义路径的五次选择》，社会科学文献出版社2014年版，第194页。

产队）兴办企业的总称，毛泽东曾对社队企业给予了很高的评价。根据当代研究所的研究，到1978年，我国的社队企业数目为152.42万个，从业人员2826.56万人。虽然1979年我国出台了关于支持社队企业发展政策，但是，到了1980年，社队企业单位数比1979年还减少了9.96万个，而伴随家庭联产承包责任制的推行带来的农业劳动力的提高，农村出现了大量剩余劳动力，乡镇企业迅速发展，到1984年年底，乡镇企业达到606.52万个，比上年增加了3.5倍（比1978年增长2.98倍）；就业人数达到5208.11万人，比上年增加1973.47万人，增长61%；上缴国家税金高达79.1亿元，占整个国家税收的8.3%。邓小平高度赞赏了乡镇企业的发展，他在1987年6月12日会见南斯拉夫共产主义者联盟中央主席团委员科罗舍茨时说："农村改革中，我们完全没有预料到的最大的收获，就是乡镇企业发展起来了，突然冒出搞多种行业，搞商品经济，搞各种小型企业，异军突起。这不是我们中央的功绩。乡镇企业每年都有百分之二十几的增长率，持续了几年，一直到现在还是这样。乡镇企业的发展，主要是工业，还包括其他行业，解决了占农村剩余劳动力百分之五十的人的出路问题。"① 乡镇企业的发展，与其说是制度设计的产物，不如说是在宽松的政治环境和家庭联产承包责任制产生的剩余劳动力推动下诱致性制度变迁的自发产生的结果。

总的来说，中国农村改革是农民对政策底线的冲击与地方上开明的领导人（如时任安徽省省委第一书记万里）相互推动，并一步一步地获得共识，形成全国性政策的过程。在农村现有的生产和交换条件下，这种以家庭联产承包责任制为主要生产和交换形式的生产方式，冲破了旧的经营管理体制束缚，有力地促进生产力的发展，是生产力—生产方式—生产关系的历史唯物主义原理在我国农村的具体体现，而乡镇企业是适应农村生产力提高在社队企业基础上发展起来的一种吸收剩余劳动力的生产方式，这种生产方式又进一步促进了生产力发展，于是，农村在改革开放初期形成了生产力—生产方式—生产关系的动态的良性循环。

需要指出的是，由于对"统分结合双层经营体制"的"统"的忽略，以及乡镇企业存在的"激励不相容"等内生缺陷，再加上许多农民走出去闯世界的愿望，使许多农村剩余劳动力踏上了背井离乡去城市淘金的道

① 《邓小平文选》第三卷，人民出版社1993年版，第238页。

路，而正是这些半无产阶级产业化的农村剩余劳动力带来的“人口红利”推动了我国从传统的农业社会向现代社会转变，铸就了我国经济增长的奇迹[①]，同时也使农村在经过了一段飞速发展之后（主要是解决了农民吃饭问题），停滞和徘徊不前，逐渐陷入困境。

（二）国有企业改革的放权让利

农村以外的城市改革包括诸多方面，考虑到在改革开放的第一个阶段主要是围绕国有企业这一政府与市场之间的放权让利而展开，本小节的研究集中在国有企业改革。

1978 年 10 月，经国务院批准，四川省重庆钢铁公司、成都无缝钢管产、宁江机械厂等六家国有企业率先实行扩大企业自主权的试点，拉开了国有企业改革的序幕。接下来，1978 年 12 月召开的党的十一届三中全会中明确提出，应该有领导地大胆下放权力，让地方和工农业企业在国家统一计划指导下，有更多的经营管理自主权。在党的十一届三中全会的指引下，我国开启了以放权让利为主要特征的改革浪潮。到 1979 年年底，全国扩权试点企业扩大到 4200 个，1980 年又扩大到 6600 家，占预算内工业企业数的 16% 左右，而到了 1982 年年底，全国有 80% 的预算内国内国营工业企业实行了经济责任制。[②] 1978—1984 年为期六年的扩大企业自主权的改革对于调动企业和职工积极性，发展生产，搞好流通，都有积极的作用，财政预算外资金也大幅增长，从 1978 年的 347. 1 亿元增加到 1984 年的 1118. 5 亿元。[③] 1984 年 10 月，党的十二届三中全会认真总结了中国经济体制改革的丰富经验，通过中国经济改革的纲领性文件《中共中央关于经济体制改革的决定》，第一次提出了“有计划的商品经济”的观点，并明确了企业是自主经营、自负盈亏和自我发展的独立经济实体，于是，政府直接干预企业的力量在减弱，在政府与企业之间，市场调节的作用在增强。还有一点需要强调的是，企业内部管理体制也在发生变化，早在党的十一届三中全会提出的“认真解决党政企不分，以党代政，以政

---

① 张平、楠玉：《改革开放时期经济增长与结构变更》，载蔡昉等《中国经济改革与发展（1978—2018）》，社会科学文献出版社 2018 年版。

② 黄群慧：《“新钢企”是怎样炼成的》，载蔡昉等《中国经济改革与发展（1978—2018）》，社会科学文献出版社 2018 年版。

③ 当代中国研究所：《中华人民共和国史稿》第四卷，人民出版社 2012 年版。

代企的现象”开始纠正，从1984年10月开始从党委领导下的厂长负责制转变为厂长（经理）负责制。[①]

党的十二届三中全会之后，为了规范国有企业和政府之间的关系，从1985年1月1日起实施第二步利改税（第一步利改税1983年开始）。这次改革由于混淆了政权代表及资产所有者代表和税率过高严重影响了企业积极性而在实施中夭折，1986年承包经营责任制又重新出现，1987年3月六届全国人大五次会议明确提出，在所有权和经营权适当分离的原则下实施承包经营责任制，随之，承包经营责任制全面推行。[②]

国有企业的放权让利、所有权和经营权的分离，以及从党委领导下的厂长负责制转变为厂长（经理）负责制，都是为了进一步促进生产力的选择，是在当时的生产和交换条件下，生产力—生产方式—生产关系矛盾运动的结果，而随着企业自主权的扩大和由此带来的生产力发展，使计划资源配置方式已无法满足生产力发展的需要，客观上需要对经济体制进行改革，理顺政府—企业—市场之间的关系，为进一步建立现代企业制度奠定基础。

（三）价格的渐进式改革

价格是引导资源优化配置的核心，在改革开放第一个阶段，如何改变指令性计划时期的政府定价模式，在不引起恶性通货膨胀和人民生活水平下降的前提下，给市场主体传递有效的信号成为价格改革的重点和难点。实践中，通过“摸着石头过河”的试验、渐进式改革的双轨制制度设计，尽管经历了1988年价格闯关的困难，但是仍然在未引起生产力水平下降（其直观表现为没有年份出现经济负增长）的前提下，实现了平稳过渡。

价格改革分为两个时期：第一个时期为1979—1984年，以调整不合理价格体系为主。1979年，国家大幅度提高粮食、棉花等18种农产品收购价格，平均提价幅度达到24.8%，提价刺激农民增产的积极性，收入增加为解决温饱问题奠定了基础。在农产品收购价格提高之后的11月，又调整了猪肉、牛肉等8类副产品的价格，提高幅度达到30%，同时给

---

① 根据当代研究所（2012）的研究，党委领导下的厂长负责制转变为厂长（经理）全权负责制应该起源于1984年5月18日。

② 黄群慧：《“新钢企”是怎样炼成的》，载蔡昉等《中国经济改革与发展（1978—2018）》，社会科学文献出版社2018年版。

城市职工每人每月发放5元的补助，增加了经营部门的补贴。在这期间还对一些重要工业品生产资料价格进行了调整，如调高了煤炭、钢材的价格，大幅度降低了涤棉布的价格。这些调整主要是为了解决指令性计划时期的价格严重扭曲现象，为此后大规模放开价格做准备。对于工业消费品价格，从1982年开始陆续放开了自行车、收录机等的价格。也就是说，第一个时期主要借助政府之手而不是市场的供需关系来解决农产品和生产资料价格走向市场的。至于工业消费品，价格在政府主导下逐渐放开走向市场。①

价格改革的第二个时期为1985—1991年，逐步放开了消费品价格，工业生产资料价格实行双轨制。农产品方面，根据1985年“中央一号文件”规定，除个别品种外，不再下达农产品收购和派购任务，按照不同情况实行合同订购和市场收购，如粮食和棉花取消统购，改为合同订购。工业消费品方面，1986年全部放开了小商品价格。由于逐渐放开工农业消费品价格，在社会商品零售额中，市场调节比重逐步提高。1978年，政府定价为97%，市场调节只占3%，到了1984年，政府定价为73.5%，政府指导价占10.5%，市场调节占16%。而到了1990年，政府定价降到了29.8%，政府指导价占17.2%，市场调节价已上升为53%。我国从20世纪80年代中期开始对工业生产资料价格实行双轨制，亦即在用一个时间、同一个地点存在计划内价格和计划外价格，对于属于企业自销和完成计划后的超产部分企业有权自行定价，实行计划外价格，其他实行计划内的价格。到20世纪90年代初期，我国成功地实现了双轨制向市场经济单轨制的过渡。尽管双轨制期间计划内价格和计划外价格的不一致（有时相差很大）带来了“倒卖”等问题，出现了政府干预等现象，但双轨制是我国从指令性计划经济体制向社会主义市场经济平稳过渡的创新之举，是实行渐进式改革的必然选择。②

二　让市场在资源配置中起基础性作用（1992—2012）

经过近十五年的改革，政府与市场的关系已发生很大变化。一方面，

---

① 张卓元：《产品和资源价格形成机制的根本性转变》，载蔡昉等《中国经济改革与发展（1978—2018）》，社会科学文献出版社2018年版。

② 同上。

计划经济与市场的对立已基本消除，“国家调节市场，市场引导企业”的经济运行机制基本形成，国有企业已初步成了自负盈亏、自主经营的市场主体，以市场为主调节的个体和私营企业已经有了一定发展，消费资料价格已由政府直接定价的比例大幅下降而转向市场调节价格（如1990年就已超过了50%），工业品生产资料价格已由双轨制转向了市场单轨制，为进一步发挥市场在资源配置中的作用奠定了基础。另一方面随着改革的深入，以计划为主市场为辅的计划与市场相结合的模式问题越来越突出，改革积累的深层次矛盾在逐渐暴露，改革的边际收益在明显减少，而同时中国经济发展还面临着“苏东剧变”引发的世界格局大变动的剧烈冲击，在这种情况下，邓小平发表了著名的“南方谈话”，突破了社会主义与市场经济不能相容的误区，引导我国使市场在资源配置中起“辅助性作用”到使市场在资源配置中起“基础性作用”的新阶段。本节将对让市场在资源配置中起基础性作用的演进过程进行介绍，对社会主义与市场经济是否相容进行论证。

（一）社会主义市场经济制度的确立和完善

对于社会主义是否能够与市场经济结合的问题，邓小平早在1985年10月会见英国时代公司组织的美国高级企业家代表团时说：“社会主义和市场经济之间不存在根本矛盾。问题是用什么方法才能更有力地发展社会生产力。”① 1987年2月6日，邓小平在同几位中央负责同志谈十三大报告稿的起草时指出：“为什么一谈市场就说是资本主义，只有计划才是社会主义呢？计划和市场都是方法嘛。只要对发展生产力有好处，就可以利用。它为社会主义服务，就是社会主义的；为资本主义服务，就是资本主义的。好像一谈计划就是社会主义，这也是不对的，日本就有一个企划厅嘛，美国也有计划嘛。我们以前是学苏联的，搞计划经济。后来又讲计划经济为主，现在不要再讲这个了。”② 在1991年1月28日至2月18日视察上海时，邓小平明确指出：“不要以为，一说计划经济就是社会主义，一说市场经济就是资本主义，不是那么回事，两者都是手段，市场也可以

---

① 《邓小平文选》第三卷，人民出版社1993年版，第148—149页。

② 同上书，第203页。

为社会主义服务。”[①] 1992年1月18日至2月21日，邓小平在“南方谈话”中更加深刻地提出：“计划多一点还是市场多一点，不是社会主义与资本主义的本质区别。计划经济不等于社会主义，资本主义也有计划；市场经济不等于资本主义，社会主义也有市场。计划和市场都是经济手段。”[②] 在邓小平看来，计划和市场都是资源配置的方式，关键是看哪种资源配置方式能够促进生产力的发展。以有利于生产力的发展为标准，构建促进生产力发展的生产方式（制度安排、资源配置方式等），是邓小平理论中最夺目的光环，是历史唯物主义中国化的具体体现。

邓小平的“南方谈话”拨云见雾，为中国的改革指明了方向。1992年10月，党的十四大明确提出，我国经济体制改革的目标是建立社会主义市场经济体制，“我们要建立的社会主义市场经济体制，就是要使市场在社会主义国家宏观调控下对资源配置起基础性作用”。[③] 社会主义市场经济体制的确立，将我国经济改革推向了一个新的阶段，我们党对社会主义市场经济的认识、对政府和市场关系的认识达到了一个新高度：市场经济不仅仅是市场竞争机制、供求机制和价格机制，更是一种资源配置机制。在政府与市场的关系中，市场对资源配置起基础性作用，政府的作用是健全宏观调控体系。1993年11月，党的十四届三中全会构建了社会主义市场经济体制的基本框架。1997年9月，江泽民在党的十五大报告中更进一步提出：“坚持和完善社会主义市场经济体制，使市场在国家宏观调控下对资源配置起基础性作用。”[④]

2002年11月，胡锦涛在党的十六大报告中进一步提出：“健全现代市场体系，加强和完善宏观调控。在更大程度上发挥市场在资源配置中的基础性作用，健全统一、开放、竞争、有序的现代市场体系。”并对政府的职能进行了明确的定位：“完善政府的经济调节、市场监管、社会管理和公共服务的职能，减少和规范行政审批。”2003年10月，党的十六届三中全会通过的《关于完善社会主义市场经济体制若干问题的决定》进一步强化了市场的作用，并对完善政府经济管理职能做了明确要求：“切

---

① 《邓小平文选》第三卷，人民出版社1993年版，第367页。

② 同上书，第373页。

③ 《江泽民文选》第一卷，人民出版社2006年版，第226页。

④ 魏礼群：《正确认识与处理政府和市场关系》，《毛泽东邓小平理论研究》2014年第5期。

实把政府经济管理职能转到为市场主体服务和创造良好发展环境上来。”2007年10月，胡锦涛在党的十七大报告中提出：“要深化对社会主义市场经济规律的认识，从制度上更好发挥市场在资源配置中的基础性作用，形成有利于科学发展的宏观调控体系。”并要求“加快推进政企分开、政资分开、政事分开、政府与市场中介组织分开，规范行政行为，加强行政执法部门建设，减少和规范行政审批，减少政府对微观经济运行的干预”。这里，强调从制度上更好地发挥市场的基础性作用，也是对市场作用的重视和强化。①

（二）社会主义能够与市场经济融合吗

改革开放以来，我国创造了持续高速增长的奇迹，似乎“社会主义与市场经济的相容问题”成了一个不言而喻的命题，但是，事实上并非如此。这是因为，一方面，我国采取市场经济配置资源方式的时间还非常短暂，即便从邓小平“南方谈话”算起，到2012年也不过是20年；另一方面，仅从已有的实践，尚不能外推在突破“贫困陷阱”阶段的高速增长表现出来的“社会主义与市场经济相容”的某些特征就一定在突破“中等收入阶段”或者更远的阶段有效。苏联在世界经济大萧条时期以两位数增长最终解体的事例为此做了很好的注解。即便苏联的计划经济从1929—1985年能够以官方公布的接近9%的平均增长速度增长（西方估计为4.2%）②，也由于“苏联模式”在理论上存在米塞斯称为的“经济核算”问题，不可能永久地持续下去，而且更重要的是，即便对这种模式进行市场取向的改革，也难以解决“经济核算”问题。中国特色社会主义是否也是如此？我们需要从理论上回答社会主义是否与市场经济相容这一重大基础理论问题，并以与国际接轨的语言揭示中国道路。

1.“社会主义经济核算大争论”回顾

1920年，米塞斯发表了著名的论文《社会主义共同体的经济核

---

① 林兆木：《正确认识与处理政府和市场的关系》，《新视野》2014年第2期；袁恩桢：《从市场的基础性作用到决定性作用的演变》，《毛泽东邓小平理论研究》2014年第10期。

② 布鲁斯、拉斯基：《从马克思到市场：社会主义对经济体制的求索》，上海人民出版社1989年版。

算》[1]，否认社会主义条件下实行经济核算和合理配置资源的可能性，从“经济核算”的理论层面向社会主义发起了挑战。米塞斯认为，一旦废除私有制和市场之后，以公有制为基础的社会主义计划经济不可能实现资源的有效配置，因为它缺乏在市场竞争过程中形成的“货币价格”这一最基本的计算尺度。另外，米塞斯还从激励方面论证社会主义经济的不可行。在米塞斯看来，生产资料社会化排除了个人的物质利益，是社会主义企业缺乏内在动力的制度性原因。在米塞斯看来，由于资源配置的无效和激励机制的缺乏，社会主义计划经济不可能进行理性“经济核算”。

米塞斯的论文最初在德语世界里传播，并引起了一些辩论，其辩论大致围绕着社会主义的产权和生产组织形式问题而展开，例如，海曼[2]将社会主义社会视为不同生产群体的生产垄断者组合而成的联合体，认为“经济核算”可以基于包括工资在内的生产平均成本来进行。在德语世界的论战由于受到当时欧洲的一些如纳粹上台压制社会主义等重大政治事件的影响，所以，在一定程度上被忽视。

随着实践中苏联社会主义的发展，米塞斯挑起的论战影响逐渐扩大，并随着米塞斯得力助手哈耶克在伦敦的讲学和加入论战，米塞斯对于社会主义的批判思想为英语世界乃至更大范围的研究者所知晓，并引发更大的论战。反对米塞斯观点的学者主要有两类。一类被称为“新古典市场社会主义”，主要代表人物有迪金森、泰勒、兰格等。他们以一般均衡理论的思路来论证社会主义经济可以实现资源的有效配置，认为中央计划机关可以通过“试错法”来找到“正确的均衡价格”，从而实现总需求与总供给均衡。另一类反对者是以多布为主要代表的西方马克思主义经济学家，坚决反对把市场机制引入社会主义经济之中。这类观点认为，计划经济，正是通过理性的社会计划来创造出一种秩序，取代市场的“无政府状态”，才显示出其优越性的。哈耶克通过发展米塞斯的观点，对上述批评米塞斯的两类观点做出反击。他认为，这两类观点都是以“社会计划者”拥有完美的知识的假设为基础的，而这种假设是完全错误的，根本就没有考虑到知识的分散化，也没有考虑到许多个人的有关“特定时空的知识”

① Mises, Ludwig Von, 1935, Economic Calculation in the Socialist Commonwealth, in “Collectivist Economic Planning”.

② Keizer, W., 1984, Further Contributions by L. von Mises to the Central European Debate on Socialist Calculation, Research Memorandum.

具有默会的性质；社会主义经济的真正问题也不是像兰格等所想的那样如何确定和计算出“正确的均衡价格”的问题，而是如何建立能有效地利用个人分散化的、“默会的”知识的激励制度问题；更何况，市场价格的本质在于发现、传递和储存信息，而中央计划机关很大程度上缺失这种功能。

到20世纪40年代末，争论似乎已经结束，学界普遍认为，兰格模式代表了胜利的一方，其实不然。20世纪50—80年代，正当西方经济学界的公开争论正在趋于平静的时候，伴随着苏联和东欧对计划经济体制的改革努力，在这些国家中，争论以“计划经济与市场之间关系”的形式再次出现。有趣的是：这次争论的主角却是在主张引入市场机制来完善计划经济的“兰格们”和主张“正统的”计划经济制度的“多布们”之间爆发的。

随着苏联和东欧社会主义制度的崩溃，原来倡导“市场社会主义”的改革理论家开始结合社会主义改革历史来直接反思米塞斯们与兰格们的争论，并且几乎一致地对米塞斯和哈耶克的观点给予肯定。例如，科尔奈1995年的总结代表了原来的改革倡导理论家有点绝对化的这种新评价，“当50年之后回顾这场争论时，我们能够得出这样的结论：在所有关键的问题上，哈耶克都是正确的。循着兰格路线朝着市场社会主义摸索的改革者们，通过自己国家的惨痛教训也认识到，兰格所提出的希望是美梦一场”。[①] 与此同时，西方经济学家也对这场争论进行重新评价，得出的结论与科尔奈基本相同。不同的是：由于奥地利学派的直接批判对象——“苏联模式”已经退出历史舞台，西方经济学家的反思主要转化为对新奥地利经济学与新古典经济学之间在市场和价格理论方面差异的解读上。

社会主义的实践还有中国，不过，尽管我国通过40年的市场取向的改革，从实践层面，对米塞斯提出的“社会主义不可能实现‘经济核算’”难题、对哈耶克提出的“把社会主义与竞争性市场融合起来的结果，不过是件赝品而已”的观点，进行了有力的挑战，但是，从理论上回答社会主义是否能够与市场经济相容问题仍然是一个重大基础理论问题。

---

① ［匈牙利］雅诺什·科尔奈：《社会主义体制——共产主义政治经济学》，中央编译出版社2007年版。

2. 市场社会主义的问题

从20世纪50年代中期开始，一方面，社会主义“经济核算”论战产生的市场社会主义理论为传统社会主义模式的改变提供了理论的框架，另一方面，斯大林逝世以后，对“苏联模式”下经济实绩的不满在其他国家公开化，出现了改变传统计划经济模式的思想倾向，于是，一些学者开始反思这种模式，并试图对它运行的机制进行重新设计，以解决“经济核算”和资源配置的扭曲问题。遗憾的是，由于市场社会主义无法解决“经济核算”难题，最后都失败了。

南斯拉夫是社会主义国家第一个冲破市场与社会主义制度不相容信条的国家，也是第一个建立社会主义市场经济的国家，其实施的“工人自治制度”也是绝无仅有的。在改革“命令体制”之后，南斯拉夫经历了一个高速发展期，其1952—1962年的年均经济增长率高达8.3%①，但是，到了70年代末80年代初，南斯拉夫出现了经济增长放缓、失业问题非常严重、通货膨胀加速、实际收入下降、收入差距拉大等一系列问题。在“命令体制”下引进市场机制，可以在一个相当长时期里，把迅速的经济增长与没有短缺和明显失调结合起来，但是，对私营经济发展的排除，难以形成有效的市场价格和由此产生的激励机制。“劳动雇佣资本”的微观形态具有内在的不稳定性，因为企业的经济目标不再是追求利润最大化，而是追求每个工人的收入最大化，减少资本积累来增加当期分配更符合工人的利益，于是，不可避免地产生“资本”的过度使用和有效投资严重不足问题。

匈牙利是第一个试图寻求计划与市场有机结合并付诸实施的社会主义国家。1956年，匈牙利力图摆脱“苏联模式”来振兴社会主义的改革，遭到了苏联的镇压，造成了匈牙利悲剧，后来到了60年代又进行悄悄的改革，采用了新的经济体制（1968—1979），并取得了一定的成效。从这种体制中产生的模式，被称为与“苏联模式”、南斯拉夫模式不同的第三种模式。这种模式的主要特点是在计划经济起主导作用的条件下将计划和市场有机结合起来；最新颖之处是承认各种具体形式的所有制企业形态，允许发展私人企业，这在当时的社会主义国家是绝无仅有的；最特殊之处

① ［波兰］布鲁斯、拉斯基：《从马克思到市场：社会主义对经济体制的求索》，上海人民出版社1989年版，第122页。

在于经济学家之间、经济学家与政治领导人之间达成某种共识；最无奈之处是在苏联的威胁下战战兢兢进行改革。1968 年开始的经济体制改革一度将匈牙利带入发展的黄金时代：年均增长率从 1961—1965 年的 4.1% 上升到 1960—1970 年的 6.8% 和 1971—1975 年的 6.3%[①]；人民的生活水平大幅度提高，经济中的短缺情况有了明显改善；通货膨胀伴随价格的开放有些提高，但是并不严重，1967—1973 年为 1.6%，1973—1978 年为 3.9%。[②] 匈牙利的改革表明，在以计划经济为主导的国家，通过引进市场机制，可以在相当长一段时间里，在不引起经济失衡的前提下，实现经济的快速增长。然而，随着时间的推移，匈牙利试图将计划与市场有机结合模式的缺陷开始暴露出来：年均增长率从 1960—1970 年的 6.8% 和 1971—1975 年的 6.3% 下降到 1981—1985 年的 1.4%[③]；通货膨胀严重恶化，从 1967—1973 年的 1.6%、1973—1978 年的 3.9% 上升到 1978—1984 年的 7.5%[④]；国际收支出现严重失衡，成了经济危机的根源。匈牙利的改革也表明，计划与市场的结合非但不能将两者的优势结合起来，反而破坏了经济的健康发展。匈牙利的改革一直没有脱离以计划经济为主导的框架。由于坚持以计划经济为主导，加上长期实施计划经济的路径依赖，匈牙利的改革表面上看是计划与市场的有机结合，实质上计划的作用远大于市场的作用，而一旦出现了类似因石油危机引起的国际收支问题，计划制订者就有加强控制的利益冲动，结果将进一步增加计划的分量，资源的配置将更加扭曲。

在南斯拉夫和匈牙利如火如荼地进行市场社会主义试验的同时，市场社会主义的缔造者兰格也在领导着波兰的改革，并与布鲁斯等一道创造了"含市场机制的集中计划和分散管理相结合"的波兰分权模式。与波兰的改革相呼应，捷克斯洛伐克也进行着试图弥补兰格模式中忽视"激励"因素的改革，然而，波兰和捷克斯洛伐克弥漫光环的改革，还没来得及绽

① ［波兰］布鲁斯、拉斯基：《从马克思到市场：社会主义对经济体制的求索》，上海人民出版社 1989 年版。

② ［匈牙利］雅诺什·科尔奈：《理想与现实——匈牙利的改革过程》，中国经济出版社 1987 年版，第 52 页。

③ ［波兰］布鲁斯、拉斯基：《从马克思到市场：社会主义对经济体制的求索》，上海人民出版社 1989 年版。

④ ［匈牙利］雅诺什·科尔奈：《理想与现实——匈牙利的改革过程》，中国经济出版社 1987 年版，第 52 页。

放就在苏联镇压下凋谢了。

如果说指令性计划经济和中央专业部委的垂直管理的“苏联模式”社会主义由于信息和激励问题的存在使理性的“经济核算”不可能实现的话，那么，试图在“苏联模式”社会主义基础上引入市场机制（甚至建立市场经济）的市场社会主义同样存在无法解决理性“经济核算”的难题，换句话说，以“苏联模式”社会主义为基础，至少在很长时间内无法形成社会主义与市场经济相容的制度安排。之所以如此，那是因为，中央专业部委的垂直管理体系覆盖全国各地区，在垂直体系内无法通过改变产业分布来追逐更高的资本收益，而在不同垂直体系之间，由于行业不同也无法形成有效的竞争。如果在体系内引入市场机制或者为企业注入活力，中央专业部委无法通过对资本收益计算和资产调整回避对下属企业的软预算约束，不仅如此，在这种体制下即使企业效益差，部委也有动机维持企业以维护整体规模来维护自身在经济体系中的权势地位。这些无助于解决企业激励问题，如同南斯拉夫那样，结果必然会在短期内活力释放后产生甚至比计划经济更混乱的状况，这种模式下进行增量改革和渐进式改革都可能是无效的选择。

3. 社会主义与市场经济在我国的结合

如果说市场社会主义的缺陷内生于“苏联模式”的话，那么我国之所以能在改革开放后创造经济奇迹，是因为改革开放前30年我国建立了与“苏联模式”不同的以地区分权化为基础的经济体系。①

虽然在“一五”期间，我国学习苏联经验，试图建立和扩大中央垂直管理的国有体系，但是，1958年的“大跃进”打破了原来的路径，毛泽东把88%的工厂管理权全部从中央部委下放到各级地方政府。“大跃进”的具体做法是分地区层层落实例如钢铁等生产指标，并将原来垂直管理的中央企业开始下放地方，这就使原本“一五”期间开始建立的“苏联模式”受到冲击，在经济管理中，属地管理的地位得到了重大提升。虽然在1961年地方的管理权一度收归中央，但在1964年又把管理权下放给了地方。“文化大革命”更是“创造性破坏”，1968年连计划也取消了。改革开放前30年，毛泽东将“苏联模式”中央计划彻底摧毁了，

---

① Qian, Y. and Xu, C., Why China's Economic Reforms Differ The M－form Hierarchy and Entry/Expansion of the Non－State Sector. *Economics of Transirion*, Volume1 (2), 1993, pp. 135－17.

建立了一个以地区为基础的“条块”体系。①

中国的改革开放历史是一个社会主义与市场经济从不相容到逐渐相容的历史。基于“苏联模式”的“条”，在向地方放权后大量原属中央部委管理企业划拨地方，“条”消融于“块”。在“块”的基础上，我们选择了市场取向的改革，在改革方式上，为了降低改革的阻力和减少改革的成本，我国选择了渐进式改革和增量改革方式。在“块”的部分，与“苏联模式”不同，中国地方政府具有的跨行业资本调整能力，让国有资本转到经济和社会高收益领域，使之可以从低效益企业转出，这就在很大程度上回避了“苏联模式”部委管理下的软预算约束问题，并恢复了合理的激励。通过21世纪末地方政府自发的国有企业战略重组逐步形成的新型国有制实现形式更进一步解决了社会主义“经济核算”的难题。在竞争性行业，由于多种经济形式成分的存在，重组后国有企业可以利用外在的市场价格信号进行经营，实现与市场经济兼容。在具有赶超战略急需发展的战略性产业和具有自然垄断性质的行业，国有企业起到市场经济的引领者和稳定器的作用，在弥补市场机制缺陷的意义上实现与市场经济的兼容。同时，通过制度设计安排，我国可以在战略性行业引入混合所有制或建立相互竞争的同类型国有企业来解决国有企业“经济核算”的难题。举例而言，在通信行业，我国已经建立了具有“全媒体”资质的移动、电信、广电和联通四家大型国有企业，解决了“价格贵、服务差”的问题。

三 经济新常态下政府和市场关系的重构

尽管对于社会主义与市场经济的结合创造了中国经济增长的奇迹这一命题有广泛的共识，本文也对社会主义与市场经济相容性问题给予了论证，对政府与市场关系的演进进行了分析，但是，要在理论和实践层面正确处理政府与市场关系依然是一个很大的难题。习近平新时代中国特色社会主义经济思想的理论创新之一就是对经济新常态下政府与市场关系进行了重塑，搭建了一个“党、政府和市场”三位一体的理论框架，它以“坚持加强党对经济工作的集中统一领导”“坚持使市场在资源配置中起

① 甘阳：《中国道路：三十年与六十年》，《读书》2007年第6期。

决定性作用，更好发挥政府作用”的形式展现了出来，是社会主义与市场经济结合的新突破。

（一）对于市场与政府关系的新界定

众所周知，经济体制改革仍然是全面深化改革的重点，经济体制改革的核心问题仍然是处理好政府和市场的关系。党的十八届三中全会通过的《中共中央关于全面深化改革若干重大问题的决定》明确提出，经济体制改革要“使市场在资源配置中起决定性作用和更好发挥政府作用”，这是对政府与市场关系的新界定。

对于为什么要“使市场在资源配置中起决定性作用和更好发挥政府作用”，习近平指出：“市场配置资源是最有效率的形式。市场决定资源配置是市场经济的一般规律，市场经济本质是市场决定资源配置的经济。……做出‘使市场在配置资源中起决定性作用’的定位，有利于全党全社会树立关于政府与市场关系的正确观念，有利于转变经济发展方式，有利于转变政府职能，有利于抑制消极腐败现象。”①

从表面上看，党的十八届三中全会将“市场在资源配置中起基础性作用”改为“市场在资源配置中起决定性作用”所做的只是微小的改动，学术界也存在“市场在资源配置中起基础性作用”本身就表明“市场在资源配置中起决定性作用”这种修改没有必要的说法，但是，事实上，这一改动意义重大，这是以习近平为核心的党中央对市场在资源配置作用认识上的进一步深化，传递了我国在社会主义初级阶段坚持以市场为主要配置资源的信号。之所以说它意义重大，那是因为尽管我们大多数人对邓小平提出的社会主义可以与市场经济结合的说法几乎耳熟能详，传统的计划经济模式已远离我们四十年了，但是，当面对经济发展带来的环境污染、资源耗费、社会不平等现象时，许多人都会情不自禁地表现出对带有理性设计色彩的计划经济的青睐，甚至把“更好发挥政府作用”的顶层设计误解为计划经济的回归。② 党的十九大报告做出的“我国处于社会主义初级阶段的国情没有变”的判断，意味着中国特色社会主义建设道路

---

① 习近平：《关于〈中共中央关于全面深化改革若干重大问题的决定〉的说明》，载《十八大以来重要文献选编》（上），中央文献出版社 2014 年版，第 499 页。

② 郭冠清：《习近平〈对发展社会主义市场经济的再认识〉一文的学术贡献》，《福建论坛》2018 年第 1 期。

不会变，从而市场在资源配置中的主要作用就不会变。

发展社会主义市场经济，既要发挥市场作用，也要发挥政府作用，但市场作用和政府作用的职能是不同的。2014 年 5 月，习近平同志在主持中共中央政治局第十五次集体学习时，明确指出：在市场作用和政府作用的问题上，要讲辩证法、两点论，“看不见的手”和“看得见的手”都要用好，努力形成市场作用和政府作用有机统一、相互补充、相互协调、相互促进的格局，推动经济社会持续健康发展。

（二）对于党与经济发展关系的新定位

对于党与经济发展关系的研究并不是一个陈腐的命题。尽管党的领导是揭开中国经济发展奇迹神秘面纱的金钥匙，但是，从改革开放进程来看，我们对于党与经济发展关系的认识经历了一次“否定之否定”的过程。改革开放之初，为了突破制度的樊篱，出现了具有时代特色的“党政分开、政企分开、厂长（经理）负责制、以董事会代替党委会”等关键词，新时代对党对经济工作领导的加强，可以看作对改革之初的“否定之否定”。

对于为什么在经济建设中要“加强党的领导”，《中共中央关于制定国民经济和社会发展第十三个五年规划的建议》（以下简称《建议》）已经做了明确说明，“党的领导是中国特色社会主义制度的最大优势，是实现经济社会持续健康发展的根本政治保证”。在 2015 年 10 月 29 日党的十八届五中全会二次全体会议上，习近平对经济新常态下党的领导工作也给予了说明，他指出：“我们党要带领 13 亿多人民全面建设社会，必须适应、把握、引领经济发展新常态，创新党领导经济社会发展的观念、体制、方式方法，提高党把握方向、谋划全局、提出战略、制定政策、推进改革的能力，为发展航船定好、掌好舵。”①

对于党在经济建设中如何发挥党的领导作用，《建议》也明确做了说明：“党领导经济社会发展，主要是把握方向，谋划全局，提出战略，制定政策，推动立法，营造良好环境。”在党委和政府的职能划分上也非常明确：“涉及经济社会发展规划、重大方针政策、工作总体部署以及关系

① 习近平：《在党的十八届五中全会第二次全体会议上的讲话》，载《习近平谈治国理政》第二卷，外文出版社 2017 年版，第 19 页。

国计民生的重要问题，由党委集体讨论决定；经常性工作则由政府及其部门按照职责权限进行决策和管理。”

（三）搭建“党、政府和市场”三位一体新框架

既然让市场在资源配置中发挥决定作用和更好发挥政府作用，那为什么还要加强党对经济工作的领导？对此，裴长洪研究员在2018年3月20日中国社会科学院经济研究所“两会”精神辅导时，做了精彩的讲解。在裴长洪研究员看来，无论是各级政府还是企业，都是在一定意义上的财政主体和利益实体，都有自己独立的利益目标要实现，加上我国现有的生产企业和金融企业，不仅有多种所有制形式，而且国有企业还分别隶属于不同层级的政府，因此，不仅会发生资源配置的扭曲现象，而且会把中央政府逼到最后贷款人的地步，从而发生政府干预失效或成效不明显的现象。只有党的集中统一领导，才能够站在全体人民利益和经济整体利益的高度，以共产党人的价值观和以人民为中心的发展思想，以党严明的组织纪律为保障，统筹全局、协调各方，克服市场失灵和政府失效。西方国家的政府干预，由于政党博弈，也往往是失效的，甚至在国会辩论中无疾而终。但他们始终找不到解决问题的出路，而且往往给新自由主义经济学留下把柄。只有在中国特色社会主义经济建设中，这个世界性的难题才能得以解决。因此，必须加强党对经济工作的集中领导。

裴长洪研究员的独特见解为我们将“党、政府和市场”集合在一个统一框架里，理解习近平中国特色社会主义经济思想奠定了基础。在以习近平同志为核心的党中央领导下，政治生态有了质的好转，为克服改革开放以来党在经济等工作上的弱化创造了条件，新常态下经济的复杂性和向高质量发展方向转变的需要为加强党对经济工作领导提出了新的要求，而作为中国特色社会主义最本质特征的党的领导，正如上文所述：“是中国特色社会主义制度的最大优势，是实现经济社会持续健康发展的根本政治保证。”也就是说，党的领导不仅可以克服市场经济中的“政府失效”，而且还能发挥引领作用。事实上，习近平在《对发展社会主义市场经济再认识》中对“社会主义是否能够与市场经济有机结合”“正确处理政治与经济关系”问题已做了详细的论证。[①] 简言之，要发挥“党的领导的政

① 习近平：《对发展社会主义市场经济的再认识》，《东南学术》2001年第4期。

治优势”和“市场经济优化资源配置的经济优势”，正确处理政治与经济的关系，“从政治角度来观察经济问题”“从经济角度来观察政治问题”，既发挥市场在资源配置中的决定性作用，也更好地发挥政府的作用，同时，还要善于驾驭政府和市场关系，发挥党的领导的政治优势。①从以上的论述可以看出，以习近平同志为核心的党中央，搭建了一个“党、政府和市场”三位一体的新型理论框架，这是对中国特色社会主义建设规律认识的一个新的突破，是马克思主义中国化的一个新的成果。

参考文献

《邓小平文选》第三卷，人民出版社 1993 年版。

《江泽民文选》第一卷，人民出版社 2006 年版。

［波兰］布鲁斯、拉斯基：《从马克思到市场：社会主义对经济体制的求索》，上海人民出版社 1989 年版。

蔡昉等：《中国经济改革与发展（1978—2018）》，社会科学文献出版社 2018 年版。

曹普：《当代中国改革开放史》，人民出版社 2016 年版。

陈雨露：《金融发展中的政府与市场关系》，《经济研究》2014 年第 1 期。

当代中国研究所：《中华人民共和国史稿》第四卷，人民出版社 2012 年版。

甘阳：《中国道路：三十年与六十年》，《读书》2007 年第 6 期。

郭冠清：《中国经济结构失衡指标体系的构建与探析》，载《中国宏观经济运行报告（2012）》，社会科学出版社 2012 年版。

郭冠清：《回到马克思：政治经济学核心命题的重新解读（上）——以〈马克思恩格斯全集〉历史考证版第二版（MEGA2）为基础》，《经济学动态》2015 年第 5 期。

郭冠清：《习近平〈对发展社会主义市场经济的再认识〉一文的学术贡献》，《福建论坛》2018 年第 1 期。

胡钧：《政府与市场关系论》，《当代经济研究》2013 年第 8 期。

黄家茂、廖文梅：《改革开放以来党对市场作用新定位的四次历史性飞跃》，《中共珠海市委党校珠海市行政学院学报》2015 年第 1 期。

［匈牙利］雅诺什·科尔奈：《理想与现实——匈牙利的改革过程》，中国经济出

① 郭冠清：《习近平〈对发展社会主义市场经济的再认识〉一文的学术贡献》，《福建论坛》2018 年第 1 期。

版社 1987 年版。

［匈牙利］雅诺什·科尔奈：《社会主义体制——共产主义政治经济学》，中央编译出版社 2007 年版。

林毅夫：《政府与市场的关系》，《国家行政学院学报》2013 年第 6 期。

林兆木：《正确认识与处理政府和市场的关系》，《新视野》2014 年第 2 期。

魏礼群：《正确认识与处理政府和市场关系》，《毛泽东邓小平理论研究》2014 年第 5 期。

萧冬连：《筚路维艰：中国社会主义路径的五次选择》，社会科学文献出版社 2014 年版。

袁恩桢：《从市场的基础性作用到决定性作用的演变》，《毛泽东邓小平理论研究》2014 年第 10 期。

深化土地制度改革，扩大居民消费需求

蔡继明　高　宏　熊　柴

摘　要　居民消费需求不足制约着我国经济由出口导向型向内需拉动型的转变和持续稳定的发展，导致居民消费需求的直接原因是各线城市房价全面上涨导致居民部门负债率持续上升、真实城镇化水平低且增速下降、农民增收困难，其根源则是现行的城乡二元土地制度。因此，要从根本上扩大居民的消费需求，必须深化土地制度改革，让市场在土地资源配置中起决定性作用，优化人口土地的空间配置；放宽对农地入市的限制，构建城乡统一的建设用地市场；赋予农民宅基地完整的用益物权，扩大农民获取财产收益的渠道；允许增减挂钩指标跨村跨省交易，在全国范围内实现城乡建设用地的有效配置；消除农地规模经营的制度性障碍，加快农业转移人口的市民化。同时，需要对土地修法进行顶层设计，消除各项法律规章之间的矛盾。

关键词　居民消费　房价　城镇化　土地制度改革

一　我国居民消费需求不足的现状

改革开放以来，以出口为导向的中国经济长期呈现了“四高一低”

［作者简介］蔡继明，清华大学政治经济学研究中心主任、教授、博士生导师；高宏，经济学博士，中国人民银行金融研究所；熊柴，清华大学政治经济学研究中心副研究员，经济学博士。

［基金项目］2016年度国家社会科学基金重大项目“中国特色社会主义政治经济学探索”（16ZDA241）、2016年度清华大学自主科研项目“中国特色社会主义政治经济学探索”。本文仅代表作者个人观点，与所在机构无关。

即高增长、高储蓄、高投资、高外汇储备和低消费的典型特征。2008 年国际金融危机爆发，导致国外需求持续疲软，中国过去的经济增长模式遇到了前所未有的挑战，亟待实现由外需拉动型经济向内需拉动型经济的转变，形成消费、投资、出口协调发展的经济增长模式。然而，近年来，中国居民消费需求不足的特征仍未有实质性改变，尽管政府采取了诸多拉动内需的政策，但效果仍不显著，需求结构失衡的弊病仍然是制约我国经济持续健康发展的重要因素。

解释中国居民消费需求不足的形成原因，研究“四高一低”特征下中国经济未来发展的可持续性，采取针对性措施，扩大中国居民消费需求，是政府和经济学界共同面临的重大课题。在回答这些问题之前，需要全面把握我国居民消费需求不足的特征。为此，本文首先对中国居民消费需求的现状进行系统的梳理和比较。

（一）我国居民消费率低于世界主要经济体

从全球主要发达经济体居民消费占 GDP 比重（见表 1）来看，2008 年国际金融危机以来，美国、英国等内需主导型经济体的消费占比一直较高，始终保持在 60% 以上，德国、法国、日本和韩国的居民消费率相对低一些，但常年也处于 50% 以上的水平。从新兴市场经济体看，巴西、俄罗斯、印度、南非等金砖国家的居民消费占比虽略低于美国、英国等经济体，但也保持在 50% 以上的水平，接近于德国、法国、日本、韩国等发达经济体。但中国的情况却有所不同，虽然自 2008 年以来，我国居民消费率总体处于上升趋势，但直到 2016 年仍不足 40%，不仅远低于美国、英国等发达经济体（超过 25 个百分点），也低于新兴市场经济体。若考虑到中国政府在教育、医疗、养老等公共消费领域投资严重不足的现实，中国真实消费水平更低（Aziz and Cui，2007）。

表 1　主要经济体居民消费占 GDP 比重

年份	美国	英国	德国	法国	日本	韩国	巴西	俄罗斯	南非	印度	中国
2007	67.35	64.70	55.10	54.12	55.68	52.38	59.87	50.66	61.48	56.96	36.73
2008	68.03	65.29	55.30	54.47	56.64	52.43	59.73	50.79	60.02	57.71	36.05
2009	68.29	65.70	57.43	55.38	58.49	51.65	61.96	56.75	59.51	57.23	36.20

续表

年份	美国	英国	德国	法国	日本	韩国	巴西	俄罗斯	南非	印度	中国
2010	68.18	65.17	56.06	55.36	57.75	50.32	60.22	53.49	59.02	56.02	35.56
2011	68.88	64.84	55.33	54.98	58.25	50.96	60.27	50.08	59.57	56.21	36.32
2012	68.40	65.27	55.76	54.72	58.64	51.37	61.41	50.73	60.96	56.46	36.70
2013	68.07	65.42	55.32	54.64	58.96	50.91	61.72	52.40	60.57	57.65	36.81
2014	68.07	64.99	54.22	54.31	58.42	50.35	62.96	53.41	59.92	58.12	37.48
2015	68.06	65.17	53.48	54.05	56.64	49.31	63.96	52.32	59.52	57.98	38.05
2016	68.84	65.63	52.99	54.38	55.90	48.76	64.02	51.45	59.41	58.79	39.21
2017	—	65.84	52.87	54.07	—	—	63.43	52.61	59.43	—	—

资料来源：国际货币基金组织 IFS 数据库。

（二）居民消费率显著偏低且呈下降趋势

自 1992 年起，国家统计局开始公布资金流量表，资金流量表是依据国民经济核算国际标准（SNA 体系）制定出来的，主要用于核算我国的资金来源和运用情况。资金流量表中的住户部门实际最终消费衡量的是住户部门获得的并用于满足自身需求（或需要）的消费性货物和服务的价值。因此，与最终消费支出相比，它能更好地反映居民的生活水平（联合国等，2011）。根据资金流量表，（居民或政府）消费率等于（居民或政府部门）最终消费与可支配总收入之比。图 1 描述了 1992 年以来我国消费率的变化趋势。① 从图中可以看出，我国消费率偏低的情况并非由来已久。2000 年以前，我国最终消费率基本保持在 60% 左右的水平，且总体呈现缓慢上升的趋势；但 2000 年以后，最终消费率明显下降，并且在 2007 年后降低至 50% 左右的水平。分部门看，政府消费始终保持稳定，从 1992 年至今基本处于 13% 左右的水平②，而居民消费率变动较大，从

① 由于国家统计局会不定期地根据经济普查结果对以往的资金流量表数字进行修正，因此，不同时期的文献由于所引用数据的时间不一，计算结果也会有所差别。本文以修正后的最新统计数据为准。

② 政府消费率在 1999—2000 年迅速由 12.8% 上升至 15.9%，可能是由于数据修订过程中统计口径的变动造成的，并不必然代表政府消费率的真实变动情况。

1999 年的 48. 6% 降至 2015 年的 38. 8%，下降了 9. 8 个百分点。居民消费率的大幅降低也是最终消费率明显下降的主要方面。

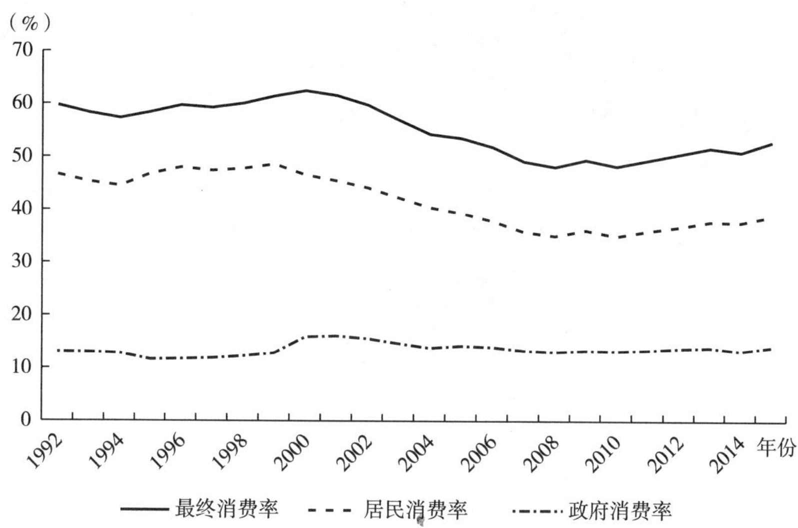

图 1　我国最终消费率、居民消费率和政府消费率

资料来源：历年《中国统计年鉴》。

（三）居民消费增速下滑明显

我国的统计体系由不同时间频度的统计指标衡量居民消费增速变化，这些指标的统计范围、统计口径、资料来源、计算方法并不相同，但能够从不同角度全面考量居民消费增速的变化趋势。各频度的指标均显示，我国居民消费增速下滑趋势明显。

从月度数据看，近年来，在经济增速放缓、城乡居民收入增幅回落和就业压力逐步显现的背景下，社会消费品零售总额增速持续下降。如图 2 所示，2018 年 5 月，社会消费品零售总额当月同比增速已降低至 8. 5%，为 2003 年 7 月以来的新低，此后的 6—7 月增速虽然有所回升，但仍然只有 9. 0% 和 8. 8%，为近年来的低点。在扣除物价上涨之后，2018 年 7 月，社会消费品零售总额当月实际同比增速仅为 6. 5%，也创下 2003 年 7 月以来的新低。

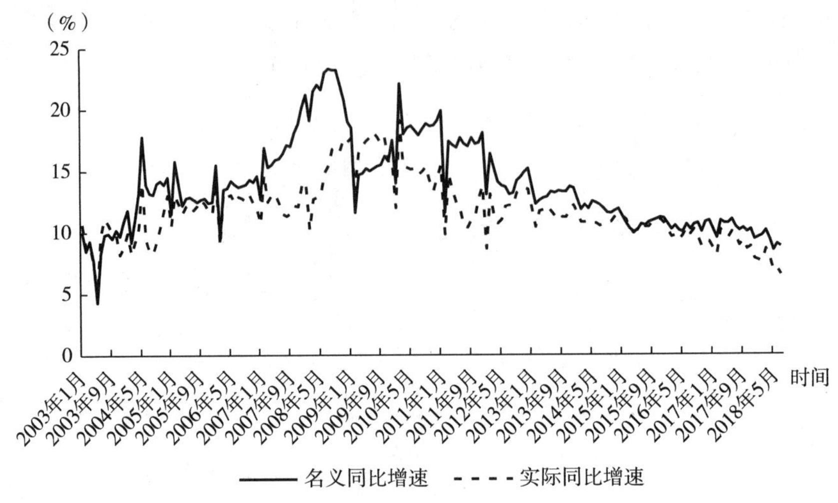

图 2 我国社会消费品零售总额当月增速

资料来源：国家统计局。

从季度数据看，近年来，城乡居民人均消费支出增速也呈下降趋势。如图 3 所示，2018 年上半年，我国城镇居民人均消费支出累计同比增长 6.8%，而第一季度同比甚至仅为 5.7%，创下 2003 年以来新低。农村居民人均消费支出增速在 2018 年有所回升，但 2014—2017 年①，增速已由 2014 年第一季度的 13.3% 降至 2017 年的 8.14%。

从年度数据看，全国居民特别是城镇居民消费水平增速总体下滑。如图 4 所示，2011 年以来，全国居民消费水平同比增速总体呈下降趋势，2013 年以来已低于 8%，其中，城镇居民消费水平同比增速自 2013 年以来已降至 6% 以下。支出法 GDP 中的最终消费同比增速也在近年下降至 10% 左右的水平。

① 长期以来，受城乡二元结构的制约，我国的城乡住户调查是分开进行的，但是，从 2013 年开始，国家统计局正式实施城乡一体化住户调查，统一发布全体居民可支配收入和按常住地区分的城乡居民可支配收入。与此同时，农村居民消费支出的口径也由“人均生活消费现金支出”调整为“人均消费支出”。为保证增速可比，此处仅比较 2014—2017 年各季度的消费支出累计同比增速。

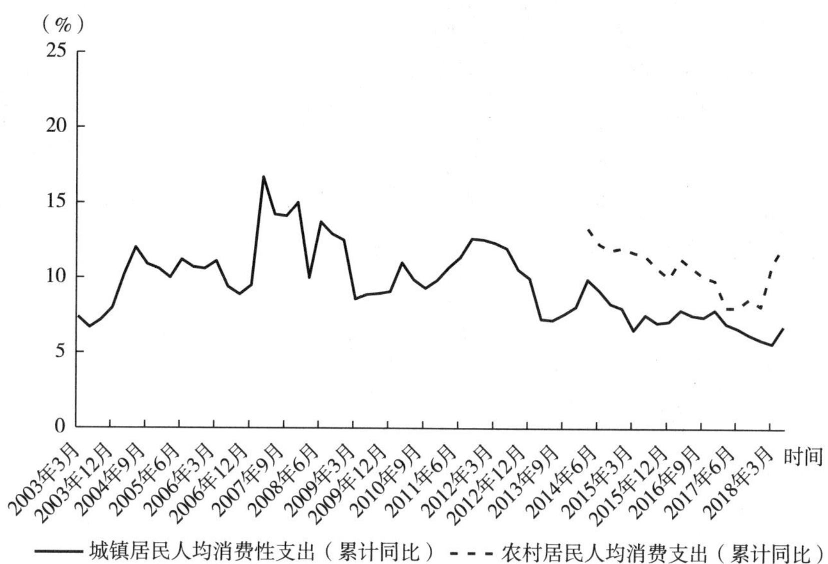

图3 我国城乡居民人均消费支出增速

资料来源：国家统计局。

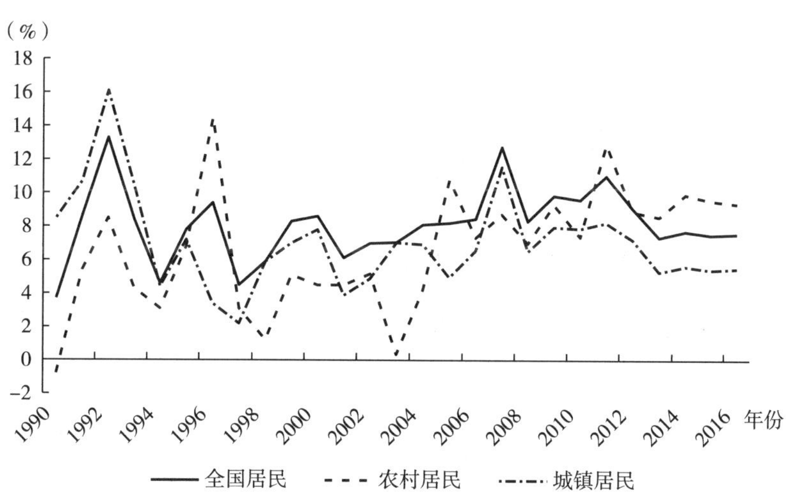

图4 我国居民消费水平同比增速

资料来源：国家统计局。

很多人可能有这种疑惑。一方面，一直强调消费需求对 GDP 增长的贡献率在加大（见图5）；另一方面，又说消费增速创了新低。这是由于在经济下滑的过程中，投资增速的降幅更大，同时，由于外需不振，我国出口增速大幅降低甚至负增长，导致净出口对GDP增长的贡献率降低甚至由正转负。[①] 而由于居民消费相较于投资、出口更具有平滑性，降幅相对较小，因此，居民消费对经济增长的拉动作用是相对而言的，实际上并没有达到应有的贡献水平。

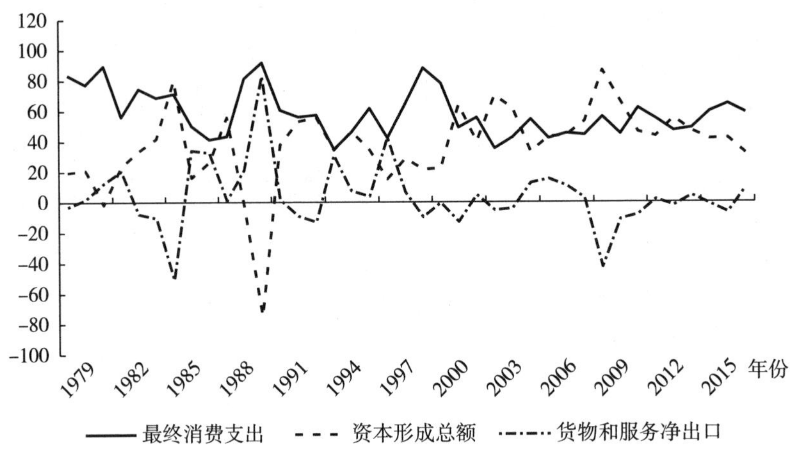

图5　三大需求对GDP增长的贡献率

资料来源：历年《中国统计年鉴》。

二　消费需求不足的主要原因：住房价格高、城镇化减速、农民增收难

（一）"房奴效应"抑制居民消费需求

近年来，我国各线城市的房价呈现了全面性上涨，其中北京、上海、广州、深圳等一线城市自2008年以来的年均涨幅都在15%以上。与此同

① 2017年上半年，最终消费支出对GDP增长的贡献率为78.5%，比2017年上半年增长14.2个百分点，成为经济增长最重要引擎，同期资本形成总额贡献率31.4%，外贸贡献率为-9.9%。

时，城乡居民可支配收入的增长则远远落后于房价的涨幅。房价的过快上涨使年轻无房的一代为了购房而极力储蓄，减少消费。此外，不少父母为了资助子女购房，也节衣缩食，拿出一辈子的积蓄购房。这些家庭不仅在购房前为了支付首付而拼命压缩消费，而且在购房后由于沉重的还贷压力也被迫牺牲日常消费。这种由房价上涨抑制居民消费需求的机制即为“房奴效应”。①

我国房价收入比过高。对比全球主要经济体，2018 年年中，我国内陆地区的房价收入比已高达 27.17，仅低于中国香港，高于巴西、俄罗斯、印度等新兴市场经济体，远高于主要发达经济体，甚至相当于美国房价收入比的 8 倍左右（见图 6）。分城市（见图 7）看，2018 年年中，香港、上海、北京、深圳等地的房价收入比均已超过 40，远远高于全球主要城市的水平。1998 年，世界银行曾对 96 个地区进行统计，结果显示：家庭年收入在 999 美元以下（最低收入户）的国家（地区），房价收入比平均数为 13.2；家庭年收入在 3000—3999 美元（中等收入户）的国家（地

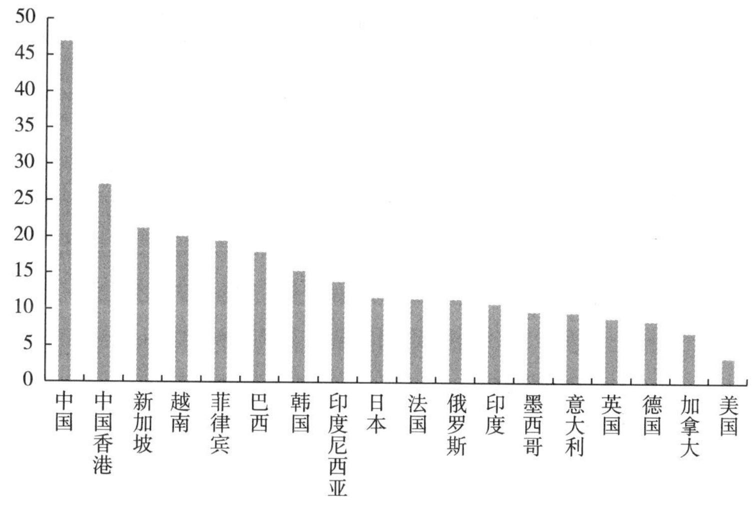

图 6 主要经济体 2018 年年中房价收入比

资料来源：numbeo 网站，https://www.numbeo.com/property-investment/rankings_by_country.jsp。

① 颜色、朱国钟：《“房奴效应”还是“财富效应”？——房价上涨对国民消费影响的一个理论分析》，《管理世界》2013 年第 3 期。

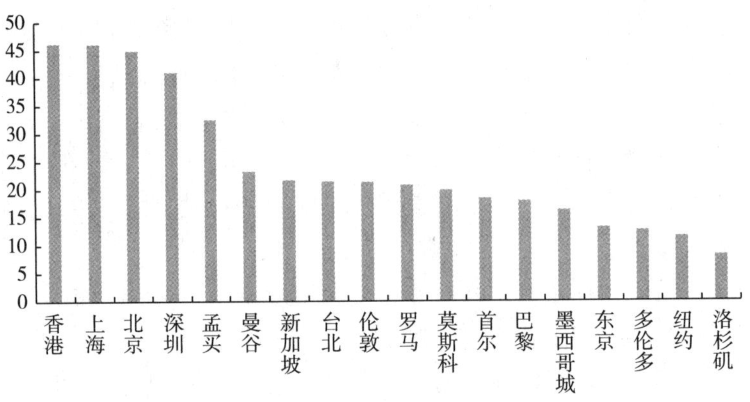

图7 主要城市2018年年中房价收入比

资料来源：numbeo网站，https：//www. numbeo. com/property－investment/rankings_ current. jsp。

区），房价收入比平均数为9；家庭年收入在10000美元以上（高等收入户）的国家（地区），房价收入比平均数为5.6。一般而言，在发达国家（地区），房价收入比超过6即可视为进入泡沫区（王梦雯，2018）。虽然由于国情、统计口径等不同，房价收入比并未形成一致的合理范围，但是，我国及主要城市的房价收入比远超其他主要经济体和城市，则是事实。

我国居民部门负债率持续上升。根据国际清算银行统计（见表2），2017年，中国居民部门杠杆率（居民部门债务占GDP比重）为48.4%，虽低于发达国家平均的76.1%，但已明显高于新兴市场平均的39.8%。此外，考虑到中国居民报酬份额偏低，以GDP为分母测算的中国居民部门债务存在低估，因此，我国家庭负债率可能更高。与此同时，从变化趋势看，我国居民部门的杠杆率从2006年的10.8%快速上升至2017年的48.4%，年均增长3.4个百分点，居民增加杠杆的速度大大快于新兴市场经济体和发达经济体。

表2 主要经济体居民部门杠杆率

年份	英国	法国	德国	美国	日本	韩国	中国	印度	墨西哥	印度尼西亚	巴西
2006	89.6	44.1	65.0	95.7	58.6	70.4	10.8	0.0	11.9	11.1	13.5
2007	92.8	46.5	61.1	97.9	58.4	72.3	18.8	10.7	13.5	11.6	15.4
2008	93.9	48.5	59.5	95.4	59.5	74.2	17.9	10.4	13.3	11.8	17.3

续表

年份	英国	法国	德国	美国	日本	韩国	中国	印度	墨西哥	印度尼西亚	巴西
2009	96.4	52.5	61.7	95.8	62.2	76.5	23.5	9.4	13.5	12.2	19.0
2010	93.7	53.7	59.2	90.7	60.7	76.5	27.2	9.3	13.2	13.6	21.6
2011	90.9	54.8	57.0	86.2	59.9	79.7	27.7	8.9	13.5	15.2	22.8
2012	89.6	55.2	56.3	83.2	58.7	80.8	29.7	9.0	13.9	16.4	24.1
2013	87.0	55.6	55.3	81.5	58.5	82.3	33.1	9.2	14.6	17.0	25.9
2014	85.2	55.7	54.0	80.1	58.0	84.2	35.7	9.4	14.6	17.1	24.1
2015	85.5	56.3	53.3	78.5	57.0	88.1	38.8	9.9	15.2	16.8	27.6
2016	86.6	57.3	53.2	78.8	57.2	92.6	44.4	10.2	16.0	17.0	25.7
2017	86.7	58.7	52.9	78.7	57.4	94.8	48.4	10.9	16.1	17.0	24.7
年均增速	-0.3	1.3	-1.1	-1.5	-0.1	2.2	3.4	1.0	0.4	0.5	1.0

资料来源：国际清算银行，Wind 数据库。

近年来，我国家庭债务与可支配收入之比呈现直线上升态势。截至2017年，我国家庭债务与可支配收入之比高达112%，已经超过美国当前的水平（104%），更是逐渐逼近美国金融危机前峰值（见图8）。并且，

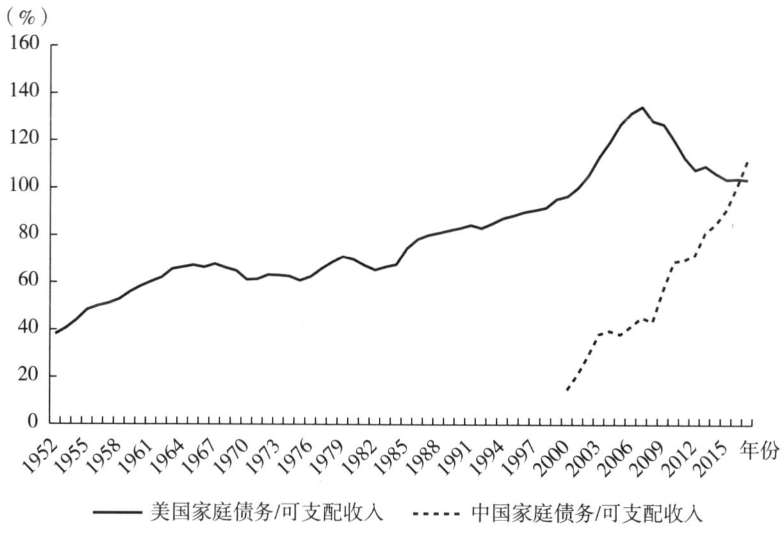

图8　中美家庭债务与可支配收入之比

资料来源：Wind 数据库及笔者计算。

加上隐藏的民间借贷等无法被统计的部分，实际上，中国家庭债务率可能更高，一些家庭已处于入不敷出的状态。

在家庭债务中，住房贷款是家庭债务的主要组成部分。2006 年以来，每次房价的上涨，都带动居民住房贷款的增长，也提高了居民部门的杠杆率。伴随 2015 年下半年开始的房价全面上升，居民部门贷款逐步增长。从贷款余额来看，中长期个人住房抵押贷款余额占住户部门全部贷款余额的比重，2014 年为 52.4%，2015 年上升到 55%，2016 年大幅度上升到 60.3%，2017 年进一步上升至 61%。从新增贷款来看，新增中长期个人住房抵押贷款占住户部门全部新增贷款的比重，2014 年为 54.7%，2015 年提高到 70.5%，2016 年进一步提高至 83%。此外，在最近一轮的房地产调控中，严格的“限贷”使一部分购房贷款需求借助其他类型的贷款（如消费贷、信用贷等），但最终实际上还是流向了房地产市场。居民还债负担日趋加重，用于其他消费的份额就会相应地减少。

当家庭过度负债时，家庭消费需求将会受到抑制。本文对居民部门杠杆率与消费占 GDP 比重的关系进行了经验验证，利用 2006—2016 年 23 个发达经济体和发展中经济体的样本，研究了两者之间的关系。本文所使用的数据来自世界银行 WDI 数据库、国际货币基金组织 IFS 数据库以及国际清算银行的统计数据。[①] 被解释变量方面，本文关注居民消费占 GDP 的比重，计量模型中采取对数形式。在解释变量方面，本文研究重点关注家庭债务对消费的影响，所采用的居民部门杠杆率指标来自国际清算银行，计量模型中采取对数形式。此外，本文选取的控制变量还包括：（1）居民消费占 GDP 比重对数值的滞后一期，衡量居民消费的平滑性。（2）GDP 增速。（3）对数人均 GDP 的滞后一期，衡量经济发展水平。（4）老年人口及儿童抚养比，分别使用 65 岁及以上人口和 0—14 岁人口占总人口比重的对数值作为衡量指标。各变量所选取指标的描述性统计如表 3 所示。

① 样本国家或地区包括阿根廷、爱尔兰、奥地利、澳大利亚、巴西、法国、哥伦比亚、韩国、加拿大、捷克、卢森堡、马来西亚、墨西哥、瑞典、泰国、西班牙、新西兰、匈牙利、意大利、印度尼西亚、英国、智利和中国。

表 3　　描述性统计

	样本量	均值	标准差	最小值	最大值
居民消费占 GDP 比重的对数值	248	4.305	0.135	3.872	4.480
居民杠杆率的对数值	253	3.750	0.757	1.335	4.806
实际 GDP 同比增速	253	2.932	3.613	-6.600	25.560
对数人均 GDP	253	9.931	0.964	7.432	11.689
65 岁及以上人口比重的对数值	253	2.439	0.430	1.477	3.123
0—14 岁人口比重的对数值	253	2.955	0.231	2.611	3.450

回归结果如表 4 所示。

表 4　　回归结果

	(1) FE	(2) RE	(3) FE	(4) RE	(5) FE	(6) RE
居民杠杆率的对数值	-0.0514**	-0.0405	-0.0496**	-0.0323	-0.0523**	-0.0310
	(0.0226)	(0.0247)	(0.0228)	(0.0254)	(0.0227)	(0.0256)
居民消费占 GDP 比重的对数值滞后一期	0.907***	0.605***	0.920***	0.608***	0.904***	0.609***
	(0.0170)	(0.0582)	(0.0164)	(0.0580)	(0.0181)	(0.0582)
实际 GDP 同比增速	-0.00473***	-0.00402***	-0.00460***	-0.00386***	-0.00474***	-0.00385***
	(0.000498)	(0.000553)	(0.000499)	(0.000564)	(0.000500)	(0.000566)
对数人均 GDP 滞后一期	0.00294	-0.00259	0.00475	0.00232	0.00209	0.00192
	(0.00268)	(0.0121)	(0.00317)	(0.0125)	(0.00339)	(0.0126)
0—14 岁人口比重的对数值	0.0303***	0.0123			0.0366**	-0.0285
	(0.00871)	(0.0497)			(0.0177)	(0.0577)
65 岁及以上人口比重的对数值			0.0158***	0.0387	0.00465	-0.0474
			(0.00566)	(0.0295)	(0.0114)	(0.0344)
豪斯曼检验量	35.03		42.60		38.47	
样本量	225	225	225	225	225	225

注：括号内为标准差；** 和 *** 分别表示该系数在 5% 和 1% 的显著性水平下显著。

豪斯曼检验结果显示，三组模型均适用于固定效应回归模型。根据回归结果，居民部门杠杆率对数值的系数显著为负，表明家庭债务率的上升与居民消费比重呈负相关关系，由主要购房贷款引起的居民增加杠杆行为对家庭消费存在挤出效应。

（二）城镇化减速对消费产生负效应

2013 年 12 月，中央首次召开城镇化工作会议，强调“推进城镇化是扩大内需和促进产业升级的重要抓手”。我国经济发展方式转变的战略任务之一，就是将主要依靠外需即国际贸易，转变为主要依靠内需，特别是国内消费需求作为我国经济发展的根本动力，而扩大内需的最大潜力在于城镇化。城镇化水平持续提高，会使更多农民通过转移就业提高收入，通过转为市民享受更好的公共服务，从而使城市消费群体不断扩大、消费结构不断升级、消费潜力不断释放（蔡继明，2015）。相关研究表明，一个城镇居民的消费水平大概是 3 个农民的消费水平。城镇化水平提高 1 个百分点，将拉动最终消费增长约 1.6 个百分点。[①]

然而，当前我国的城镇化不仅水平不高，而且速度不快甚至呈下降趋势。从城镇化水平来看，虽然 2017 年我国常住人口城镇化率已经达到了 58.52%，与全球平均水平大致相当，但远远低于日本 92.3%、美国 82.9%、德国 74.2% 的水平，也低于巴西 85.1%、俄罗斯 74.2%、南非 62.9% 等新兴市场经济体的水平。从发展速度看，我国在最近 40 年处在城镇化率从 30%—70% 的世界城镇化加速期，我们不能用加速期的速度与处在城镇化率 30% 以前的慢速期的国家相比。如果我们从 1949 年中华人民共和国成立算到 2017 年，在这 68 年时间里，我国的城镇化速率无疑是非常低的，我们没有资格和日本比，也没有资格和韩国比，更没有资格和中国台湾地区比。与此同时，分五年的时段看，如图 9 所示，在 1996—2000 年的五年间，是我国城镇化快速发展的时期，年均提高 1.436 个百分点，但此后城镇化增速总体呈下滑趋势，至 2016—2017 年，年均增速已经降至 1.210 个百分点。

① 迟福林：《消费主导的经济转型与战略选择》，《上海证券报》2012 年 1 月 16 日。

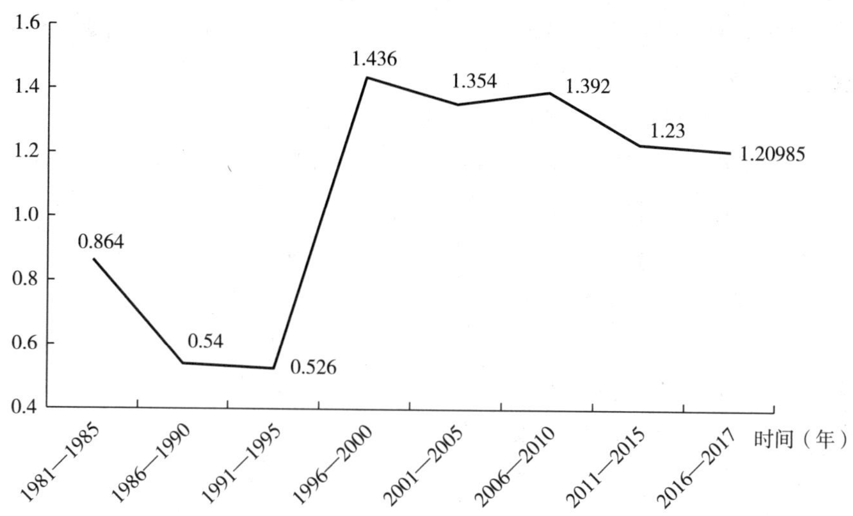

图 9　各时期我国城镇化率年均增速

资料来源：国家统计局及笔者计算。

不仅如此，我国的常住人口和户籍人口的城镇化率相差 16.17 个百分点，这十几个百分点就是 2.25 亿农民工和他们的家属，他们处于半城镇化状态，在医疗、就业、教育、社会保障以及住房等方面并没有真正享受一个城镇户籍人口的待遇。另外，我国的城市化率是远远低于城镇化率的：城市化率计算的是 658 个城市常住人口占全国总人口比例；而城镇化率计算的是 658 个城市常住人口加上 2 万多个镇的 2.2 亿多镇民人口占全国总人口比例。如果从城镇人口中扣除 2.2 亿多镇民，那么我们的城市化率只有 42.4%。所以，无论从哪个角度说，我国的城市化水平都不是高了，而是低了；城市化速度不是快了，而是慢了。目前，在我国工业化还没有完成、城市化还处在本应加速发展的阶段，出现上述城镇化减速的现象是很不正常的，会直接导致消费需求的大幅度减少。

（三）农民增收仍然面临着较大困难

从统计数据来看，近年来，农村居民收入增长速度超过了城市居民，因此，城乡居民的收入差距正在逐渐缩小。2010—2017 年，农村居民人均可支配收入年均增长 11.9%，高于城镇居民的 10.1%，城乡居民收入比也从 2010 年的 3.23∶1 降至 2017 年的 2.71∶1，但这其中有一个关于统计上的问题值得讨论。2017 年，我国农民工的年均工资收入是 41820 元①，而农村居民依靠户均 8 亩的承包地从事粮食种植，每亩纯收入不过 400—500 元，户均收入也就 4000 元左右，只相当于一个农民工年收入的 10%。如果把 2.25 亿非户籍城镇常住人口中农民工的收入算作城镇居民收入，城乡居民的收入差距一定是扩大的；如果把本来已计入城镇常住人口的农民工的收入算作农村居民的收入，则城乡居民的收入差距就会缩小，但这种缩小无疑会带有不真实的成分。

事实上，近年来，我国农民收入的增加，在很大程度上靠的不是农业生产，而是来自进城务工的收入。2.25 亿非户籍城镇常住人口中，既包括农民工，也包括其家属子女。根据国家统计局发布的历年《全国农民工监测调查报告》，举家外出农民工占外出农民工的 20% 左右，原国家卫生计生委公布的《中国家庭发展报告（2015）》显示，农村家庭平均规模为 3.56 人，以此规模为基准，举家外出农民工中，农民工与家属子女的比例可假定为 2∶1.56。这样，粗略地计算，这 2.25 亿人口中，约有 13.8% 为农民工家属子女，而农民工的人口约为 1.94 亿人。调查数据显示，农民工约有 20% 的收入寄回农村，并计入农村居民的收入，计算可得，这部分收入高达农村家庭人均可支配收入的 21%。②

另外，尽管我们相信到 2020 年扶贫攻坚任务会如期完成，但中国目前贫困线是以 2011 年 2300 元不变价为基准的，2016 年约为 3000 元，按购买力平价计算，相当于每天 2.2 美元，略高于世界银行 1.9 美元的贫困标准。考虑到中国 2020 年实现全面小康，将成为中等偏上收入国家，若应参照 2.5 美元/人/天的较高贫困标准，则中国贫困人口规模无疑将大幅度增加。所以说，农村扶贫脱贫永远在路上。

但是，农村居民真正来自从事农业生产的家庭经营纯收入，近年来却增长缓慢。1993 年以来，农村居民人均纯收入由 921.6 元增至 2016 年的 12363 元，年均名义增长 11.9%，但农村居民人均纯家庭经营纯收入仅由 678.48 元增至 2016 年的 4741 元，年均名义增长 8.8%，家庭经营纯收入

---

① 据人社部发布的《2017 年度人力资源和社会保障事业发展统计公报》，2017 年，全国农民工总量为 28652 万人；2017 年年末，农民工人均月收入水平为 3485 元。

② 具体计算过程为，2017 年，1.94 亿农民工人均年收入按 41820 元计，寄回农村的总收入为 1.94 ×41820 ×0.2 =16226.16（亿元）；2017 年，我国乡村人口 5.76 亿，农村居民人均可支配收入为 13432 元，则农民工寄回农村的收入占比约为 16226.16/（5.76 ×13432）=21%。

占比也由 1993 年的 73.62% 下降至 38.35%。此外，受我国金融发展程度的限制，居民面临较大的流动性约束，缺乏合理的投资渠道，农村居民人均财产性纯收入占比始终较低，且在近年来甚至有所下降，到 2016 年已降至 5.74%。所以，缩小城乡居民的收入差距，关键是要提高农业收入。然而，受制于当前的土地制度，农村剩余劳动力转移、农地流转和土地规模经营均面临较大阻碍，农业劳动生产率始终过低，农民增收仍然面临较大困难。

三 现行土地制度是抑制居民消费需求的深层次原因

（一）现行土地制度助推房价上涨

首先，政府对城市住宅用地供给的独家垄断导致地价与房价的轮番上涨。根据现行《中华人民共和国土地管理法》，任何单位搞建设（农村居民住宅建设、公共设施建设、开办乡村企业除外）都必须申请使用国有建设用地，集体土地只有通过征收为国有建设用地才能出让，这就使政府成为城市住宅用地的唯一供给者。在城镇人口大规模增加的情况下，地方政府通过控制居住用地供给，促使房价上涨，以获取高额的土地财政收入和以土地为抵押的相关融资贷款；而房价上涨则会拓宽房地产企业的预期利润空间，使其有动机高价拿地。地价拉动房价，房价又反过来推动地价，两者互为因果、相互促进，高房价局面由此形成。

与此同时，在农村集体土地上，由村民建设用于向城市居民出租出售的住房被称作“小产权房”，尽管其中 80% 被国务院小产权房整治部门认定是在农村集体建设用地上建设的，不存在非法占用耕地的嫌疑，但目前小产权房仍被视为“三违建筑”而被禁止入市交易，从而既堵塞了增加农民财产性收入的渠道，又遏制了面向城市低收入居民和农民工及外来人口的廉价住房的有效供给。

其次，住宅用地占城市建设用地的比例偏低，进一步降低了住宅用地的有效供给。中央政府对城镇用地扩展总量和居住用地的比例进行了控制。在这些规定之下，地方政府出于财政利益和经济增长等考虑，还进一步实施了尽可能充分供应工业用地而控制供应居住用地的措施。虽然居住用地的出让价格远高于工业用地，但工业用地出让能够让地方政府在长期获得税收收入，并通过工业发展带动服务业发展，促进经济增长。因而，地方政府存在充分供应工业用地、控制供应居住用地的偏好。根据《中国国土资源统计年鉴》数据（见表5），2003—2016年，我国国有建设用地供应结构中，工业仓储用地占35.20%，住宅用地占20.87%，工业仓储用地比例高出住宅比例约14.33个百分点。说明我国居住用地比例明显偏低，工业用地比例偏高。

表5　　2003—2016年我国国有建设用地供应结构

年份	工矿仓储用地	商服用地	住宅用地	其他用地
2003	40.63	18.74	22.26	18.37
2004	41.39	16.99	23.14	18.47
2005	44.96	12.11	22.58	20.35
2006	50.40	10.47	21.24	17.89
2007	41.44	16.89	23.44	18.22
2008	39.68	11.33	26.49	22.51
2009	39.12	7.62	22.55	30.70
2010	35.60	8.99	26.65	28.76
2011	32.25	7.19	21.31	39.25
2012	29.13	7.16	16.12	47.59
2013	28.44	8.93	18.91	43.73
2014	23.08	7.75	16.13	53.04
2015	23.55	6.84	17.36	54.10
2016	23.17	6.62	14.03	56.18
平均	35.20	10.55	20.87	33.51

资料来源：整理自相关年份《中国国土资源统计年鉴》。

最后，城市建设用地的逆市场化配置导致住宅库存增加与房价泡沫膨胀并存。近十年来，中央政府连续出台调控政策，旨在把不断飙升的房价降下来，或至少控制住上升的势头，但事与愿违。房价越调越高的主要原因在于，调控政策违反了市场机制即经济学最基本的供求定理。如图10

所示，房价和其他商品价格同样遵循着一般均衡价格规律，是由住房供给曲线和需求曲线共同决定的。而政府对住房市场的调控一味地控制需求，由于刚需的存在和政府单方面垄断了城市住宅用地的供给，从而抑制了住房的有效供给，自然是房价越调越高。如果打破政府对城市建设用地的单边垄断，允许农村集体建设用地进入城市建设用地市场，伴随着城市住宅用地供给的增加，城市房价不仅不会上升，而且还有可能下降。

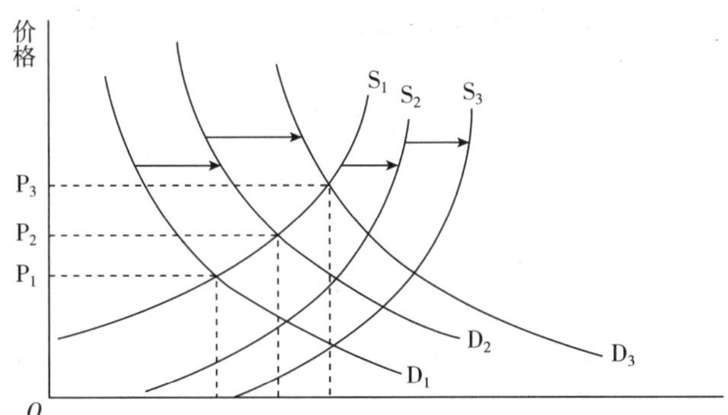

图 10　住房市场控制需求或增加供给的结果

从人口自然流动趋势看，2008 年以来，我国大量人口实现从中西部地区向东部地区转移，但是，国土资源部每年对东中西部地区新增建设用地的供给则是逆人口流动的，由原来的 70% 向东部地区倾斜到现在反向中西部地区倾斜。2014 年 1 月 10 日，全国国土资源工作会议指出：东部地区三大城市群发展要以盘活土地存量为主，今后将逐步调减东部地区新增建设用地供应，除生活用地外，原则上不再安排人口 500 万以上特大城市新增建设用地。这种计划配置城市建设用地的做法，导致中西部地区土地供大于求，造成大量的“空城”；东部地区的土地则供不应求，房价飙升。这无疑是一、二线城市房价泡沫，三、四线库存泡沫产生的根源。

（二）高房价抑制城市化进程

近年来，全国各地日益飙升的房价大大增加了农业转移人口市民化的成本。一方面，高房价改变了城乡居民家庭财富的分配格局，随着城市房价的迅速上升，城市拥有住房的家庭财富显著增加。相比之下，农村住房的价值增长缓慢，由此带来的农村居民家庭财富增加甚少，城乡家庭财富差距被拉大。农村剩余劳动力要实现由农村向城市转移，必须要积累足够的家庭财富，才能应对迅速上升的房价，城乡家庭财富差距的扩大无疑增加了农业转移人口进入城市并定居下来的门槛。另一方面，高房价导致农业转移人口的住房支出在可支配收入中所占份额上升，而他们用于教育、健康等方面的支出份额则相应地减少，从而影响人力资本的积累，弱化他们在就业市场的竞争力。同时，除自身外，他们用于子女教育、健康等方面的支出份额也会受到影响，人力资本积累的代际传递也会影响农民的市民化意愿，改变进城定居决策。高房价使农民工进城不能落户、迁徙不能定居，产生大量留守儿童、留守妇女、留守老人和流动儿童等半城市化现象。

（三）现行土地制度堵塞了农民获得财产收入的渠道

首先，现行农地承包制度阻碍了农地经营规模的扩大，影响了务农收入的提高。现阶段，农民家庭经营性收入偏低的根本原因就是农业劳动生产率过低。从我国人口与产业结构的关系来看，第一产业即农业的增加值只占 GDP 的 7.9%，但是，农村人口按照常住人口计算还有 42.65%，若按照户籍人口，还有 58.8%，农业就业人员占总就业人口的 27.70%，这说明我国的农业劳动生产率远远低于第二、第三产业。而农业劳动生产率过低的原因则在于农地经营规模化程度不够。根据世界银行测算，中国农村人均耕地 2.75 亩。世界农村人均耕地面积最高的五个国家即澳大利亚、乌拉圭、阿根廷、加拿大和冰岛，其农村人口人均耕地面积分别是我国的 93.52 倍、76.62 倍、55.98 倍、34.25 倍和 31.91 倍。同日本和韩国相比，其农村人口人均耕地面积也是我们的 3—4 倍。要想扩大规模，就必须加快农村土地流转，把大量农村剩余劳动力转移到非农产业就业，并加快这些农业转移人口市民化。然而，当前我国与农地适度规模经营相关的土地权利契约关系仍不稳定，处于上位的集体所有权仍然随时制约着农户的土地承包权，特别是阻碍农户进城后土地承包权等财产性权利，同时，工商资本下乡仍面临较大阻碍，城乡之间资源的双向流动困难。

其次，宅基地的非用益物权化，堵塞了农民财产性收入渠道。农民对集体的宅基地只拥有使用权，而没有完整用益物权，所以，农民住宅的出租、出售和抵押也受到了法律限制，小产权房作为“三违建筑”也不予确权登记颁证。同时，农民住房只允许卖给本集体土地所有制成员，禁止城镇居民到农村买房或购买宅基地建房，既限制了城镇居民居住和迁徙的自由，又堵塞了农村居民获取财产收入的渠道。由于农民宅基地难以变现，农民市民化的资本严重不足。

四 深化土地制度改革的重点突破

综上所述，我国目前消费需求水平低，主要是因为现行的土地制度和逆市场化的土地资源配置，一方面，抬高了房价从而挤压了正常消费；另一方面，阻碍了农地规模经济的实现，堵塞了农民获得财产收入的渠道，抑制了农民工及其家属市民化的进程，从而降低了农民的消费水平。所以，要扩大居民的消费需求，必须在如下七个方面有针对性地推进和深化土地制度改革。

（一）发挥市场的决定性作用，优化土地资源配置

党的十八届三中全会指出：经济体制改革的核心是处理好政府与市场的关系，让市场在资源配置中起决定性作用。土地是财富之母，劳动是财富之父，土地和劳动是最基本的两大原始资源，市场在资源配置中的决定性作用，首先应在土地和人口资源配置中体现出来。要让市场决定土地资源的配置，就要构建城乡统一的集体建设用地市场，淡化行政配置资源的色彩。建议国土部门遵循市场规律和人口流向，使新增城镇建设用地的供给更多地向特大超大城市倾斜，从而优化我国的城乡人口与土地的空间配置。

（二）坚持公益性征地原则，缩小征地范围

《中华人民共和国宪法》第十条明确规定，国家为了公共利益的需要，可以依照法律规定对土地实行征收或者征用并给予补偿。“公共利益的需要”仅仅是征收或征用农村集体土地的必要条件而不是充分条件。但事实上，改革开放 40 年来，地方政府无论是公共利益的需要，还是非公共利益的需要，一律都采取征收的办法，把集体土地变成国有土地。其中，绝大部分用于非公共利益的需要。因此，下一步的改革要严格履行宪法，坚持公益性征地原则。同时，即使是出于公共利益的需要必须征收农

村集体的土地，也必须对被征地农民或集体给予公平、合理的补偿，不能因为“公共利益”就让农民做出牺牲。此外，公共利益的范围不宜过宽。

（三）放宽对农地入市的限制，构建城乡统一的建设用地市场

从我国城乡建设用地的构成看，2017 年，我国城镇用地 9.6344 万平方千米，而村庄用地 19.327 万平方千米，农村集体建设用地是城镇的两倍之多，而城市常住人口已经超过 58%。这就意味着农村大量的建设用地是闲置的、是浪费的、是无效使用的。在村庄建设用地中，存量集体经营性建设用地只有 2.8 万平方千米，仅占农村集体建设用地的 14.5%，且基本都已投入使用，仅靠这部分土地入市不足以形成城乡统一的建设用地市场以缓解城市建设用地供求矛盾；而农村宅基地则占集体建设用地的 70% 以上。随着越来越多的农村人口向城市转移，农村宅基地将大量闲置。所以，把超过农民自住需要的宅基地动态调整为经营性建设用地进入市场，将大大增加城市建设用地供给，有助于缓解房价上涨的压力。

（四）赋予农民宅基地完整的用益物权，扩大农民获取财产收益的渠道

虽然《中华人民共和国物权法》在第一百一十七条对用益物权的权能下了一般定义：“用益物权人对他人所有的不动产或者动产，依法享有占有、使用和收益的权利。”但而后对建设用地使用权和宅基地使用权的用益物权能却做了不同的规定。实际上，《中华人民共和国物权法》所谓的建设用地使用权仅指国有建设用地使用权，这种使用权具有前述用益物权的一般属性，并且可以转让、互换、出资、赠与或者抵押，而《中华人民共和国物权法》所谓的宅基地使用权不同于“住宅建设用地使用权”，后者作为国有建设用地的一个亚种，拥有前述用益物权的一切权能，而前者作为农村集体所有的宅基地使用权，其使用权人只对集体所有的土地享有占有和使用的权利，没有收益权，更不可以转让、互换、出资、赠与或者抵押。所以，在下一步改革中，要赋予农村宅基地完整的用益物权，允许农民的宅基地出租、转让、抵押，扩大农村居民获取财产收入的渠道。

（五）允许增减挂钩指标跨村跨省交易，在全国范围内实现城乡建设用地的有效配置

城镇建设用地的不足，可以通过将整治节余的农村建设用地以指标的方式转移到城镇使用。在市场经济体制下，不同地区的土地价值差异较大，偏远地区的宅基地可以复垦为农地，而城市周边的土地价值较高，可以转换成建设用地。这样，偏远地方的农民把宅基地指标卖给城市周边农民，而城市周边的农民则按照规划直接把土地变成建设用地，双方均可以在交换中获益，原来的土地出让金也能够实现重新分配。此外，还要建立增减挂钩指标跨省交易的全国统一市场，允许增减挂钩指标在不同村集体之间进行交易。

（六）消除农地规模经营的制度性障碍，加快农业转移人口的市民化

要探索建立进城农民承包地、宅基地有偿转让和退出机制，政府不能强迫进城落户农民放弃农地承包权。此外，政府也不应限制农民土地承包权的流转。随着越来越多的农民进城务工落户和迁徙定居，传统的村落有的兴盛，有的衰亡，彼此之间的合并重组已经不可避免，由此必然要求农地承包权的流转跨越原集体经济组织的界限，甚至不同村落的集体土地所有权也难免会发生相应的转移和重组。农地制度的安排应该顺应这一城乡关系变革和农村传统社会变革的历史潮流，而不能成为阻碍这场变革的桎梏。要扩大承包经营流转范围，把农村集体经济组织建设成产权明晰、自主经营、开放竞争的市场经济主体。要消除阻碍工商资本下乡的障碍，实现城乡之间资源的双向流动，实现农户土地规模经营，为农业现代化创造条件。

（七）土地修法的顶层设计要上下一致，消除各项法律规章之间的矛盾

《中华人民共和国宪法》有关土地所有制和征地制度的规定存在二律悖反。一方面，《中华人民共和国宪法》规定，城市的土地归国家所有，农村的土地归农民集体所有，这就意味着凡是城市化和工业化新增的土地需求，无论是公共利益需要，还是非公共利益需要，都必须通过国家的征地行为来满足；另一方面，《中华人民共和国宪法》又强调，国家只有出

于公共利益的需要，才能对农地实行征收或征用。很明显，要满足前一种要求，就会违反后一种规定；而要坚持后一种规定，又不能满足前一种要求。因此，要消除上述二律悖反，首先要修宪或释宪：所谓城市的土地实行国有，仅仅是就 1982 年《中华人民共和国宪法》公布时城市存量土地而言的。此后，城市建设需要占用农村土地，只有公益性用地才能征收为国有土地，非公益性用地可以通过市场使用集体土地。其次，要修改《中华人民共和国城市房地产管理法》《中华人民共和国物权法》和《中华人民共和国担保法》的相关条款，赋予农村宅基地使用权完整的用益物权权能，允许农村宅基地使用权出租、抵押、担保、继承和转让。此外，修改《中华人民共和国农村土地承包法》，赋予农地承包权自由流转的权能。最后，取消国务院及有关部门对城镇居民购买农村住宅或租地建房的规定，以促进城乡要素互动、城乡融合发展。

参考文献

蔡继明：《城镇化是中国未来发展的主导战略》，《中国党政干部论坛》2015 年第 8 期。

迟福林：《消费主导的经济转型与战略选择》，《上海证券报》2012 年 1 月 16 日。

联合国等：《国民经济核算体系（2008）》，中国统计出版社 2011 年版。

王梦雯：《从“房价收入比偏离度”角度探讨重点城市“因城施策”方向》，《上海房地》2018 年第 6 期。

颜色、朱国钟：《“房奴效应”还是“财富效应”？——房价上涨对国民消费影响的一个理论分析》，《管理世界》2013 年第 3 期。

Aziz，J. and Cui，L.，“Explaining China's Low Consumption：The Neglected Role of Household Income”［J］. *IMF Working Paper*，2007，WP/07/181.

试论经济体制改革与国家治理现代化协同推进

陈雪娟

摘　要　以建立完善的社会主义市场经济体制为目标的经济体制改革，与国家治理体系和治理能力现代化一脉相承。推进国家治理体系和治理能力现代化，各方面的体制改革都必须朝着建立完善的社会主义市场经济体制的方向协同推进，同时也要使各方面自身相关环节更好地适应社会主义市场经济发展提出的新要求。

关键词　国家治理现代化　经济体制改革　政府与市场

经济体制作为国家治理体系在经济领域的基础框架，其本身对有限资源在各种竞争性用途之间进行配置的体制，反映社会经济采取的资源配置方式。经济体制改革是适应生产力发展对经济管理体制的改善和变革。经过四十年的努力，中国经济体制改革取得巨大成功，基本建成了社会主义市场经济的框架，经济体制的各个层面都呈现出明显的市场经济特征。当前，以构建社会主义市场经济为目标的经济体制改革，是各项改革的重心、推进国家治理体系和治理能力现代化的牵引力量。习近平在党的十八届三中全会二次全体会议上指出："要使各方面体制改革朝着建立完善的社会主义市场经济体制这一方向协同推进，同时也使各方面自身相关环节

［作者简介］陈雪娟，中国社会科学院经济研究所副研究员、经济学博士。

［基金项目］国家社会科学基金重大项目"中国特色社会主义政治经济学探索"（16ZDA002）和中国社会科学院"当代中国马克思主义政治经济学创新智库"项目。

更好适应社会主义市场经济发展提出的新要求。”① 推进国家治理体系和治理能力现代化，必须遵循这一协同推进的要求，按这一要求去做。

一 经济体制改革与国家治理现代化要协同推进

（一）基于经济体制改革的重要性

推进国家治理体系和治理能力现代化是全面深化改革的总目标，而推进作为全面深化改革的重点——经济体制改革，自然而然地成为走向现代化治理、实现国家治理现代化的关键。

经济体制改革的重要性是基于我国社会主义初级阶段基本国情所做的判断。尽管我国改革开放以来持续了30多年的高速经济增长，经济社会发生了翻天覆地的变化，经济总量已居世界第二位，但人均国内生产总值仍排名第90位左右，人类发展指数在188个国家和地区中排名第90位。我国人口众多、非农就业比例不高、人均资源占有量少等发展的掣肘因素没有变。与此同时，人口老龄化与少子化，人口红利逐渐消失、生态环境和能源供给约束增强等。客观上造成了我国的经济发展依然突出地存在不均衡、不协调、不可持续问题，发展方式依然粗放，城乡区域发展差距和居民收入分配差距依然较大，教育、就业、社会保障、医疗、住房、生态环境、食品药品安全等领域还不能满足人民日益增长的美好生活需要。人民的美好生活需求，是质量型而不是生存型的需求。既发展又不完全适应、既发展又未全面覆盖的基本现实使人民的美好生活需要和不平衡不充分的发展之间的矛盾表现出多元化的特点。这个主要矛盾虽然开始呈现出新的特点，表现趋于复杂化，但社会主要矛盾的变化，没有改变我国社会主义所处的历史阶段，我国仍处于并将长期处于社会主义初级阶段的基本国情没有变，我国是世界最大发展中国家的国际地位没有变。

经济体制改革历来是改革的重点。以党的十一届三中全会为标志，工作重心已经开始转移到经济建设上来。改革开放一开始便是从经济领域开始，并逐步延伸到其他领域的。改革的领域，从农村经济体制改革不断扩大到城市经济体制改革，从国有企业改革不断扩大到非公有制经济发展，

① 《习近平论经济建设——十八大以来重要论述摘编》，《党建》2015年第11期。

从对内搞活不断扩大到对外开放，从经济领域不断扩大到政治、文化、社会、生态文明等其他领域，但自始至终经济体制改革这个重点没有偏离。其他各领域的改革都是为了配合经济体制改革而展开的，并依据经济体制改革的客观需要而逐步推进的。

当前，制约科学发展的体制机制障碍不少集中在经济领域，经济体制改革任务远远没有完成，经济体制改革的潜力还没有充分释放出来。经济体制改革的教训为其他改革提供借鉴，经济体制改革的成功为其他改革增强信心。立足于不发达的实际和迅速发展的现状，通过全面深化改革，促进生产力和生产关系、经济基础和上层建筑之间的调配及适应，推动经济社会健康永续发展，就必须在经济体制改革上取得足以带动和影响其他领域协同改革的动力及冲劲，以经济领域的改革助推和保障其他领域的改革，并最终推动实现国家治理体系和治理能力现代化的总目标。

（二）历史地看，经济体制改革总是伴随国家治理方式的改变和发展

新中国成立之初，为了集中力量进行社会主义建设，实行高度集中的计划经济体制。高度集中的计划经济体制的根本特征是把政府作为配置资源的唯一主体，以指令性计划指挥经济运行，经济活动的决策权集中于中央政府，而市场作用被排斥。政企关系是层级制的上下级隶属关系。国家是企业唯一的产权主体，企业是行政机构的附属物。企业负责人是国家干部，由上级人事部门委任。政府对企业承担无限责任，向企业无偿提供资金，收取几乎全部剩余利润，企业为职工提供医疗、住房等社会福利，成为小社会。企业被赋予省部级、地司级、县处级等不同的政府级别和政府部门职能，企业财务具有很多政府财政功能。农村人民公社具有基层政府组织的建制和职责。①

伴随市场导向的经济体制改革逐步推进，高度集中的计划经济体制消融，服务于计划经济体制的计划经济时代的户口制度、单位制度、城乡分割体制不断地弱化。地域间、城乡间、行业间的社会流动性不断增强。社会流动性的增强，既提高了中国社会的活力，也使社会利益格局发生了大范围的变迁。与计划经济体制下国家对于社会的完全渗透和控制不同，市

---

① 张思锋、王舟浩、张立：《政府与市场：理论演进、美国改进、中国改革》，《西安交通大学学报》2015 年第 3 期。

场的兴起改变了国家资源配置的主导地位，社会利益格局的大范围变迁势必要求国家治理方式和内容相应变化。因此，市场导向的经济改革已经深刻地改变了计划经济体制下国家与经济、国家与社会的关系，并伴随国家治理方式的改变和发展。①

（三）政府行政部门的渐进转型自始至终伴随经济体制改革

在计划经济时代，行政部门的制度框架是从苏联直接移植而来的，完全秉承了计划经济体制的特征。在这种情况下，旧有部门的裁撤和新部门的建立是不可避免的任务。党的十一届三中全会之后，中国的行政体制经历了迅速的恢复和扩张，大量机构被建立起来，人员的规模也大大增加。部门林立，职能交叠，冗员过多。为推进市场导向的经济改革，1982 年之后的 30 多年时间里，国务院机构一共集中进行过 7 次改革，基本上平均每五年就进行一次政府机构的调整。1982 年第一次国务院机构改革中新成立了国家经济体制改革委员会。作为市场导向经济改革的重要倡导者，国家经济体制改革对于经济改革的推进发挥了重要的作用。由众多经济管理部门新合并而成的国家经济委员会吸收了原来的国家农业委员会、国家基本建设委员会、国家机械工业委员会、国家能源委员会、国务院财经领导小组等部门的职能，成为推行市场导向改革的重要机构。此时，中国经济改革仍然停留在以计划经济为主体市场调节为补充的阶段。市场经济体制目标确立之后，1998 年第二次国务院机构改革，依据建设社会主义市场经济的目标，计划经济体制下宏观经济管理部门向市场经济条件下宏观经济调控部门转变，国家宏观经济管理职能由国家计划委员会向国家经济贸易委员会转移。作为计划经济体制核心的国家计划委员会被改革成了国家发展计划委员会。国家发展计划委员会被委以新的职责，即制定国家经济社会发展的长期规划，而伴随诸多的专业部门被合并或者撤销，国家发展计划委员会的作用在这次改革之后被大大削弱。2003 年新成立了国家发展和改革委员会，它吸收了原国务院体制改革办公室的职能，原国家经贸委行业规划和产业政策实施、宏观经济协调的职能，同时，新组建的国家发展和改革委员会大大减少了行政审批的职能，减少对于微观经济

① 韩奇：《市场化改革背景下的中国国家治理变迁研究》，博士学位论文，吉林大学，2011 年。

活动的干预，加强宏观经济协调和规划职能。2008 年和 2013 年的大部制改革同样是解决行政体制在计划经济时代遗留下来的弊端，使其适应于日趋成熟的市场经济体制。

综上所述，经济体制改革对于国家治理现代化有着关键性作用，经济体制改革与国家治理方式互动演进，经济体制改革伴生政府行政部门渐进转型，经济体制改革与国家治理现代化必然协同推进。

二 通过完善社会主义市场经济体制形成制度优势

邓小平在 1992 年“南方谈话”中提出，恐怕再有 30 年的时间，我们才能在各方面形成一套更加成熟、更加定型的制度。与此战略目标相呼应，《中共中央关于全面深化改革若干重大问题的决定》提出推进国家治理体系和治理能力现代化，进一步丰富了“完善和发展中国特色社会主义制度”目标的内涵和要求。

习近平指出，中国特色社会主义制度是特色鲜明、富有效率的但还不是尽善尽美、成熟定型的，中国特色社会主义事业不断发展，中国特色社会主义制度也需要不断完善。① 完善和发展中国特色社会主义制度，既包括人民代表大会制度这一根本政治制度和中国共产党领导的政治协商制度、民族区域自治制度、基层群众自治制度等基本政治制度，中国特色社会主义法律体系，公有制为主体、多种所有制经济共同发展的基本经济制度，也包括经济、政治、文化、社会、生态文明等各领域的制度安排、体制机制。完善和发展中国特色社会主义制度的目的是更好地提高党带领人民管理经济社会事务的能力。

经济体制改革是全面深化改革的重点，是按照生产关系一定要适应生产力性质这一客观规律的要求，对不适应社会生产力发展的国民经济管理制度和管理方式进行的改革。我国经济体制改革的目标是建立和完善社会主义市场经济体制，涉及坚持和完善基本经济制度、加快完善现代市场体系、加快转变政府职能、深化财税体制改革、健全城乡发展一体化体制机制和构建开放型经济新体制等八大方面，此外，还包括健全促进就业创业

---

① 习近平：《紧紧围绕坚持和发展中国特色社会主义，学习宣传贯彻党的十八大精神》，《人民日报》2012 年 11 月 19 日。

体制机制，形成合理有序的收入分配格局，建立更加公平、可持续的社会保障制度等内容。

社会主义市场经济体制将社会主义基本制度和市场经济有机结合，是我们党推动解放和发展生产力的伟大创举。它破除了长期以来传统社会主义经济理论和西方经济学理论的一个困扰。传统社会主义经济理论认为，社会主义就是“公有制 + 按劳分配 + 计划经济”，计划经济是社会主义的本质特征，社会主义不能搞市场经济。传统的西方经济学也认为，只有在资本主义私有制的基础上才能发展市场经济，公有制不可能与市场经济成功结合。中国的改革采取“摸着石头过河”的办法，改革的一个基本方向，就是改变过去高度集中统一的计划经济体制，不断扩大市场化的范围，逐步向着市场经济发展。从提出“计划调节为主，市场调节为辅”，到实行“有计划的商品经济”，再到“建立计划经济与市场调节相结合的经济体制”，直到最终确定“建立社会主义市场经济体制”，经历过一个不断探索的过程。中国的实践证明，社会主义和市场经济是能够成功结合的。社会主义和市场经济之间不存在根本矛盾。计划经济不等于社会主义，资本主义也有计划；市场经济不等于资本主义，社会主义也有市场。计划和市场都是经济手段。从而从根本上破除了人们对计划经济和市场经济的固有观念，使人们对社会主义和市场经济的认识获得了一次思想大解放。

社会主义市场经济是与社会主义基本制度相结合的市场经济，既体现了市场经济的普遍原则，又体现了社会主义制度的基本特征，使社会主义制度的优越性和市场经济的长处都得到了更好的发挥，具有超越资本主义市场经济的新特点和制度优势。①

社会主义市场经济的制度优势首先体现在发展目的上。社会主义市场经济是以实现人的全面发展和社会成员的共同富裕为目的的。② 人民是社会主义市场经济的实践主体、发展目的和发展动力，是目的与动力的辩证统一。以人民为中心是社会主义市场经济发展的必然要求，是解决现阶段

① 陈培永：《论社会主义与市场经济的内在结合》，《理论导刊》2014 年第 3 期。

② 张宇等：《中国特色社会主义政治经济学　制度·运行·发展·开放》，高等教育出版社 2017 年版。

生产关系与生产力协调发展的根本出路。①

其次体现在所有制结构上。社会主义市场经济坚持公有制为主体，国有经济在国民经济中发挥主导作用，有利于实现国民经济有计划按比例发展，有利于防止两极分化，维护社会公平，促进社会和谐，推动自主创新，并为社会主义国家政权的巩固提供强大的经济基础；多种所有制经济共同发展，则有利于形成各种所有制之间独立自主的市场竞争关系，发挥市场机制的基础性调节机制，调动各个经济主体的积极性和创造性，保证市场经济的活力和效率。②

最后体现在分配制度上。在中国特色社会主义市场经济条件下，分配坚持三个分配原则：一是坚持以按劳分配为主体、多种分配方式并存。二是劳动、资本、技术和管理等生产要素按贡献参与分配。三是坚持效率与公平的统一，在经济发展的基础上更加关注社会公平，实现社会的共同富裕。坚持以按劳分配为主体，有利于调动广大劳动者的积极性和创造性，消除两极分化，使全体人民实现共同富裕；坚持多种分配方式并存，允许生产要素参与分配，有利于调动各经济主体的积极性，让一切劳动、知识、技术、管理和资本的活力竞相迸发，让一切创造社会财富的源泉充分涌流，使各种资源都得到充分有效的利用。

三　通过推动国家治理现代化发挥制度优势

伴随2013年党的十八届三中全会首次提出“完善和发展中国特色社会主义制度，推进国家治理体系和治理能力现代化”的全面深化改革总目标，习近平治国理政思想正式浮出水面。从国家统治到国家管理，再从国家管理到国家治理，以党的十八届三中全会为标志，党的执政进入了第三阶段，即国家治理的最新发展阶段。从国家管理到国家治理，是一个跨越式的飞跃，是更为贴近现代性发展逻辑的飞跃。推进国家治理现代化，是继农业现代化、工业现代化、科技现代化、国防现代化之后的第五个现代化。推进国家治理体系和治理能力现代化是在试图回答“怎样治理社

① 韩东：《坚持以人民为中心是社会主义市场经济发展的必然要求》，《改革与战略》2017年第1期。

② 《马克思主义政治经济学概论》编写组：《马克思主义政治经济学概论》，人民出版社2016年版。

会主义社会这样一个全新的社会形态”，是在试图通过不断改革和创新使中国特色社会主义制度更加成熟、更加定型，是在试图通过社会主义制度的不断完善，以充分彰显社会主义的制度优势。

国家治理现代化包括国家治理体系和治理能力的现代化。所谓国家治理体系实际上就是我国经济社会管理制度体系，包括经济、政治、文化、社会、生态文明等各领域的制度安排、体制机制。治理能力则是运用这些制度和体制机制管理经济社会事务的能力。国家治理体系和治理能力是一个有机整体，相辅相成。有了好的治理体系，才能孕育高水平的治理能力；提高治理能力，才能发挥治理体系的效能，解决中国各种问题，实现各项既定目标，关键要靠国家治理体系和治理能力的现代化。而所谓国家治理体系和治理能力的现代化，就是使国家治理体系制度化、科学化、规范化、程序化，使国家治理跟上新时代步伐，创新治理方式，并更好地回应国民的现实需求。

推进国家治理体系和治理能力现代化与完善和发展中国特色社会主义制度两者一脉相承、有机统一。推进国家治理体系和治理能力现代化，是为了更好地发挥制度优势，把制度优势转化为管理经济社会事务的效能。就是要使各方面体制改革朝着建立完善的社会主义市场经济体制这一方向协同推进，使各方面自身相关环节更好适应社会主义市场经济发展提出的新要求。具体而言，就是围绕市场在资源配置中的决定性作用，解决资源配置问题，推动经济更有效率、更加公平、更可持续发展，使市场在资源配置中起决定性作用和更好发挥政府作用相结合。

“使市场在资源配置中起决定性作用”，是社会主义市场经济的本质要求。市场在资源配置中起决定性作用是市场作用的全新定位。党的十八届三中全会将市场在资源配置中起基础性作用修改为起决定性作用，虽然只有两字之差，但对市场作用是一个全新的定位，“决定性作用”和“基础性作用”这两个定位是前后衔接、继承发展的。使市场在资源配置中起决定性作用和更好发挥政府作用，两者是有机统一的，不是相互否定的，不能把两者割裂开来、对立起来，既不能用市场在资源配置中的决定性作用取代甚至否定政府作用，也不能用更好发挥政府作用取代甚至否定使市场在资源配置中起决定性作用。①

① 《在十八届中央政治局第十八五次集体学习时的讲话》，《人民日报》2014年5月28日。

市场经济是以市场机制导向社会资源配置、实现社会生产和再生产的经济形态。市场经济的显著特征，是市场交换规则普遍化，即市场在资源配置中起决定性作用，促进资源配置依据市场规则、市场价格、市场竞争实现效益最大化和效率最优化。所谓“决定性作用”，是指市场在所有社会生产领域的资源配置中处于主体地位，对于生产、流通、消费等各环节的商品价格拥有直接决定权。“决定性作用”意味着不能有任何力量高于甚至代替市场的作用。市场决定资源配置的机制，主要包括价格机制、供求机制、竞争机制以及激励和约束机制。其作用主要体现在：以利润为导向引导生产要素流向，以竞争为手段决定商品价格，以价格为杠杆调节供求关系，使社会总供给和总需求达到总体平衡，生产要素的价格、生产要素的投向、产品消费、利润实现、利益分配主要依靠市场交换来完成。实践证明，迄今为止，在市场经济条件下，尚未发现任何力量比市场的作用更广泛、更有效率、更可持续。因此，只要实行市场经济体制，就必须尊重市场在资源配置中的主体地位和决定性作用，其他任何力量都不能代替市场的作用。

发挥市场决定性作用，解决资源配置问题，可推动经济更有效率发展。但市场在资源配置中起决定性作用，并不是起全部作用。[①] 使市场在资源配置中起决定性作用，并没有否定或忽视政府作用，而是要求更好地发挥政府作用。市场起决定性作用是从总体上讲的，不能盲目绝对地讲市场起决定性作用，而是既要使市场在配置资源中起决定性作用，又要更好发挥政府作用。

对于转型国家，市场体系不完善，市场运行机制不健全，要构建有效市场需要长期的努力。与此同时，经济发展是一个资源随着要素积累、比较优势变化不断从现有技术和产业配置到新的技术和产业的结构变迁过程，在这些过程中，需要有为政府的推动。

发展社会主义市场经济，既要发挥市场作用，也要发挥政府作用，但市场作用和政府作用的职能是不同的。更好发挥政府作用强调科学的宏观调控、有效的政府治理。政府的职责和作用主要是保持宏观经济稳定，加强和优化公共服务，保障公平竞争，加强市场监管，维护市场秩序，推动

① 《关于〈中共中央关于全面深化改革若干重大问题的决定〉的说明》，载《十八大以来重要文献选编》（上），中央文献出版社 2014 年版，第 500 页。

可持续发展，促进共同富裕，弥补市场失灵。[①] 更好发挥政府作用，不等于政府可以更多地直接参与资源配置、干预微观经济活动，更不等于代替市场在资源配置中的决定性作用。

党的十九届三中全会《关于深化党和国家机构改革的决定》提出，要坚决破除制约市场在资源配置中起决定性作用、更好发挥政府作用的体制机制弊端，围绕推动高质量发展，建设现代化经济体系，加强和完善政府经济调节、市场监管、社会管理、公共服务、生态环境保护职能，调整优化政府机构职能，全面提高政府效能，建设人民满意的服务型政府，为进一步改革指出了具体路径和方向。

参考文献

习近平:《关于〈中共中央关于全面深化改革若干重大问题的决定〉的说明》，载《十八大以来重要文献选编》(上)，中央文献出版社2014年版。

习近平:《在十八届中央政治局第十八五次集体学习时的讲话》，《人民日报》2014年5月28日。

习近平:《紧紧围绕坚持和发展中国特色社会主义，学习宣传贯彻党的十八大精神》,《人民日报》2012年11月19日。

《习近平论经济建设——十八大以来重要论述摘编》,《党建》2015年第11期。

《马克思主义政治经济学概论》编写组:《马克思主义政治经济学概论》，人民出版社2016年版。

韩东:《坚持以人民为中心是社会主义市场经济发展的必然要求》，《改革与战略》2017年第1期。

张思锋、王舟浩、张立:《政府与市场：理论演进、美国改进、中国改革》,《西安交通大学学报》2015年第3期。

韩奇:《市场化改革背景下的中国国家治理变迁研究》，博士学位论文，吉林大学，2011年。

陈培永:《论社会主义与市场经济的内在结合》,《理论导刊》2014年第3期。

张宇等:《中国特色社会主义政治经济学　制度·运行·发展·开放》，高等教育出版社2017年版。

① 《关于〈中共中央关于全面深化改革若干重大问题的决定〉的说明》，载《十八大以来重要文献选编》(上)，中央文献出版社2014年版，第500页。

技术—制度互动视阈下中国经济转型的特殊道路与发展趋势
——一个演化经济学分析框架

王　俊　王树春

摘　要　从经济演化视角来看，经济转型过程是技术—制度互动结构新旧稳态交替中出现的非稳态演化过程，各经济体所处的特殊历史条件决定了经济转型中技术—制度互动结构非稳态的特征。自鸦片战争以来，中国经济转型的特殊道路，是由中国经济转型中特殊的历史起点和演化过程所决定的。从构建技术—制度互动结构高水平稳态角度，可以对未来中国经济转型道路的发展趋势进行预测。

关键词　技术—制度互动结构　互动结构稳态　互动结构非稳态　中国经济转型

任何一个国家或地区的经济转型都是历史过程。只有探究经济转型历史的一般性，才能把握中国经济转型道路的特殊性。经济转型通常被视作经济体制的制度变迁过程，作为制度变迁过程的中国经济转型存在层次性和阶段性。若只考察改革开放以来的中国经济转型，则容易将中国经济转型等同于市场化改革过程①，中国经济转型道路的特殊性也就无从体现。改革开放以来，中国经济转型是二元经济向一元经济、计划经济向市场经

［作者简介］王俊，天津商业大学经济学院讲师、经济学博士；王树春，天津商业大学经济学院教授、经济研究所副所长。

①　刘骏民、季益烽：《中国经济转型特征与中国经济运行的独特方式——中国经济改革实践中的重大理论问题》，《政治经济学评论》2013 年第 1 期。

济、传统发展模式向可持续发展模式的三重转型①，当代中国经济转型目标的多重性体现了中国经济转型道路的特殊性。中国特色的经济转型道路是鸦片战争以来中国经济转型历史进程的延伸。笔者认为，从经济演化视角来看，经济转型是技术演化与制度演化的互动过程，中国经济转型中的特殊技术—制度互动结构决定了中国经济转型的道路特殊性。

一 经济演化中的技术—制度互动结构：稳态与非稳态

从人类认知发展的视角来看，技术和制度在本质上都是由人类在生产实践中创造并积累的知识，是物质生产的“副产品”和人类意识活动的产物。技术与制度的区别在于：技术是关于如何处理人与自然关系的知识集合，制度是关于如何处理人与人之间关系的知识集合。一方面，生产实践的发展不断创造并积累知识，不断为技术演化和制度演化提供发展动力；另一方面，特定历史时点上技术和制度的知识存量限定了一定历史时期内生产实践发展的广度、深度和速度。对于生产实践的发展来说，技术和制度这两类知识都不可或缺，技术与制度的不同组合会导致人们对生产实践的认知模式出现差异。技术—制度互动结构，是指一个经济体中动态演化着的技术与制度之间的关系。这其中既包括特定历史时点上技术与制度的组合关系，也包括特定历史时期内技术演化路径与制度演化路径的相互影响。

经济体中的技术—制度互动结构，决定了经济体的演化路径和经济绩效。如同生物体内的基因决定了生物体的生命过程和物种繁衍，技术—制度互动结构则决定了特定历史时期内人们在生产实践中处理人与自然、人与人之间关系的方式，也决定了经济体从诞生成长到成熟衰亡的演化路径，以及在演化路径各阶段的经济绩效。由于技术演化和制度演化具有相对独立性和路径依赖性，在不同经济体的演化中会形成不同的技术—制度互动结构。对每个经济体来说，自然资源、生态气候、地理区位等外部环境始终处于运动变化中，但技术—制度互动结构决定了经济体应对环境变化的方式。经济体在技术—制度互动结构上的差异决定了经济体在应对环

① 王树春、王俊：《福利追求与经济转型的目标选择——以中国经济转型过程为例》，《贵州社会科学》2010 年第 11 期。

境变化方面的差异，进而导致不同经济体在演化路径和经济绩效上出现差异。制度对经济绩效是重要的①，但经济绩效并不仅仅是由制度决定。相同制度条件下若技术—制度互动结构不同，不同经济体应对相同外部环境变化的方式也会出现差异，从而导致经济绩效的差异。

经济体中的技术—制度互动结构是随生产实践发展而不断演化的历史过程。由于推动技术演化和制度演化的根本动力是生产实践，在演化路径上具有相互独立性的技术和制度不可避免地发生相互作用，引起技术—制度互动结构的演化。在特定生产方式的量变积累阶段，技术与制度在演化路径上都具有相对稳定性，形成技术—制度互动结构稳态。技术—制度互动结构稳态，是指在一定历史时期内，经济体内部的技术与制度在演化路径上形成一种自发趋稳的协同关系：一类知识（技术或制度）通过影响人们认知模式，对另一类知识的演化路径产生保护与强化作用；若一类知识的演化路径遭到冲击②，这类知识会通过阻止另一类知识脱离现存演化路径而试图维持自身演化的路径依赖性。③ 在特定的技术—制度互动结构稳态下，技术演化和制度演化仍在持续，经济体的经济绩效也可以持续改进；但由于技术与制度的演化路径都被锁定，经济体的经济绩效必然存在发展上限。根据不同经济体经济绩效的高低，可以将不同经济体中的技术—制度互动结构稳态区分为高水平稳态和低水平稳态。经济体经济绩效较高，该经济体中的技术—制度互动结构则处于高水平稳态；反之，则处于低水平稳态。

生产方式的质变既会摧毁旧的技术—制度互动结构稳态，也会生成新的技术—制度互动结构稳态；在新旧稳态交替之间会出现技术—制度互动结构非稳态。技术—制度互动结构非稳态，是指经济体中原有的技术与制度演化路径协同关系被打破后，由于每一类知识（技术或制度）都倾向于延续自身演化的路径并试图扭转另一类知识的演化路径，导致技术演化路径与制度演化路径之间出现冲突与摩擦。技术与制度演化路径的冲突与

① ［美］道格拉斯·C. 诺思：《制度、制度变迁与经济绩效》，格致出版社 2008 年版，第 147 页。

② 本文中的“冲击”，是指对经济体中技术—制度互动结构产生影响的各种因素的总和。不同的冲击作用于技术—制度互动结构的方式存在差异，既可以冲击技术演化路径（如新技术的发明），也可以冲击制度演化路径（如通过革命建立新制度），还可以同时冲击技术演化路径与制度演化路径（如西方殖民者发现美洲之后既带来新技术又带来新制度）。

③ 例如，在照相术刚刚传入中国之时，民间就曾盛传照相摄魂的谣言；又如，自工业革命以来，科技进步使无神论者在人口中的比重上升。

摩擦关系可以从两个维度来考察：一是导致技术—制度互动结构非稳态的冲击来源，可以分为经济体内生冲击和经济体外生冲击[①]；二是一类知识演化对另一类知识演化路径的影响，可以分为抑制作用和促进作用。可将技术—制度互动结构非稳态划分为四个类型（见表1）：①内生促进型非稳态。互动结构非稳态源自内生冲击，但非稳态下技术与制度相互促进对方演化，推动了新稳态的快速形成和经济绩效的迅速改进，如资产阶级革命成功后的英国。[②] ②内生抑制型非稳态。互动结构非稳态源于外生冲击，但非稳态下技术演化与制度演化存在相互冲突性，延迟了新稳态的形成和经济绩效的改进，如19世纪上半叶的法国。[③] ③外生促进型非稳态。互动结构非稳态源于外生冲击，但非稳态下技术演化与制度演化相互阻碍，推动了经济绩效的改进，如明治维新时期的日本。[④] ④外生抑制型非稳态。互动结构非稳态源于外生冲击，但非稳态下技术演化与制度演化相互阻碍，延迟了新稳态的形成，如撒哈拉沙漠以南非洲国家。[⑤]

表1　　技术—制度互动结构非稳态的类型

		技术—制度互动结构的冲击来源	
		经济体内生冲击	经济体外生冲击
自身演化对另一类知识演化路径的影响	促进作用	内生促进型非稳态	外生促进型非稳态
	抑制作用	内生抑制型非稳态	外生抑制型非稳态

① 经济体内生冲击，是指经济体内部孕育的创新、革命、改革等因素对旧的技术—制度互动结构稳态的冲击；经济体外生冲击，是指经济体外部环境变化（如外族入侵、气候突变等）对旧的技术—制度互动结构稳态的冲击。

② 从1640年新议会召开到1688年光荣革命成功，英国在不到50年时间内完成资产阶级革命，其间，英国的资本主义生产方式持续发展，并最终在发达的工场手工业技术条件下建立起资本主义生产关系，形成新的技术—制度互动结构稳态。

③ 由于法国封建势力根深蒂固和资产阶级相对弱小，1789年大革命爆发后，法国经历了近百年的持续政治动荡，复辟与反复辟、帝制与共和制的斗争一直持续到普法战争结束。拍卖封建地产的革命举措造就了近代法国庞大的小农经济，阻碍了法国工业化的推进。法国花了很长时间才形成新的技术—制度互动结构稳态。

④ 1853年“黑船事件”激发了日本倒幕运动，在19世纪60—90年代的30年间，日本迅速走上了资本主义工业化道路，跻身世界强国之列。

⑤ 西方殖民者在撒哈拉以南非洲的长期殖民统治，使这些国家在经济上缺乏工业化的物质基础，在政治上又长期处于不稳定状态，市场经济发展不完善。在撒哈拉以南非洲国家纷纷独立以后，由于一直未能形成高绩效的技术—制度互动结构稳态，这些国家长期处于增长停滞和贫困落后状态。

因此，任何一个国家的经济转型过程都可以被视作技术—制度互动结构的新旧稳态交替过程中的技术—制度互动结构非稳态，此为经济转型过程的一般性。各个国家的不同历史条件造就不同类型的技术—制度互动结构非稳态，则意味着每一个国家的经济转型过程也存在特殊性。

二 中国经济转型的历史起点：技术—制度互动结构的低水平稳态

改革开放至今的经济转型只是近现代中国经济转型的历史延续，中国经济转型问题研究的历史起点应当延伸到近代中国，即1840年鸦片战争前后。一旦明确了中国经济转型的历史起点，就不得不面对两个既有区别又有联系的问题——“李约瑟之谜”和“韦伯之问”。前者疑惑在于为何长期在科技和经济上领先的古代中国15世纪后逐渐落后于西方并错过工业革命，后者疑惑则在于为何15世纪即出现资本主义萌芽的古代中国并未自发形成资本主义并孕育工业革命。尽管在从15世纪中叶到19世纪中叶的数百年时间里古代中国在技术和制度上都逐渐落后于西方，但古代中国的技术演化和制度演化并没有完全停滞。通过分析明清时期中国的技术—制度互动结构，可从新的视角理解“李约瑟之谜”和“韦伯之问”的同时出现。

一方面，在近代中国经济转型开始前技术演化仍然在农业和手工业领域持续，但始终未脱离对传统农业、手工业技术进行“小修小补”的技术演化路径。在农业生产技术领域，以代耕作为代表的农业生产工具改进、以甘薯和玉米为代表的农作物种类增加、以多熟种植为代表的农作物耕作技术革新等技术改进虽对明清时期农业劳动生产率起到了促进作用，但与宋元时期相比并无突破性进展。在手工业技术领域，明清时期，在茶叶、纺织、陶瓷等手工业生产技术上仍有革新并处于世界领先地位，采矿、冶炼、锻造等手工业生产技术也不断有发明创造，以钻井取盐技术、辊筒榨蔗机为代表的机械技术也不断改良。但除少数满足皇室和贵族需要的奢侈品生产外，手工业产品生产仍以分散的城乡家庭手工业为主，手工业技术革新缓慢。总之，明清时期，技术演化仍沿着先秦时代就形成的、以劳动密集型农业技术为核心的路径发展。

另一方面，在近代中国经济转型开始前，商品经济的发展带来了资本主义萌芽，但封建地主制经济的完善仍是明清时期制度演化的主流。明代“一条鞭法”和清代“摊丁入亩”的推行，在加速封建地租货币化的同时，也松弛了农民对封建王朝的人身依附关系。在明代的江南地区就已经出现了资本主义性质的家庭手工业生产，也有学者考据证明清代前期东南沿海地区雇用“游民”的资本主义性质的农业生产在茶叶种植业已出现。但“一条鞭法”和“摊丁入亩”的推行，本质上是封建王朝政府与士绅地主阶级争夺农业剩余产品的产物。以地主土地私有制为主导、兼有自耕农土地私有制的封建地主制经济是近代中国经济转型开始前制度演化路径的主流。① 以“永佃制”为代表的制度创新将农民牢牢地束缚于土地之上，并使家庭手工业和城乡商品经济只能作为“男耕女织、自给自足”的封建地主制经济的补充。可见，明清时期，中国并未脱离自秦汉以来形成的、以封建地主制经济为核心的制度演化路径。

以特定的人口再生产方式为纽带，在中国经济转型的历史起点上，形成了难以从经济体内部打破的技术—制度互动结构低水平稳态。古代中国人口再生产方式表现为农业剩余产品增长会刺激人口加速增长；当农业剩余产品增长率赶不上人口增长率时，只能通过贫困、饥饿、战争等方式减少人口。技术—制度互动结构的低水平稳态表现为以下三个层次：第一层次的协同关系：一方面，以劳动密集型农业技术为核心的技术演化路径决定了农业剩余产品的增加主要依靠农业劳动力投入的增加；另一方面，以封建地主制经济为核心的制度演化路径决定了家庭是其基本生产单位，增加人口、扩大家庭规模是积累农业剩余、增加家庭财富的重要渠道。第二层次的协同关系：一方面，以封建地主制经济为核心的制度演化路径派生出“多子多福”的认知模式并刺激人口再生产，劳动力的快速增长激励了劳动密集型农业技术的改良，强化原有的技术演化路径；另一方面，以劳动密集型农业技术为核心的技术演化路径在决定农业生产要素密集度的同时，也派生出“重农抑商”的认知模式，随着人口增长相对上升的地

① 古代中国封建地主制经济的一个特点是，地主制经济虽居于主导地位，但也存在自耕农经济成分，地主制经济与自耕农经济的比例关系存在周期性波动。在王朝建立伊始，以自耕农经济为税源的中央政府往往利用封建皇权限制和打压地主阶级土地私有制，并鼓励自耕农土地私有制的发展。随着王朝中期土地兼并的盛行和自耕农经济的衰退，中央政府往往试图以加强中央集权的改革来保护政府税源；但地主阶级通过向地方政府渗透来维护日渐壮大的地主土地私有制，最终导致旧的王朝衰亡和新的王朝建立。

租率激励土地兼并行为，强化了以封建地主制经济为核心的制度变迁路径。第三层次的协同关系：一方面，人口增长吞噬了农业生产技术改良带来的农业剩余产品增长，陷入贫困的农民无力购买大量手工业产品，使随商品经济发展而出现的资本主义萌芽缺乏成长的土壤，无法产生对原有制度演化路径的内生冲击；另一方面，地主制经济下的土地自由买卖和人口增长引起的地租率相对上升，使通过贸易、高利贷等途径积累起财富的商人宁愿购置土地，也不愿意兴办手工工场以继续扩大商品生产，无法产生对原有技术演化路径的内生冲击。

可见，在古代中国经济的技术—制度互动结构低水平稳态下，尽管存在广大农民长期贫困、人口规模呈周期性波动等问题，但古代中国经济无法生成打破低水平稳态的内生冲击，导致“李约瑟之谜”和“韦伯之问”同时出现。表 2 的统计数据表明，在外生冲击打破低水平稳态前的 1820 年，拥有 3.81 亿人口的中国尽管经济总量远超过英国，但人均 GDP 水平却仅相当于英国的 1/3。在中国经济转型历史起点上，由于存在西方国家经济转型中并未出现的技术—制度互动结构低水平稳态，决定了中国经济转型道路必然具有特殊性。

表 2　中国与英国的人口、GDP 总量和人均 GDP 比较（1820—2000 年）

年份	中国			英国		
	人口（万）	GDP 总量（百万，1990 年国际美元）	人均 GDP（1990 年国际美元）	人口（万）	GDP 总量（百万，1990 年国际美元）	人均 GDP（1990 年国际美元）
1820	38100	228600	600	2123.9	36232	1706
1850	41200	247200	600	2718.1	63342	2330
1870	35800	189740	530	3140	100180	3190
1900	40000	218074	545	4115.5	184861	4492
1936	50795.9	303324	597	4708.1	284142	6035
1950	54681.5	239903	439	5012.7	347850	6939
1978	95616.5	935884	979	5616.7	720501	12828
2000	126409.3	4329913	3425	5952.2	1179586	19817

资料来源：笔者根据麦迪逊《世界经济千年史》中的相关统计数据整理。

三　中国经济转型的演化过程：技术—制度互动结构的非稳态

中国经济转型历史起点上的国情特殊性决定了中国经济转型道路的特殊性。要说明中国经济转型道路的特殊性，就必须分析中国经济转型中技术—制度互动结构非稳态的演化过程。中国经济转型中的技术—制度互动结构非稳态经历了以下三个发展阶段。

（一）外生抑制型非稳态阶段（1840—1949年）

在这一阶段，随着西方殖民侵略的加深和半殖民地半封建社会的沉沦，近代中国在外生冲击下缓慢地脱离技术—制度互动结构的低水平稳态，技术—制度互动结构非稳态呈现出外生抑制型的特点。具体来说，表现为三个层面的二元对立：

一是技术演化路径的二元对立。一方面，以劳动密集型农业技术为核心的技术演化仍旧占据技术演化路径的主流；另一方面，随着西方殖民侵略的不断加深和封建自然经济的缓慢瓦解，依附于国际市场的、以劳动密集型轻工业为核心的技术演化对技术演化路径的影响缓慢增强。虽然从洋务运动以来近代中国也兴办了一些资本密集型工业企业（如汉阳铁厂），但这些企业的出现不足以扭转以劳动密集型农业技术为核心的技术演化路径。近代民族工业企业主要集中在纺织业、面粉业、火柴业等劳动密集型轻工业部门，这些民族工业企业的发展很大程度上受到国际市场形势的影响。[①] 从地域上看，近代中国民族工业主要集中在东部沿海地区的少数大城市，广大中小城镇和农村地区工业化程度极低。

二是制度演化路径的二元对立。一方面，封建地主制经济与买办经济的结合占据了制度演化路径的主流，近代中国经济的半殖民地半封建属性不断增强；另一方面，民族资本主义虽有所发展，但不足以使中国经济走向资本主义制度演化路径。在帝国主义殖民侵略的冲击下，以封建地主制经济为核心的制度演化路径无法原封不动地维持。在地主阶级与帝国主义

① 1912—1919年，近代中国民族工业的短暂繁荣在很大程度上是由于陷入第一次世界大战的西方列强无暇东顾，从一个侧面反映出近代中国民族工业受制于国际市场的事实。

的媾和中，形成了半殖民地半封建性质的制度演化路径：在内陆农村地区，封建地主制经济得以存续；在少数沿海城市，与帝国主义在华势力联系密切的买办经济逐渐兴起。帝国主义的殖民侵略对封建地主制经济制度演化路径的冲击，虽然也为民族资本主义的发展创造了条件，但在封建地主制经济与买办经济的双重夹击下，缺乏原始积累的民族资本主义无力扭转封建地主制经济与买办经济结合的制度演化路径。

三是技术—制度互动结构的二元对立。一方面，中国经济转型开始前的技术—制度互动结构低水平稳态虽然被打破，但旧的技术—制度互动结构并未瓦解，仍然对经济演化的路径和绩效产生影响。从表2可知，由于旧的技术—制度互动结构在外生抑制型非稳态阶段并未瓦解，在1850—1950年的100年间，尽管增加了1亿多人口，但GDP总量增长缓慢且波动巨大，人均GDP则不增反降。另一方面，以劳动密集型轻工业为核心的技术演化和以民族资本主义为核心的制度演化共同构成的技术—制度互动结构始终并未占据主流，以劳动密集型农业为主导的技术演化和以封建地主制经济、买办经济为主导的制度演化，共同构成了近代中国半殖民地半封建性质的技术—制度互动结构非稳态，并长期阻碍近代中国经济转型进程。直到1952年①，我国第一产业增加值比重仍高达50.95%，工业增加值比重仅为17.64%，非农产业就业人口比重仅为16.46%，城镇化率仅为12.46%。

在1840—1949年的外生抑制型非稳态阶段，中国经济转型的方向模糊，速度缓慢，绩效惨淡。作为外生冲击的帝国主义侵略虽然打破了技术—制度互动结构低水平稳态，但外生抑制型非稳态使中国与西方国家的差距越来越大。

（二）外生促进型非稳态阶段（1949—1978年）

新中国成立之后，虽然经济主权失而复得，但维护经济主权的任务依旧艰巨。美苏两大阵营先后对中国实施经济封锁与制裁，中国经济转型面临极端严峻的外部环境。但不利的外生冲击却在客观上促进经济转型，加速了技术—制度互动结构的演化，具体表现在以下三个方面。

---

① 到1952年年底国民经济恢复时期结束时，主要产品产量达到或超过新中国成立前历史最高水平。1952年的统计数据可以从一个侧面反映近代中国经济转型绩效水平。

第一，以资本密集型重工业为核心的技术演化扭转了旧的技术演化路径。新中国成立之初，中国在技术演化领域面临着两大任务：一是加快推进国民经济的工业化，二是改造传统农业和手工业。严峻的外部环境决定了必须优先发展重工业，建立独立完整的工业体系。随着独立完整工业体系的建立和全国农田水利设施的完善，新中国成立前以劳动密集型的农业和轻工业为核心的技术演化路径已经扭转。到 1978 年，第一产业增加值比重下降到 28.18%，工业增加值比重上升到 44.08%；重工业—轻工业产值之比由 1949 年的 0.359 上升到 1978 年的 1.3。农业机械总动力由 1952 年的 18.4 万千瓦增加到 1978 年的 11749.9 万千瓦，化肥施用量由 1952 年的 7.8 万吨增加到 1978 年的 884 万吨。在这一阶段，农业和轻工业的劳动生产率仍相对较低，二元经济结构特征明显，但重工业部门的建立及壮大为农业和轻工业的改造提供了物质基础和技术支撑。

第二，以社会主义计划经济为核心的制度演化打破了旧的制度演化路径。新中国成立之初，对内通过“三反五反”、土地改革和“三大改造”等运动彻底消灭了封建地主制经济和买办经济，建立了公有制经济主导的所有制结构；对外在帝国主义对华封锁下选择“一边倒”战略，并借鉴苏联经验建立社会主义计划经济体制。对比 1952 年和 1978 年，城镇单位职工人数由 1603 万人增加到 9499 万人，其中，国有单位职工人数比重由 98.56% 下降到 78.44%，集体单位职工人数比重由 1.43% 上升到 21.56%。加快社会资本积累的需要还使二元经济结构被制度化；但农村集体经济始终占据主导地位，既防止了封建地主制经济复辟，又增强了农村基层社会治理能力。计划经济体制下，城乡居民在迁徙、择业等方面存在诸多不便，扩大居民自由选择权的愿望不断增强，形成了对计划经济体制实施改革的内生动力。

第三，旧的技术—制度互动结构彻底瓦解，技术—制度互动结构持续演化的内生动力快速积聚。由于旧的技术—制度互动结构在新民主主义革命和社会主义改造中彻底瓦解，以资本密集型重工业化为核心的技术演化路径和以社会主义计划经济体制为核心的制度演化路径共同构成的技术—制度互动结构非稳态，改进了经济转型的绩效。中国人口由 1950 年的 5.468 亿增加到 1978 年的 9.56 亿；在人口快速增长的条件下，人均 GDP 由 1950 年的 439 国际美元增加到 1978 年的 979 国际美元（见表 2）。庞大的人口规模也决定了计划经济体制下的技术—制度互动结构存在持续演化的可能性和必要性。一方面，以资本密集型重工业化为核心的技术演化路径虽然与计划经济体制相适应，但既无法吸纳数以亿计的农村剩余劳动力，也无法满足庞大消费者群体的多样化消费需求；另一方面，为吸纳农村剩余劳动力和满足消费者多样化需求，就必须放弃以资本密集型重工业化为核心的技术演化路径，这就超出了计划经济体制调节资源配置的能力。

在1949—1978年的外生促进型非稳态阶段，不仅经济转型绩效得到改进，还形成了技术—制度互动结构持续演化的内生动力，技术—制度互动结构将向内生促进型非稳态转换。

（三）内生促进型非稳态阶段（1979年至今）

改革开放以来，我国经济转型外部环境趋于好转，技术—制度互动结构持续演化的内生动力不断积聚，推动中国经济转型进入内生促进型非稳态阶段。

第一，轻重工业并举的赶超型工业化道路成为这一阶段技术演化路径的主要特征，二元经济向一元经济的转型不断加快。改革开放以后，中国没有延续重工业优先的工业化战略，通过充分利用劳动力资源丰富的比较优势，积极引进吸收外国先进技术，走上了轻重工业并举的赶超型工业化道路，工业体系的完整性得到加强，与西方国家在工业技术方面的差距迅速缩小甚至局部超越。改革开放以后，中国制造业增加值快速增长，相继超越英国、法国、德国、日本、美国等发达国家，2013年，中国制造业增加值达到28569.81亿美元，是美国的1.42倍。工业化的加速推进使非农产业吸纳就业的能力不断增强，推动了二元经济向一元经济的转型。国家统计局的数据显示，我国非农产业增加值比重由1979年的69.3%上升到2015年的91.2%，我国非农产业就业人员比重由1979年的30.2%上升到2015年的71.7%。

第二，社会主义制度下渐进性市场化道路成为这一阶段制度演化路径的主要特征，计划经济向市场经济的转型不断深入。与苏联东欧国家通过“休克疗法”迅速转向资本主义市场经济体制不同，改革开放以后，中国的制度演化路径一直沿着社会主义制度下渐进性市场化道路稳步推进。从改革开放之初的“计划经济为主，市场调节为辅”到“有计划的商品经济”，到党的十四大提出“建立社会主义市场经济体制”，到党的十六届三中全会提出“发挥市场在资源配置中的基础性作用”，再到党的十八大强调“经济体制改革的核心问题是处理好政府和市场的关系”，制度演化路径在对改革开放实践的不断总结中得到延伸，形成了制度演化路径上的中国特色。

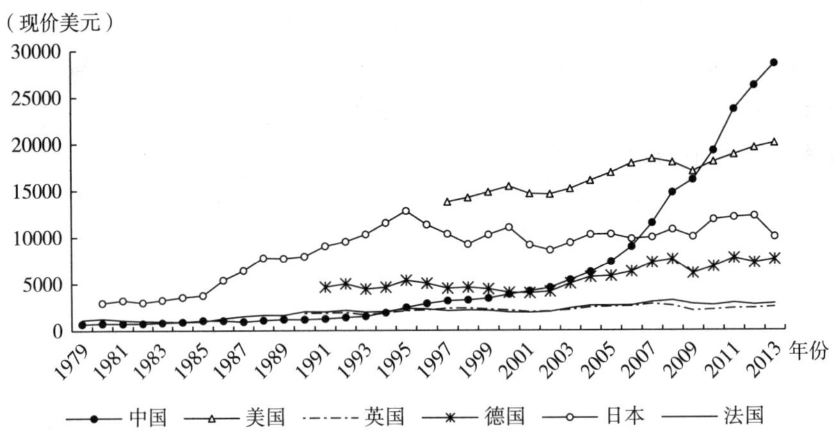

图1　1979—2013年中国与部分西方国家制造业增加值

资料来源：世界银行WDI数据库（http：//databank. worldbank. org/data/home. aspx）。

第三，技术演化与制度演化的协同关系形成，技术—制度互动结构逐步趋近稳态，经济发展的可持续性不断增强。一方面，改革开放初期农村剩余劳动力转移和重工业部门产能相对过剩的双重压力，促使技术演化路径转向轻重工业并举的追赶型工业化道路，消费资料品种与数量的增加又使得计划经济体制在资源配置效率上的弊端逐步凸显；另一方面，重工业部门就业吸纳能力弱与农村剩余劳动力转移的矛盾，促使中央政府下放经济管理权和放松人口流动限制，逐步扩大市场机制在资源配置中的作用，市场机制下遵循的比较优势原则又促使就业吸纳能力强的轻工业部门迅速发展，反过来扩大了对重工业产品的需求。在二元经济向一元经济、计划经济向市场经济的双重转型中，技术演化与制度演化的协同关系逐步形成，技术—制度互动结构趋于稳态。

在最近30多年的技术—制度互动结构演化中，经济转型的方向更加清晰，速度不断加快，绩效显著提高，预示着近代以来的中国经济转型将走向新的技术—制度互动结构稳态。

四 构建技术—制度互动结构的高水平稳态

经济转型的一般性规律决定了中国在经历了170多年的技术—制度互动结构非稳态后必将重建新的技术—制度互动结构稳态，中国经济转型的特殊道路又决定了未来中国将要构建的技术—制度互动结构高水平稳态必将具有中国特色。

（一）高水平稳态下的技术演化路径与制度演化路径

首先，智力密集型工业技术的发展将成为高水平稳态下技术演化路径的主流。纵观中国经济转型历程，技术演化路径调整的本质是工业化。在1840—1949年，工业文明发展缓慢导致近代中国与西方国家差距进一步拉大。在1949—1978年的外生促进型非稳态阶段，重工业优先发展战略虽然打破了旧的技术演化路径，但重工业部门相对较弱的就业吸纳能力限制了工业技术覆盖面的持续扩大。1979年以来，赶超型工业化充分发挥了中国人口众多的比较优势，既空前地扩大了工业技术的覆盖面，又空前地提高了人民的物质生活水平；但随着工业化的推进，低成本引进外国技术的后发优势逐渐减弱，技术演化路径必须再次调整。在技术—制度互动结构高水平稳态的构建中，必须认识到以人工智能、物联网、大数据为代表的智力密集型工业技术是先进生产力的发展方向，智力密集型工业技术为代表的技术演化路径虽然会消灭众多低技能重复性劳动岗位，但也会大量创造对高技能创新性劳动岗位的需求。如果能将中国的人口优势转化为人才优势，则以智力密集型工业技术为代表的技术演化路径将具有可持续性。

其次，社会主义市场经济体制的完善将是高水平稳态下制度演化路径的主线。在鸦片战争至今的中国经济转型中，制度演化路径调整的核心是市场化。鸦片战争之前，技术—制度互动结构的低水平稳态使中国经济缺乏走向市场化的内生动力。1840—1949年，西方殖民势力的侵略使中国沦为半殖民地半封建社会，孱弱的民族资本主义无力推动市场化进程。在1949—1978年的外生促进型非稳态阶段，社会主义计划经济体制的建立，一方面消灭了长期阻碍中国市场化进程的封建地主制经济和买办经济，另一方面计划经济体制弊端的暴露也为渐进性市场化改革提供了方向和动力。1979 年以来，社会主义制度下的渐进性市场化使中国经济转型重新回到以市场化为核心的制度演化路径，并逐步形成了社会主义市场经济体制。在技术—制度互动结构高水平稳态的构建中，必须认识到社会主义市场经济本质上是不同所有制经济、不同资源配置方式既竞争又共存的混合经济，社会主义市场经济体制的完善既不能走向所谓的纯市场经济，也不能倒退回计划经济。社会主义市场经济下制度演化路径的调整主要通过调整所有制经济组合和资源配置方式组合来实现；究竟哪种所有制结构组合、哪种资源配置方式组合是最优的组合，则取决于哪一种组合能够最大限度地兼顾效率与公平。只要保持社会主义市场经济下制度微调的灵活性和敏捷性，以社会主义市场经济为特征的制度演化路径就将具有可持续性。

（二）高水平稳态下的技术演化与制度演化协同关系优化

人口再生产方式的转变，是构建技术—制度互动结构高水平稳态的关键。高水平稳态下技术演化与制度演化协同关系的优化，主要表现为以下三个层次。

第一层次：一方面，随着智力密集型工业技术越来越成为技术演化路径的主流，生产活动对劳动力数量的要求不断降低，对劳动力素质的要求则不断提高，这就为向追求人口素质提高的内涵型人口扩大再生产转变提供了技术支撑；另一方面，随着社会主义市场经济在制度演化路径中的主线地位日渐巩固，日臻完善的劳动力市场不断弱化家庭作为社会生产基本单位的职能，家庭逐渐失去增加人口、扩大规模的激励，家庭抚养比的下降为向内涵型人口扩大再生产的转变创造了物质基础。

第二层次：一方面，在以社会主义市场经济为主线的制度演化路径下，家庭职能的转变使“少生优生”的观念日渐深入人心，教育消费的增加可以促进劳动力素质的提高，强化以智力密集型工业技术为特征的技术演化路径；另一方面，在以智力密集型工业技术为主流的技术演化路径下，要素密集度的转换会派生出“开放创新”的认知模式，创造并扩散知识的需要促使全社会范围内的分工与协作不断发展，强化以市场化为主线的制度演化路径。

第三层次：一方面，在内涵型人口扩大再生产方式下，智力密集型工业技术创造的经济剩余被更多地用于发展与享乐消费，服务产品占消费品比重的上升在促使家庭规模缩小的同时提高了市场化程度，不会形成对市场化为主线的制度演化路径的内生冲击；另一方面，市场经济下资本积累与要素流动促使高技能劳动力获得更高的工资率，使经济体不会形成对智力密集型工业技术为主流的技术演化路径的内生冲击。

可见，经过170多年的历程，中国经济转型正站在关键的历史节点上。如果能够实现技术演化路径与制度演化路径的转换，并在转换过程中优化技术演化与制度演化的协同关系，中国经济就可以形成技术—制度互动结构的高水平稳态，完成中国经济转型的历史任务并实现中国经济的可持续发展。

五　结论

中国经济转型过程本质上是技术—制度互动结构非稳态不断演化发展的过程，中国经济转型道路的特殊性，是由于特殊的历史条件导致技术—制度互动结构由低水平稳态向高水平稳态的转换出现困难。未来一个时期内，要彻底完成中国经济转型，实现国民经济可持续发展，还须在把握新时代中国社会主要矛盾变化的基础上，坚持加快发展先进制造业，完善社会主义市场经济体制。

参考文献

洪银兴：《中国经济转型的层次性和现阶段转型的主要问题》，《西北大学学报》2006年第3期。

瞿商：《论中国经济转型的阶段性与目标转换》，《中国经济史研究》2012年第1期。

刘骏民、季益烽：《中国经济转型特征与中国经济运行的独特方式——中国经济改革实践中的重大理论问题》，《政治经济学评论》2013年第1期。

王树春、王俊：《福利追求与经济转型的目标选择——以中国经济转型过程为例》，《贵州社会科学》2010年第11期。

王俊：《基于演化经济学视角的新型工业化战略选择》，《财经科学》2014年第11期。

［美］道格拉斯·C. 诺思：《制度、制度变迁与经济绩效》，格致出版社2008年版。

林毅夫：《李约瑟之谜、韦伯之问和中国的奇迹——自宋以来的长期经济发展》，《北京大学学报》2007 年第 7 期。

蔡昉：《理解“李约瑟之谜”的一个经济增长视角》，《经济学动态》2015 年第 6 期。

单世联：《韦伯命题与中国现代性》，《开放时代》2004 年第 1 期。

丁莉婷：《家产制与现代资本主义在中国的命运》，《河北科技师范学院学报》2008 年第 2 期。

谭黎明：《论明清时期农业科学技术的发展》，《安徽农业科学》2009 年第 10 期。

陈丹：《清朝前期的人口问题——兼论决定中国历史上人口规模的主要因素》，《山东社会科学》2001 年第 1 期。

李根蟠：《论明清时期农业经济的发展与制约——与战国秦汉和唐宋时期的比较》，《河北学刊》2003 年第 2 期。

徐晓望：《论明清时期中国手工业技术的进步》，《东南学术》2009 年第 4 期。

罗肇前：《全国统一市场形成于 19 世纪初——兼论明清手工业和商品经济的发展》，《东南学术》2002 年第 3 期。

范传贤：《明清时代农业中的资本主义萌芽》，《中国人民大学学报》1990 年第 1 期。

廖乾琪：《清代中国资本主义萌芽浅析——以福建茶产业为例》，《福建省社会主义学院学报》2016 年第 4 期。

[英] 安德罗·林克雷特：《世界土地所有制变迁史》，上海社会科学出版社 2015 年版。

盛邦和：《中国土地权演化及地主租佃、小农自耕模式的形成》，《中州学刊》2009 年第 1 期。

彭慕兰：《中国的发展与世界历史：以“东亚模式”为视角》，《学习与探索》2010 年第 6 期。

分享经济视阈下的劳资关系发展趋势新探

——一个马克思主义视角

肖　潇

摘　要　分享经济的兴起标志着生产力与生产关系的又一次变革，对劳资关系发展的走向必将产生深远影响。从生产力层面来看，以“互联网+”和智能手机为代表的技术变迁对服务业分工与企业组织形式实现了重塑。从生产关系层面来看，分享经济并没有颠覆现有的生产资料所有制与雇佣劳动形式，在一定程度上强化了资本对劳动的控制与分化，并且制造出对于资本主义生产方式的认同，从本质上进一步加深了劳动对资本的实际隶属。分享经济代表了新福特主义与后福特主义积累体系的折中，将使劳资关系的运行走向一个新阶段。

关键词　分享经济　劳资关系　劳动过程　认同　积累体系

自美国的两位社会学家费尔逊（Marcus Felson）和斯潘（Joe L. Spaeth）首次提出“分享经济”概念①至今，已有近40年时间，然而仅仅是在过去几年里，它才迅速由欧美国家席卷全球。国际金融危机之后，随着互联网、大数据、云计算技术的不断突破，平台企业持续增加，分享领域不断拓展，市场规模高速增长，竞争格局快速变化，分享经济已经深刻地改变了人们的工作和生活方式。在我国，2015年10月29日，

［作者简介］肖潇，北京师范大学马克思主义学院讲师、博士后。

① Marcus Felson and Joe L. Spaeth，“Community Structure and Collaborative Consumption：A Routine Activity Approach”，*American Behavioral Scientist*，1978，21（4）：23.

党的十八届五中全会通过的《中共中央关于制定国民经济和社会发展第十三个五年规划的建议》提出，“实施‘互联网+’行动计划，发展物联网技术和应用，发展分享经济，促进互联网和经济社会融合发展”。[①] 分享经济的兴起标志着生产力与生产关系的又一次变革，对劳资关系发展的走向将产生怎样的深远影响，成为马克思主义经济学时下亟待研究的一个热点问题，然而，现有研究依旧是较为零散和不系统的。丁晓钦、程恩富（2016）指出，与“分享经济”对应的仍然是私有制和按资分配为主体的基本产权制度和分配制度，分享主要通过占主体的私有制企业来实现，实质上是在金融危机背景下，通过提高工人收入及其商品购买能力，从而刺激有效需求，实现资本修复的目的。[②] 王俊（2016）通过对互联网资本主义的考察，发现作为一种社会权力的资本不断在劳动力商品化程度提高的过程中扩大其对社会经济的统治地位。劳动力商品化范围的扩大化、劳动力商品化形式的灵活化以及剩余价值生产手段的隐蔽化造就了劳动者对资本家经济依附性上升、劳动者阶级贫困化加剧和失业问题常态化。[③] 与马克思主义视角下的研究方兴未艾相比，社会学、法学、劳动经济学与人力资源管理领域的相关研究已经大量出现，为探索劳资关系的演变趋势提供了充分的比较和借鉴，本文试图运用马克思主义的研究方法，对这一问题进行初步的系统阐释。

一 平台化分工方式与企业组织形式的确立

分享经济是指利用互联网等现代信息技术，以使用权分享为主要特征，整合海量、分散化资源，满足多样化需求的经济活动总和。[④] 它基于互联网、信息与智能通信技术、云计算、大数据等技术形式，构建平台，形成规模与协同，以更低成本和更高效率实现经济剩余资源智能化的供需匹配。与以往的生产方式不同的是，分享经济借助了以云计算、物联网和

---

① 《十八大以来重要文献选编》（中），中央文献出版社2016年版，第794—795页。

② 丁晓钦、程恩富：《共享发展：中国特色社会主义政治经济学的新话语——兼论分享经济、劳动与资本的双修复》，《理论导报》2016年第7期。

③ 王俊：《互联网资本主义下劳动力商品化的发展趋势与就业效应》，《政治经济学评论》2016年第4期。

④ 国家信息中心分享经济研究中心、中国互联网协会分享经济工作委员会：《中国分享经济发展报告（2017）》2017年2月，第3页。

个人智能移动设备终端为代表的新基础设施，便捷、低成本地使用计算资源，使生产率飞速提升，网络承载能力不断提高，并且打破了边界，形成了规模优势和跨界优势，网络空间和物理空间的对接，也使经济领域的跨界融合成为可能。同时，数据的不断膨胀使其成为一种新生产要素，除作为必要成分驱动业务之外，数据产品的开发、交易、分析与运用更成为技术创新的重要方面。① 与之相适应的则是依靠平台建立起的以大规模协作为特征的全新社会分工形式：为了实现按需生产，避免过剩，原有产品价值链上下游的分工被全社会网络化的交互协同所取代，原有企业内部分工的旧格局被打破，生产职能被大量剥离，通过平台匹配的其他企业或客户实现，甚至内部研发也可以被“众包”的形式分解为碎片化的方案，就连消费者也在平台的驱动之下通过互联网移动终端即时反馈产品体验，参与到产品的再生产过程。而企业边界，看上去则是变得日益模糊。与互联网企业类似，平台企业将其核心业务全部放在产品研发、资源对接和用户沟通上，为了围绕用户需求，让用户主导产品创意和推广，企业在产品和服务资源匹配、消费者和市场相关数据处理等方面实施控制；而在生产和销售环节上，产品或服务的生产者通过智能化的平台自主接单、自主与消费者联系完成订单，无须平台企业过多管理。因此，除了自由参与平台的产品或服务的生产者，平台企业更像一个计划和组织机构，仅在互联网平台上维持有限的规模，控制包括数据在内的各种生产要素流动。在对劳动力的需求方面，互联网和大数据提高了企业对劳动者分析问题能力的要求，掌握现代网络技术、程序开发知识的高技能劳动力需求大大增加；由于平台智能化的运行方式，它替代了一部分中低技能劳动者从事的程序化工作，所以，对中等技能劳动力需求下降，尤其是大部分中层管理工作逐渐消失②；而一部分低技能劳动者，尤其是直接面向广大消费者的服务劳动目前很难被程序化，所以，平台企业依旧需要维持相当规模的低技能劳动力需求。由此可见，平台化的分工与企业组织形式缔造了一支二元化的劳动者队伍，很少一部分高级劳动者在企业中居于核心位置，他们以工程师的身份掌握着各种软件、硬件技术，通过系统开发、测试与大数据研

① 阿里研究院：《新经济框架：从行业分工到平台共享》，2016 年 3 月，第 3—5 页。

② 宁光杰、林子亮：《信息技术应用、企业组织变革与劳动力需求变化》，《经济研究》2014 年第 8 期。

发，维持着平台的日常运营，而绝大多数劳动者居于边缘位置，按照平台的指令为特定的消费者服务。例如，Uber 进驻中国 7 个城市后，负责分平台运营的核心管理和技术团队仅有 50 多人，而普通司机则数以万计。①

二　分享的实质：资本对劳动控制与分化的进一步加深

分享经济的两个核心理念是“使用高于所有权”（Access over Ownership）与“不使用即浪费”（Value Unused is Waste），这充分体现了资本在生产过程中的扩张性与趋利性。分享的标的物主要是闲置资源，包括闲置物品、碎片知识、认知盈余（未被充分使用的知识与专长、技能和经验、关系与服务）和资金盈余、闲置空间与公共服务。② 除去公共服务之外，私家车、民居、个人服务能力与闲暇时间、企业闲置设备与技术化平台、“众创空间”等都是个人或机构拥有产权，因此，分享经济只是对私有生产资料的整合过程，并未改变其所有权，只是在劳动过程中由所有者将其支配权部分地让渡给平台企业，接受其控制与调配。在金融危机刚刚渡过的萧条背景下，资本积累受到了规模与空间的各种限制，而平台的出现及时改变了这一窘境，资本积累开始转向碎片化的集中模式，并向一切可能的领域渗透，于是大量的闲置生产要素得以高速聚合，并在社会需求的庞大缺口面前迅速开辟市场，实现资本化。

资本积累的实现必然需要剩余价值的生产，然而，分享经济却将这一过程隐蔽化、神秘化。分享经济开创了所谓 P2P（Peer to Peer）用工模式，平台企业在吸引商品或服务提供者的过程中无时无刻不在渲染自愿加盟、随时退出以及平等合作等理念，甚至渲染所谓“为自己工作、成为自己的老板”的价值观。单就劳动过程的表象而言，劳动者掌握着较传统固定场所就业更多的自由度与灵活性，甚至直接无法体会到平台的监督与控制。在过去几年司机与 Uber、滴滴的诉讼案件中，不难发现，这种借助平台发展起的劳动关系对传统用工方式、社保制度甚至法律体系构成

① 叶剑波：《分享经济时代人力资源管理的挑战》，《中国人力资源开发》2015 年第 23 期。

② 张晓峰：《滴滴：分享经济改变中国》，人民邮电出版社 2015 年版，第 6 页。

了空前的挑战。[①] 尽管在法律意义上是否构成劳动关系尚存有争议，但这种平台企业与服务提供者之间的雇佣劳动关系却是毋庸置疑的，尽管后者保有一部分生产资料的所有权，但却在技术上服从于网络平台、大数据这种更为高级的生产资料，进而服从于资本指挥，成为平台企业雇佣之下，凭借自己劳动挣取工资的阶级。

在劳动过程中，维持平台运转的高技能劳动者往往按照产品或项目的特定需要进行联合协作，他们往往来自不同工种，以无行政等级差别的方式，按照技术分工，共同推动项目的进展，更多地体现平等的合作关系，因此被称为“虚拟团队”。在这部分劳动者当中，既存在技术符号秩序下平等、自由与合作的“工程师文化”，也存在以个体利益为先及等级控制特征的科层制。[②] 而大量低技能劳动者的工作是以传统简单型控制实现的，这些工作直接面向消费者，易于被替代，企业能够借助互联网技术建立起严格的监控型管理，使他们的工作呈现出临时性或不稳定的特点。[③] 不仅如此，在消费者主权彰显的背景下，企业纷纷利用各种用户反馈渠道，以评级、打分等形式将劳动过程的监督权让渡给消费者一方，在节省了监督成本的同时强化了监督效果。资本的另外一个控制方式则是通过设立一系列奖惩制度，例如，在平台企业的扩张期，为了抢夺市场份额，企业往往对服务提供者采取额外补贴或者减少抽成的方式，鼓励其发挥“示范效果”；在正常的运营时期，平台也会根据一定的业绩标准发放奖励，甚至根据任务的难易程度进行奖励，如滴滴公司的“滴米”制度。[④] 通过此类奖励制度，劳动者的劳动强度与生产率无形中被发挥到最大化，完全服从于平台调度。相应地，企业的惩戒措施也是多种多样的，最常见的手段就是减少劳动者潜在的收益，甚至终止合作。

在分配过程中，资本一方通过及其复杂的算法，借助对生产资料的实

---

① 陆胤、李盛楠：《分享经济模式对传统劳动关系的挑战——美国 Uber 案和解的一些借鉴》，《中国劳动》2016 年第 8 期；彭倩文、曹大友：《是劳动关系还是劳务关系？——以滴滴出行为例解析中国情境下互联网约租车平台》，《中国人力资源开发》2016 年第 2 期。

② 梁萌：《技术变迁视角下的劳动过程研究——以互联网虚拟团队为例》，《社会学研究》2016 年第 2 期。

③ 佟新、梁萌：《致富神话与技术符号秩序——论我国互联网企业的劳资关系》，《江苏社会科学》2015 年第 1 期。

④ 刘伟伟：《滴滴正式推出“滴米”系统　司机接差单会有奖励》，http：//news. eastday. com/eastday/13news/auto/news/csj/u7ai3209107_ K4. html。

际控制拥有产品或服务的定价权，对于服务提供者而言，这完全是一个“黑箱”操作的过程，既无从知晓也无法改变。平台企业属于典型的按要素分配，最终收益并不是完全流入某一方，服务提供者凭借其劳动获得收入，企业则以抽成的形式在每一笔交易中获取一定比例的资本收入。资本将这部分收益视为依靠平台节约出来的协作成本，并且凭借自身对平台的控制，天然地将分利权据为己有，从而顺理成章地、无偿地占有了劳动者创造的剩余价值，而拥有部分生产资料的劳动者则完全丧失了分配的权利，只能被动接受。此外，平台企业借助这种所谓“松散式的合作关系”，改变了传统的雇佣方式，打破了传统生产对厂房、设备等生产要素的依赖，巧妙地规避了劳动者与单位需要建立签订劳动合同、企业履行社会保障义务，使这类临时、灵活就业的劳动者名义上不属于企业，进而不按照正式员工给予其应有待遇，并寻找法律漏洞逃避政府劳动部门的监管，实际上，也将这些劳动者收入中应得的一部分如加班费用、社会保险和其他福利“合理地”扣除了，也转化成为企业的剩余价值。

分享经济的出现不仅强化了资本对劳动的控制，也进一步加深了劳动者队伍的分化。首先是劳动者队伍的分化造就出一个分割的知识型劳动力市场①，掌握现代计算机与互联网技术的高技能劳动者逐渐成为平台企业的核心员工，在企业内部劳动力市场中占据主导地位，不仅有长期合同，有的还拥有一定企业股份；而其他企业边缘劳动力和以服务提供者为代表的大量临时性和劳务派遣员工则从事替代性较强的工作，位于整个企业结构的底层，只有临时性合同甚至完全没有工作合同，不受任何保护。其次，分享经济的服务产品在现阶段依旧具有明显的同质化特征，在众多服务提供者不具有议价能力的前提下，给了资本利用劳动者之间的相互竞争压低工资收入的机会，并且将生产率较低的劳动者不断排除在外，加剧了他们就业的不稳定。最后，平台企业通过移动信息技术将劳动者个体局限在某个特定的空间范围内，劳动者之间的互联互通被分散的空间隔断，从而无法针对资本的控制采取集体行动，就业的流动性也无法使劳动者借助于诸如工会的常态化组织维护自身合法权益。正如一位信息技术专家所言，分享经济无非就是资本借助互联网掀翻原来的中间渠道，建立互联网

① 佟新、梁萌：《致富神话与技术符号秩序——论我国互联网企业的劳资关系》，《江苏社会科学》2015 年第 1 期。

上的强大垄断，让劳动者更加没有选择、没有组织，从而实行更残酷的剥削。①

三 分享的背后：对于资本主义生产方式的认同的再生产

分享经济之所以实现快速扩张，一方面在于生产过程中资本对劳动控制和剥削方式的改进，另一方面则在于能够使劳动者自觉接受并认同这种方式。劳动过程应当从强制和同意的特定结合方式诱发利润当中的合作来理解②，正如布若威（Michale Burawoy）所言，资本主义劳动过程中也包含着生产政体的再生产过程，即："伴随着从专制统治到霸权统治的、从通过强制和畏惧来榨取成果到通过同意的组织来榨取成果的连续过程。"③分享经济所缔造的这种劳动过程，则将这种"同意的组织"发挥到了极致。首先，平台企业凭借其敏锐的嗅觉锁定了数量庞大的特定劳动者群体，将大量自由从业者吸收进入雇佣劳动大军；并且成功地利用了"后危机时代"劳动者群体的弱势，使企业无须付出昂贵成本的同时吸引到高质量的劳动者。④ 随着金融危机早些年的扩散，大量拥有全职工作的劳动者相继失业，成为就业不稳定、不规则的自由职业者，而劳动者群体背景的多元化与工作动机的多样化加剧了这一态势。目前，欧洲拥有近1000万名自由职业者，全美国已有超过4200万名自由从业者，预计到2020年，将进一步增至5400万名，占私营非农业劳动人口的45%。⑤ 与此同时，这种"自由职业者"的就业模式也已经开始被越来越多的劳动者所接受，尤其是广大青年人对于每天固定在一家公司上班的模式已经逐

---

① 熊杰：《共享经济：21世纪的"倒爷"?》，http：//sike. news. cn/statics/sike/posts/2015/11/219485246. html。

② 谢富胜：《控制和效率：资本主义劳动过程理论与当代实践》，中国环境科学出版社2012年版，第101页。

③ ［美］迈克尔·布若威：《制造同意——垄断资本主义劳动过程的变迁》，商务印书馆2008年版，第3页。

④ Katz，L. F. and Krueger，A. B.，2016，"The Rise and Nature of Alternative Work Arrangements in the United States"，1995－2015. Retrieved from http：//krueger. princeton. edu/sites/default/files/akrueger/files/katz_krueger_cws_－_march_29_20165. pdf.

⑤ 张晓峰：《滴滴：分享经济改变中国》，人民邮电出版社2016年版，第35页。

渐厌倦，转而希望能够自主平衡工作和生活的时间。据统计，在35岁以下的美国青年人中有20%打多份工，有38%希望从事自由职业，有32%认为自己未来的工作时间将非常灵活且有弹性。① 而平台高效、便捷、低成本的加入门槛使这部分劳动者乐于通过平台进行就业，并且利用自主时间和已有资源创造价值，不失为一种全新而正向的体验。其次，平台企业通过营销策略，借助各种媒体渠道，对依托平台的就业模式进行了成功的宣传包装，标榜其自由、开放、公平、用户至上以及服务社会的价值观，有意淡化了企业盈利、剥削的一面，使劳动者认可企业是一个付出就有回报的公平交易的平台，为其工作不仅能实现自己自由职业理想，还能实现劳资“双赢”的局面。分享经济的鼻祖，Zipcar创始人罗宾·蔡斯宣称，如果所有工作都是由人人共享平台上的独立承包商完成的，企业和员工将会从新的有效回应方式中获得收益。雇主可能会对市场力量做出更迅速的回应；员工可以分散他们的收入流，并且协助改变一个垂死行业的现状或一份沉闷的工作，使工作变得可控。② 再如，目前全球规模最大的网约车平台Uber一直宣称其帮助闲置的私家车进入市场并发挥其价值，并使司机获得了一种弹性的、可选择的工作方式，并满足客户的社交需求。③ 同时，Uber将司机看作“自己的老板”：一是拥有自己的时间，成为自己时间的管理者；二是拥有软件的使用权，可以借助Uber平台不断壮大，不断推广，让自己这个做小买卖的工具日臻成熟并取得相应报酬。④ 在这样的宣传作用下，许多劳动者不再认为自己是为别人工作。美国近期一项针对平台企业劳动者的调查显示，高达68%的受访者声称自己仅仅是使用平台服务联系消费者或客户的独立工人，而只有26%的受访者认为自己的身份是雇员。⑤ 再次，作为对于资本主义生产方式的认同的再生产的核心一环，平台企业不断地开发出劳动过程的“趣味性”，让劳动者时刻对劳动过程产生新鲜感和挑战性，并对这种生活方式产生依赖。例如，相当一部分Uber司机接单觉得这一工作过程产生收入并且有趣，就像玩游戏

---

① 曹磊等：《Uber：开启“共享经济”时代》，机械工业出版社2015年版，第196页。

② ［美］罗宾·蔡斯：《共享经济：重构未来商业新模式》，浙江人民出版社2015年版，第192页。

③ 曹磊等：《Uber：开启“共享经济”时代》，机械工业出版社2015年版，第99—100页。

④ 同上书，第77页。

⑤ Smith, A., 2016, “Shared, Collaborative and on Demand: The New Digital Economy”, Retrieved from http://www.pewinternet.org/2016/05/19/the-new-digital-economy/.

一样，有过关、有奖励。在与其他几家专车类竞品抢夺司机阶段，Uber中国大陆区司机的收入甚至达到平常的2—3倍，并且可以拿到高峰时段奖励、冲单奖励，以及在达到评星4.8以上、接单率达到80%的补贴奖励，甚至还有介绍其他司机加入的推荐奖励等众多奖励。其中，北京的Uber司机利用这些奖励政策，可以做到周收入7000元人民币。[①] 然而，这种“以一系列生产中的社会关系的形式呈现出来的规则，是根据游戏的明确结果来评估的……而不是根据游戏的广义结果来评估……因此，就其被体制化这一点来说……游戏自身即为目的，它遮蔽、掩饰甚至颠倒了它从中发生的条件”。[②] 司机在挣得额外收入的同时也逐渐地在主观上冲淡货币收入的激励作用，开始适应并融入企业为他们设定的游戏规则，最终使“参与游戏本身产生了游戏结果中以及游戏连续性上的共同利益”。[③] 最后，同意的再生产过程必须伴随着强制的执行。“同意依赖于参与游戏，通过参与来建构”，“正是这种参与游戏的行为产生了对其规则的同意”。[④] 平台企业凭借技术优势，在劳资关系的话语权中天然地占据垄断地位，而劳动者受制于技术条件，在规则面前只有默许的权利，而没有任何讨价还价的余地。例如，Uber“不服莫辩”的霸道条款，以终止合作为威胁，回避任何对于公司奖励条款的质询。而且，在规则中也有不少“一经发现，永久封号”的严厉处罚措施，如严重投诉、接客时车内有其他乘客、行程后私自联系客户、用没有认证过的车辆接单等。[⑤] 实际上，这种基于平台的强制也可以理解为资本对劳资矛盾及其产生的经济成本的一种巧妙规避，除按照自身意志迫使劳动者一方不采取威胁自身积累的行动之外，也能够主动地通过规则的设定和调整划分劳资双方的利益界限，以劳动者赢得一部分剩余劳动的代价换取游戏规则的稳定性和连续性。

---

① 曹磊等：《Uber：开启“共享经济”时代》，机械工业出版社2015年版，第114—115、77页。

② ［美］迈克尔·布若威：《制造同意——垄断资本主义劳动过程的变迁》，商务印书馆2008年版，第90页。

③ 同上书，第92页。

④ 同上书，第89—90页。

⑤ 曹磊等：《Uber：开启“共享经济”时代》，机械工业出版社2015年版，第116、118—119页。

四　分享是否预示着世界范围内劳资对抗的终结?

包括劳资关系在内的制度形式和调节方式的相互补充，形成了资本主义生产方式中特定的生产和交换关系所组成的积累体系。在宏观层面判断未来劳资关系发展的趋势，需要在资本积累模式或体系的变化发展过程中得出结论。以美国为代表的资本主义积累体系在历史上先后经过了外延型积累体系、没有群众消费的内涵型积累体系（泰勒制）、伴有群众消费的内涵型积累体系（福特制）等几个阶段，但在20世纪70年代之后福特制遭遇危机发生转变之际，理论界出现了分歧。以法国调节学派为代表的一批学者认为，转变的方向是以实行弹性工资关系，恢复边际利润为特征的新福特制；而另有学者认为，转变的方向是以创新劳动过程，快速提高劳动生产率为特征的后福特制。① 就分享经济的兴起与扩散而言，似乎代表了新福特制与后福特制两种积累体系的折中。一方面，尽管分享经济对劳动过程的改造目前主要停留在服务业，还未明显渗透到制造业等传统产业，但它的确呈现出了类似于后福特制“精益生产”的一系列特征，如采用灵活的工作方式并强调协同合作，借助信息技术将消费者的个性化需求纳入考虑，特别是通过平台化的组织形式，建立起劳资双方的合作与信任，并在一定程度上恢复了劳动概念与执行的合一，“具有更强的将劳资冲突整合为劳资双方在资方控制下进行‘合作’的能力”。② 与之相伴随的协同消费模式使消费者利用线上、线下的社区、沙龙、培训等工具进行连接，实现合作或互利，“不求所有，但求所用”，大大拓展了消费渠道维护了新体系的稳定。另一方面，分享经济也具有类似于新福特制当中的自动化生产控制以及生产弹性化、工作任务重构等特点。企业的运行几乎完全依赖程序化的技术平台，并依靠成熟的定位技术与智能通信技术实现派单接单，这就催生了极少数掌握编程与算法的精英技术人员操控平台的运行，而其他大部分劳动者的工作变得均质化、程序化，并在某种程度上简化，劳动概念与执行的分离，在更高的层次上得到实现并一步步加深。

① 谢富胜：《控制和效率：资本主义劳动过程理论与当代实践》，中国环境科学出版社2012年版，第174页。

② 同上书，第200页。

管理的自动化与程序化改变了企业组织结构，压缩了管理人员，原有的等级控制被生产过程交互协作中的集体约束取代。同时，直接面向消费者的生产过程使来自消费者的监督进一步强化了这种约束作用。更明显的一点在于，分享经济颠覆了传统的雇佣与就业模式，将劳动力市场中的灵活性发挥到最大化，彻底打破了原有集体谈判形成的僵化的工资体制，也成功地摆脱了企业的社保负担。由此可见，分享经济带来的这种积累体系吸收了当代资本主义两种主流积累体系的优势，暂时摆脱了国际金融危机对旧有积累体系的冲击。特别是它缔造的这种资本对劳动精巧而隐蔽的控制方式，在缓和国际金融危机带来的激烈的劳资矛盾面前发挥了重要作用。但是，如果断言这种新的积累体系能够长久平息劳资对抗，则为时尚早。已有学者批评这种旨在加强控制劳动，并将企业内部风险转嫁给客户和消费者，以技术创新掩盖削弱劳动保护的体制并不可取。① 而且劳动者在与自己的生产资料重新结合之后，发现自己却丧失了对生产关系的控制，并且对于这种由算法决定的“黑箱”式的关系结构一无所知②，也势必加剧未来潜在的劳资对抗。

最后，中国是当前全世界分享经济发展最为迅速的国家之一。据统计，2017 年，我国分享经济市场交易额约为 49205 亿元，比上年增长 47.2%，融资规模约 2160 亿元，比上年增长 25.7%。参与分享经济活动的人数超过 7 亿人，分享经济的提供服务者人数约为 7000 万人，分享平台企业员工数约 716 万人，占当年城镇新增就业人数的 9.7%，这意味着城镇每 100 个新增就业人员中，就有约 10 人是分享经济企业新雇佣员工。在全球 224 家“独角兽企业”中，有中国企业 60 家，其中具有典型分享经济属性的中国企业 31 家，占中国“独角兽企业”总数的 51.7%，2017 年，新进入该榜单的中国企业就有 17 家。③ 2016 年 3 月，分享经济首次写入《政府工作报告》，明确要“支持分享经济发展，提高资源利用效率，让更多人参与进来、富裕起来”，同时，提出“以体制机制创新促进分享经济发展”。面对如此庞大的一个就业群体，并且要实现全体劳动者

---

① Juliet B. Schor, William Attwood - Charles, “The ‘Sharing’ Economy: Labor, Inequality, and Social Connection on for - profit Platforms”, *Sociology Compass*, 2017 (11), e12493: 7.

② Ibid. .

③ 国家信息中心分享经济研究中心、中国互联网协会分享经济工作委员会：《中国共享经济发展报告（2018）》，2018 年 2 月。

的共同富裕，无疑成为分享经济时代中国劳资关系调节的一个重大挑战。当前，中国一方面面临着严重的产能过剩与劳动力供需结构失衡，巨大的就业压力急需缓解，因此，打造一个有利于分享经济成长的经济、政治环境刻不容缓，需要鼓励这种资本与劳动开放式的“合作关系”；另一方面中国的劳资关系矛盾在步入21世纪以来进入高发期，劳动收入增长相对缓慢，一线普通劳动者的就业保障极其脆弱，分享经济的发展将进一步提升劳动力市场的灵活性，从根本上改变长久以来固定就业的传统模式，因此，政府有必要进行适度干预，特别是指导广大劳动者及时规避潜在的就业风险，保障劳动者合法权益，对平台企业进行监管，并使经济与社会政策、法律法规相协调。

参考文献

[美] 迈克尔·布若威：《制造同意——垄断资本主义劳动过程的变迁》，商务印书馆2008年版。

[美] 罗宾·蔡斯：《共享经济：重构未来商业新模式》，浙江人民出版社2015年版。

谢富胜：《控制和效率：资本主义劳动过程理论与当代实践》，中国环境科学出版社2012年版。

《十八大以来重要文献选编》（中），中央文献出版社2016年版。

曹磊：《Uber：开启“共享经济”时代》，机械工业出版社2015年版。

张晓峰：《滴滴：分享经济改变中国》，人民邮电出版社2016年版。

陆胤、李盛楠：《分享经济模式对传统劳动关系的挑战——美国Uber案和解的一些借鉴》，《中国劳动》2016年第8期。

彭倩文、曹大友：《是劳动关系还是劳务关系？——以滴滴出行为例解析中国情境下互联网约租车平台》，《中国人力资源开发》2016年第2期。

丁晓钦、程恩富：《共享发展：中国特色社会主义政治经济学的新话语——兼论分享经济、劳动与资本的双修复》，《理论导报》2016年第7期。

王俊：《互联网资本主义下劳动力商品化的发展趋势与就业效应》，《政治经济学评论》2016年第4期。

叶剑波：《分享经济时代人力资源管理的挑战》，《中国人力资源开发》2015年第23期。

宁光杰、林子亮：《信息技术应用、企业组织变革与劳动力需求变化》，《经济研究》2014年第8期。

佟新、梁萌：《致富神话与技术符号秩序——论我国互联网企业的劳资关系》，《江苏社会科学》2015 年第 1 期。

梁萌：《技术变迁视角下的劳动过程研究——以互联网虚拟团队为例》，《社会学研究》2016 年第 2 期。

高速铁路、市场准入与经济增长

邹　薇　陈亮恒　熊俊珂

摘　要　本文建立一般均衡贸易模型，采用市场准入方法，通过测度高速铁路网络扩张对每个地级市市场准入的影响，全局性地考察高速铁路开通对经济增长的总效应。实证结果表明：高速铁路的开通对经济增长有正的促进影响，市场准入每提高1个百分点，实际收入增加0.123（控制区域固定效应）个或0.121（控制省级固定效应）个百分点；经过一系列稳健性检验，结论仍成立；通过反事实计量方法测算高速铁路对经济发展的加总效应和分布效应，发现如果在2015年移除所有高速铁路，则实际收入下降最高达9.4%，但高铁的分布效应在不同地区并不一致。此外，考察高速铁路对第二产业和第三产业的影响，发现高铁对第三产业的影响更突出。

关键词　高速铁路　交通基础设施　市场准入　经济增长

一　引言

长期以来，交通基础设施投资被认为是促进经济增长的关键要素之

［作者简介］邹薇，武汉大学经济与管理学院教授；陈亮恒、熊俊珂，武汉大学经济与管理学院博士研究生。

［基金项目］本项研究得到国家社会科学基金重大招标项目（11&ZD006）、国家社会科学基金重点项目（10AZD013）和教育部后期资助重大项目（13JHQ002）的资助。

一。[①] 交通基础设施主要通过作为“投资品”的直接效应和具有“外部性”准公共物品的间接效应两种途径对经济产生影响。[②] 中国过去30多年的高速经济增长，投资驱动发挥了突出作用，而交通固定资产投资一直在固定资产总投资中占有相当大的比重。高速铁路的建设是近十几年来中国基础设施建设中比较重要的组成部分，截至2015年年底，高铁里程已达到1.9万千米，到2025年高铁里程将达到3.8万千米，比2015年年底翻一番，到时基本实现省会高铁连通、地市快速通达的高铁网[③]，历年开通。

高速铁路（也称为高铁）的开通对中国经济发展产生重要的影响，但高铁的开通是带来正的溢出效应促进地区间的经济增长？还是由于“虹吸效应”而导致经济状况变差？对这些问题的研究一直是经济学研究的热点，许多学者通过选取一些高铁线路，使用双重差分或空间计量等计量方法考察高铁开通对房价、就业模式、要素流动和城乡收入差距的影响。[④] 这些研究大多考察高速铁路对经济增长的局部效应，但少有文献全局性地研究高速铁路开通的因果效应。

唐纳森（Donaldson，2010）考察历史交通基础设施的经济影响，发现铁路的建造改善了市场环境和福利水平。[⑤] 基于伊顿（Eaton）和科滕

---

① Fogel, Robert W., 1964, *Railroads and American Economic Growth: Essays in Econometric History*, Baltimore: Johns Hopkins University Press. Donaldson, Dave, 2010, “Railroads of the Raj: Estimating the Impact of Transportation Infrastructure”, *NBER Working Paper*, No. 16478.

② 李平、王春晖、于国才：《基础设施与经济发展的文献综述》，《世界经济》2011年第5期；王雨飞、倪鹏飞：《高速铁路影响下的经济增长溢出与区域空间优化》，《中国工业经济》2016年第2期。

③ 数据来自2016年发布的《中长期铁路网规划》。

④ 张学良：《中国交通基础设施促进了区域经济增长吗？——兼论交通基础设施的空间溢出效应》，《中国社会科学》2012年第3期；周浩、郑筱婷：《交通基础设施质量与经济增长——来自中国铁路提速的证据》，《世界经济》2012年第1期；张克中、陶东杰：《交通基础设施的经济分布效应——来自高铁开通的证据》，《经济学动态》2016年第6期。Zheng, Siqi and Matter E. Kahn, 2013, “China's Bullet Trains Facilitate Market Integration and Mitigate the Cost of Megacity Growth”, Proceedings of National Academy of Science 110. 14: E1248 – E1253. Lin, Yatang, Yu Qin and Zhuan Xie, 2015, “International Technology Transfer and Domestic Innovation: Evidence from the High – speed Rail Sector in China”, *Working Paper*, http://eprints.lse.ac.uk/66057/. Qin, Yu, 2016, “'No County Left behind?' The Distributional Impact of High – speed Rail Upgrades in China”, *Journal of Economic Geography*, doi: 10.1093/jeg/lbw013.

⑤ Donaldson, Dave, 2010, “Railroads of the Raj: Estimating the Impact of Transportation Infrastructure”, *NBER Working Paper*, No. 16478.

(Kortum)的李嘉图贸易模型①，唐纳森等提出市场准入的方法量化美国铁路对经济增长的因果效应。② 阿尔德（Alder）使用市场准入法考察印度高速公路项目的经济效应。市场准入法可以得到交通基础设施对经济增长总效应的简化式测度，即每个地区的市场准入是其贸易伙伴收入、双边交易成本和目的地市场准入的加总。该方法能够同时捕获交通基础设施的直接效应和溢出效应，从而能够动态地测度交通基础设施变化对经济增长的效应。

本文扩展市场准入方法并运用其量化高速铁路建造对中国经济增长的因果效应。与传统的估计当地铁路密度的方法相比，市场准入法有如下优势：一是它能够充分估计铁路的网络效应，这是由于各地区或城市的市场准入会随着铁路网络中其他地区或城市铁路的变化而动态变化；二是该方法还能同时捕获交通基础设施的直接效应和间接效应，并能在大量溢出效应的环境中估计总效应；三是市场准入法通过建立一般均衡模型得到市场准入与收入之间存在对数线性的关系，这为实证分析的估计方程提供了有用的指导，并就市场准入的改善对地区经济增长的估计效应给出结构化解释。该方法认为，交通基础设施的发展水平决定了双边贸易成本，而双边贸易成本的变化将导致市场准入的变化。因此，随着越来越多的城市接入高速铁路，我们能够得到每年不断变化的市场准入。

在本文中，我们手工收集了2006年（高铁2007年开通）到2015年高铁接入的地级市数据，并计算各地级市间的双边贸易成本，从而得到一个双边贸易成本矩阵。利用双边贸易成本就能算出2006—2015年各地区市场准入指标，进而估算出各地区实际收入与市场准入之间的关系，即收入对市场准入的弹性。根据模型可知，收入对市场准入的弹性是固定的，因此，一旦弹性值被估计出来，我们可以据此建立“反事实”估计，预测各种反事实交通网络情况下各地区的收入变动。之所以能够这样做，是因为市场准入指标捕获了交通基础设施的一般均衡效应，这就允许我们量化地分析其加总效应和分布效应，同时也对高铁影响经济的因果效应给出了具体测算。

① Eaton, Jonathan and Samuel Kortum, 2002, “Technology, Geography and Trade”, *Econometrica*, 70 (5): 1741 – 1779.

② Donaldson, Dave and Richard Hornbeck, 2016, “Railroads and American Economic Growth: A ‘Market Access’ Approach”, *Quarterly Journal of Economics*, 131 (2): pp. 799 – 858.

本文首次建立了110个地级市在2006—2015年的市场准入矩阵，其间中国高速铁路的建造快速扩张并覆盖中国的大多数城市。我们的主要研究结论如下：首先，根据模型预测得到收入和市场准入之间的对数线性关系，估计出其弹性值为0.123（控制区域固定效应）或0.121（控制省级固定效应），即市场准入每增加1个百分点，实际收入就增加0.123个或0.121个百分点。其次，量化测算高速铁路的加总效应，得出如果在2015年移出所有高速铁路，将导致实际收入下降9.4%（基于控制区域固定效应）或9.2%（基于控制省级固定效应）。再次，评估现有高速铁路网的分布效应，结果表明，各地区对高速铁路的引入反应不一致。最后，考察高速铁路对第二产业、第三产业的影响，也发现高铁对第三产业的影响更强。

二 文献综述

交通基础设施建设与经济发展的关系一直是经济学研究关注的热点。福格尔（Fogel）在《铁路与美国经济增长》中使用"社会节省法"考察铁路对美国农业部门的影响，认为铁路的缺乏会导致水运等交通运输费用的上升，而运费的细微差异会导致一些地区比其他地区更繁荣。[①] 该方法已被广泛地应用于交通运输改善和其他技术创新，但其在理论和应用层面存在诸多局限性。[②] 对该方法的替代是塞万茨（Cervantes，2013）建立的可计算一般均衡，利用县级数据和可视化方法考察19世纪美国铁路对产出的影响，研究指出，如果在1990年移除所建好的铁路将导致产出下降9.6%。[③] 也有学者通过比较地区之间是否有铁路接入，以考察铁路的经济效应，如鲍姆—斯诺（Baum - Snow）评估高速公路的接入对城市中心

① Fogel, Robert W., 1964, *Railroads and American Economic Growth: Essays in Econometric History*, Baltimore: Johns Hopkins University Press.

② Lebergott, Stanley, 1966, "United States Transportation Advance and Externalities", *Journal of Economic History*, 26 (4): 437 -461. White, Colin M., 1976, "The Concept of Social Savings in Theory and Practice", *Economic History Review*, 24: 82 - 100. Leunig, Timothy, 2010, "Social Savings", *Journal of Economic Survey*, 24 (5): pp. 775 -800.

③ Cervantes, Fernando Peres, 2013, "Railroads and Economic Growth: A Trade Policy Approach", University of Chicago Mimeo.

区域人口的影响。[①] Banerjee 等考察铁路网络对中国区域经济的效应，指出铁路网络对人均 GDP 有显著的正因果效应。[②] 这些研究从不同的角度考察了交通基础设施改善对经济发展的相对效应。

当前考察交通基础设施的经济影响多通过选取一些交通线路，采用政策评估研究中较流行的双重差分法考察其对沿线经济的影响，这种方法由于计量模型简单易用，不需要建立经济学理论模型就能够得到相对准确的因果效应而被广泛应用。阿塔克（Atack）等使用双重差分法考察铁路对美国经济增长的影响，发现铁路的接入促进城市人口比重的上升，是城市化的重要因素之一，但对人口密度基本没影响。[③] 刘冲等利用该方法考察高速公路接入对城乡居民收入差距的影响，发现高速公路可达性提升缩小了城乡收入差距。[④] 与普通的交通基础设施如公路、铁路等相比，正在快速发展中的高铁正加速重塑经济空间格局和经济结构，因此，很有必要对高铁的引入对经济社会各方面的效应进行探究。如 Lin 基于双重差分法考察高铁如何影响就业模式和城市专业化，研究表明，高铁增加了城市就业。[⑤] 为了探究高级技术的转移如何促进本国创新？Lin 等采用三重差分法考察高铁技术的引入对本国创新的影响，发现技术转移导致高铁相关专利的显著增长。[⑥] Qin 从高铁引入的分布效应角度考察高铁对周围区域的影响，研究表明，高铁加剧了大城市对沿途县城的集聚，导致铁路沿线城市收入降低，服务部门表现尤其明显，从实证角度考察了人员运输成本如

① Baum - Snow, Nathaniel, 2007, "Did Highways Cause Suburbanization?", *Quarterly Journal of Economics*, 122 (2): pp. 775 - 805.

② Banerjee, Abhijit, Esther Duo and Nancy Qian, 2012, "On the Road: Access to Transportation Infrastructure and Economic Growth in China", NBER WP 17897.

③ Atack, Jeremy, Fred Bateman, Michael Haines and Robert A. Margo, 2010, "Did Railroads Induce or Follow Economic Growth? Urbanization and Population Growth in the American Midwest, 1850 - 1860", *Social Science History*, 34 (2): pp. 171 - 197.

④ 刘冲、周黎安、徐立新：《高速公路可达性对城乡居民收入差距的影响：来自中国县级水平的证据》，《经济研究》2013 年第 1 期。

⑤ Lin, Yatang, 2014, "Travel Costs and Labor Market Integration: Evidence from China's High Speed Railway", *Working Paper*, http://www.ieb.ub.edu/files/Papers WSUE2014/Lin.pdf.

⑥ Lin, Yatang, Yu Qin and Zhuan Xie, 2015, "International Technology Transfer and Domestic Innovation: Evidence from the High - speed Rail Sector in China", *Working Paper*, http://eprints.lse.ac.uk/66057/.

何影响城市外围模式的发展。[①] 这些文献都是使用近年比较流行的双重差分法考察交通基础设施对经济发展的效应，但这些考察都是对交通基础设施的直接效应测度，而没有对其可能产生的溢出效应进行测度，也没有揭示这些经济效应背后的内在机制。

交通基础设施既可以作为投资品直接促进经济增长，又可以作为准公共品通过其溢出效应间接地促进经济增长。由于溢出效应往往比直接效应对经济增长的影响更大，在分析交通基础设施的经济效应时，应该考虑溢出效应，否则有可能会错误地估计交通基础设施对经济增长的作用。对于溢出效应的处理，许多学者使用空间计量方法进行测度。张学良使用空间计量方法考察交通基础设施对区域经济增长的影响，发现中国交通基础设施对区域经济增长的空间溢出效应非常显著。[②] 张光南和宋冉考察交通基础设施对要素投入的影响，研究表明，交通基础设施能够降低流动成本，促进要素投入。[③] 范欣等采用空间杜宾模型研究中国交通基础设施与市场分割的关系，发现基础设施建设打破市场分割，其空间溢出效益呈现阶段性差异。[④] 以上研究都是使用空间计量方法研究交通基础设施的溢出效应对经济的影响，能够相对准确地衡量交通基础设施的外生性。但是，由于交通基础设施可以通过相互链接的贸易网络影响所有区域，仅仅使用空间计量方法在拥有大量处理溢出效应的环境中估计总处理效应时会遭遇挑战。而经济理论模型的缺乏也同样未能揭示交通基础设施影响经济发展的机制。

然而，铁路尤其是快速建设中的高铁究竟对各地和全国经济增长带来了多大的影响？推动这种影响的内在机制是怎样的？本文将就这些问题展开研究。我们认为，通过建立高铁与经济增长的一般均衡框架，才能揭示高铁影响经济活动的内在机制，更具体地呈现高铁对经济增长的因果效应。如唐纳森利用印度历史上大规模的铁路建造，采用档案数据和 GIS 空

---

① Qin, Yu, 2016, "'No County Left behind?' The Distributional Impact of High - speed Rail Upgrades in China", *Journal of Economic Geography*, doi: 10. 1093/jeg/lbw013.

② 张学良：《中国交通基础设施促进了区域经济增长吗？——兼论交通基础设施的空间溢出效应》，《中国社会科学》2012 年第 3 期。

③ 张光南、宋冉：《中国交通对“中国制造”的要素投入影响研究》，《经济研究》2013 年第 7 期。

④ 范欣、宋冬林、赵新宇：《基础设施建设打破了国内市场分割吗？》，《经济研究》2017 年第 2 期。

间计算工具，并基于李嘉图贸易模型，通过对铁路、贸易成本、贸易流的系统性考察，研究了铁路建造对印度市场环境和福利水平的影响，该研究推动了通过市场准入研究铁路网络的一般均衡效应的思路。[①] 也有一些学者研究其他事件的发生引起市场准入变化的效应，例如，雷丁和斯特恩（Redding and Sturn）利用第二次世界大战后德国的分裂和 1990 年后东西德的重新统一作为自然实验，估计市场准入变化对人口的影响。[②] 汉森（Hanson）研究美国县级工资与 1970—1990 年市场准入变化的关系，验证了经济活动的地理集聚归因于区域之间产品市场的连接。[③] 希德和迈耶（Head and Mayer，2011）研究国家 GDP 与国家市场准入的关系，发现国家经济地理环境很大程度上决定国家的人均收入水平。[④] 近年来，采用市场准入方法研究交通基础设施与经济增长的文献不断涌现。Zheng 验证高铁促进市场一体化，认为高铁修通导致房价上升。[⑤] 阿尔德（Alder）使用市场准入方法考察印度高速公路项目的发展效应，发现该项目促进印度经济发展，但对不同区域的影响不一致；通过反事实计量方法研究表明，如果中国高速公路建造计划应用于印度，将促进印度落后地区的发展。[⑥] 斯诺等使用市场准入方法考察中国高速公路对城市增长的效应，认为国内市场准入的提高导致产出增加；另外，发现高速公路在出口导向型政策和区域重要城市的崛起中扮演了重要角色。[⑦] 这些研究考察了不同事件或者基础设施的变化引起的市场准入变化对经济发展的影响。市场准入法通过

① Donaldson, Dave, 2010, “Railroads of the Raj: Estimating the Impact of Transportation Infrastructure”, *NBER Working Paper*, No. 16478.

② Redding, Stephen and Daniel M. Sturm, 2008, “The Cost of Remoteness: Evidence from German Division and Reunification”, *American Economic Review*, 98 (5): 1766 – 1797.

③ Hanson, Gordon H., 2005, “Market Potential, Increasing Returns and Geographic Concentration”, *Journal of International Economics*, 67 (1): 1 – 24.

④ Head, Keith and Thierry Mayer, 2011, “Gravity, Market Potential and Economic Development”, *Journal of Economic Geography*, 11 (2): 281 – 294.

⑤ Zheng, Siqi and Matter E. Kahn, 2013, “China's Bullet Trains Facilitate Market Integration and Mitigate the Cost of Megacity Growth”, *Proceedings of National Academy of Science* 110. 14: E1248 – E1253.

⑥ Alder, Simon, 2015, “Chinese Roads in India: The Effect of Transport Infrastructure on Economic Development”, *Working Paper*, https://economicdynamics.org/meetpapers/2015/paper_1447.pdf.

⑦ Snow, N. B., Henderson, J. V., Turner, M. A., Zhang, Q. and Brandt, L., 2016, “Highways, Market Access and Urban Growth in China”, *Working Paper*.

建立一般均衡理论模型，刻画高铁改变每个地区（城市）市场准入的大小，市场准入的强度反映直接和间接的影响，相应的实证分析能更好地估计高铁的总处理效应。同时，相比于缺乏理论模型的空间计量法估计①，该方法对于溢出效应的处理更符合经济学逻辑。

此外，对交通基础设施因果效应估计的一个担忧是内生性问题。钱德拉、汤普森和迈克尔斯（Chandra，Thompson② and Michaels）③ 在估计美国高速公路效应时提出了一种处理方法，他们认为，高速公路的修建主要是为了连接大城市，而高速公路经过的区域不是预先固定的，即可以认为两个大城市之间的区域是否经过高速公路是随机的。因此，本文借鉴这种方法，采用基于非节点区域的识别策略，在实证分析中考虑去掉重要节点城市（如直辖市和省会城市），剩下的部分对高速公路的修建可以看成是随机的，这样，在量化高铁的一般均衡效应时，有效地规避内生性问题。

本文对交通基础设施效应和市场准入方法的文献做出了如下贡献。其一，本文扩展了唐纳森（Donaldson）等提出的市场准入的一般均衡方法④，在我们的模型中产品市场和要素市场相互影响。该模型意味着我国各地级市的实际收入水平与市场准入之间存在一种对数线性关系，并能够同时捕获交通基础设施的直接效应和溢出效应。其二，我们手工收集了110地级市的数据，建立了2006—2015年地级市之间的历年市场准入矩阵并用之进行实证研究。我们测度了高铁的接入如何影响每个地级市的市场准入，而这又将如何影响每个地区的经济增长；我们也考察高铁的加总效应和对不同地区的分布效应，并检验其对第二产业和第三产业的影响。其三，我们处理了在估计交通基础设施对实际收入的因果效应中面临的几个挑战。对于估计中可能存在的内生性，我们的策略是采用无关紧要单位的方法，也就是去掉重要的节点（文中是省会城市和直辖市）；对于收入

---

① Anselin, Luc, 1988, *Spatial Econometrics, Methods and Models.* Dordrecht: Kluwer Academic Publishers.

② Chandra, Amitabh and Eric Thompson, 2000, "Does Public Infrastructure Affect Economic Activity? Evidence from the Rural Interstate Highway System", *Regional Science and Urban Economics*, 30 (4): 457 - 490.

③ Michaels, Guy, 2008, "The Effect of Trade on The Demand for Skill: Evidence from the Interstate Highway System", *The Review of Economics and Statistics*, 90 (4): 683 - 701.

④ Donaldson, Dave and Richard Hornbeck, 2016, "Railroads and American Economic Growth: A 'Market Access' Approach", *Quarterly Journal of Economics*, 131 (2): 799 - 858.

冲击可能是空间相关的问题，我们的策略是在计算市场准入时固定实际收入水平为2006年的水平；对于遗漏变量问题，我们采用面板数据的方法以识别因果关系。

三　理论模型

唐纳森和霍恩贝克（Hornbeck）基于伊顿和科滕的一般均衡贸易模型①，将其扩展并推导出交通基础设施影响收入水平的简化式表达式，他们把该表达式定义为“市场准入”。一个地区的市场准入是交易伙伴收入、双边交易成本和交易伙伴市场准入的加总，可以用来衡量交通运输网络的水平和变化。唐纳森等使用该框架估计美国铁路网络对土地价值的影响，本文将借鉴这一方法考察中国高铁开通对各地和全国经济增长的效应。

（一）李嘉图贸易模型

经济体由多交易区域构成，下标为o的表示贸易初始区域，下标为d表示交易商品的目的地。每个地区使用柯布—道格拉斯生产函数，其生产要素包括土地（L）、劳动（H）② 和可移动资本（K）。生产函数为：

$$x_o(j) = z_o(j)[L_o(j)]^{\alpha}[H_o(j)]^{\gamma}[K_o(j)]^{1-\alpha-\gamma} \tag{1}$$

式中，$z_o(j)$ 为外生的生产率。③ 以上的生产函数意味着其边际成本为：

$$MC_o(j) = \frac{q_o^{\alpha}w_o^{\gamma}r_o^{1-\alpha-\gamma}}{z_o(j)} \tag{2}$$

式中，q_o 为土地租金率，w_o 为工资，r_o 为利率。

初始地区o与目的地区域d之间的贸易成本使用“冰山成本”假设

---

① Donaldson, Dave and Richard Hornbeck, 2016, “Railroads and American Economic Growth: A ‘Market Access’ Approach”, *Quarterly Journal of Economics*, 131 (2): 799 - 858. Eaton, Jonathan and Samuel Kortum, 2002, “Technology, Geography and Trade”, *Econometrica*, 70 (5): 1741 - 1779.

② 此处考虑劳动力是不可移动的，唐纳森和霍恩贝克（2016）考察劳动力流动的情况，两种设定均得出收入和市场准入之间的对数线性关系，唯一的区别是预测的弹性不一样，但这不影响实证估计。

③ 从伊顿和科滕（2002）可知，每个区域其生产率 $z_o(j)$ 服从如下极值分布：$F_o(z) = \Pr[Z_o \leqslant z] = \exp(-T_o z^{-\theta})$，此处的 $\theta > 1$ 表示区域内的生产力变化，也就是常说的比较优势；T_o 表示区域的技术状态，也就是绝对优势。

表示：如果要运送一单位商品到达目的地区域 d，必须从初始地区 o 运输 $\tau_{od}>1$ 单位商品，也就是在运输过程中损失的（$\tau_{od}-1$）为运输成本。这意味着如果在地区 o 生产商品并在当地销售的价格为 $P_{oo}(j)$，则在地区 d 销售的价格将为 $P_{od}(j)=\tau_{od}P_{oo}(j)$。

我们假设市场是完全竞争的，在均衡时每种产品的销售价格等于其边际成本，于是就有如下关系：

$$P_{od}(j)=\tau_{od}MC_o(j)=\tau_{od}\frac{q_o^{\alpha}w_o^{\gamma}r_o^{1-\alpha-\gamma}}{z_o(j)} \tag{3}$$

$$z_o(j)=\tau_{od}\frac{q_o^{\alpha}w_o^{\gamma}r_o^{1-\alpha-\gamma}}{P_{od}(j)} \tag{4}$$

对于消费者而言，为了使自己的效用达到最大化，将会在可贸易的商品中选择价格最低的商品，故其价格分布将受制于生产力分布。伊顿和科滕得出的价格指数满足如下关系式：①

$$\begin{aligned}P_{\mathrm{d}}^{-\theta}&=k_1\sum_o\left[T_o(\tau_{od}q_o^{\alpha}w_o^{\gamma})^{-\theta}\right]\\&=k_1\sum_o\left[T_o(q_o^{\alpha}w_o^{\gamma})^{-\theta}\tau_{od}^{-\theta}\right]\equiv CMA_{\mathrm{d}}\end{aligned} \tag{5}$$

把 CMA_d 称为消费者市场准入，它表示区域 d 的消费者获得便宜商品的容易程度，也就是当供给地区具有较低的生产成本和贸易成本时，销售地区的市场准入就比较高，从而容易买到商品。式（5）表示价格和消费者市场准入存在负相关关系。

（二）贸易流与引力

伊顿和科滕指出，区域 d 对来自区域 o 的支出份额为：

$$\frac{X_{od}}{X_{\mathrm{d}}}=\frac{T_o(q_o^{\alpha}w_o^{\gamma}r_o^{1-\alpha-\gamma})^{-\theta}\tau_{od}^{-\theta}}{\sum_o T_o(q_o^{\alpha}w_o^{\gamma}r_o^{1-\alpha-\gamma})^{-\theta}\tau_{od}^{-\theta}} \tag{6}$$

假设每个地区的总支出等于总收入（$X_d=Y_d$），重新整理得到：

$$X_{od}=T_o(q_o^{\alpha}w_o^{\gamma})^{-\theta}\times Y_{\mathrm{d}}\times k_1CMA_{\mathrm{d}}^{-1}\tau_{od}^{-\theta} \tag{7}$$

该式是标准的引力方程，极大地简化了空间竞争的一般均衡问题，同

---

① 由于资本是完全流动的，故资本的租金率在任何地方均相等，即有 $r_o=r$。定义 $k_1=\mu^{-\theta}r^{-(1-\alpha-\gamma)\theta}$，$\mu=\left[\Gamma\left(\frac{\theta+1-\sigma}{\theta}\right)\right]^{\frac{1}{1-\sigma}}$，$\Gamma$ 为伽马函数。

时从实证角度，该方程也能较好地拟合许多背景下的贸易流数据。① 当目的地的收入和初始地的生产力上升时，贸易流增加，表明存在一种正向关系；当生产成本、贸易成本和目的地消费者市场准入上升时，贸易流减少，表明存在负相关关系。对所有目的地区域加总，并假设商品市场出清，得到初始区域 o 的总收入为：

$$Y_o = \sum_{\mathrm{d}} X_{\mathrm{od}} = k_1 T_o (q_o^{\alpha} w_o^{\gamma})^{-\theta} \sum_{\mathrm{d}} [CMA_d^{-1} \tau_{\mathrm{od}}^{-\theta} Y_{\mathrm{d}}] \tag{8}$$

定义区域 o 的企业市场准入为：

$$FMA_o \equiv \sum_{\mathrm{d}} \tau_{od}^{-\theta} CMA_{\mathrm{d}}^{-1} Y_{\mathrm{d}} \tag{9}$$

企业市场准入 $\mathrm{FMA_o}$ 正向依赖于所有其他目的地收入 $\mathrm{Y_d}$，负向依赖于它们的消费者市场准入 $\mathrm{CMA_d}$，这是因为，区域 o 更高的消费者市场准入意味着区域 o 出口到区域 d 时面临更多的竞争。

唐纳森和霍恩贝克认为，在贸易成本对称的情况下，必须满足 $\mathrm{FMA_o} = \rho\mathrm{CMA_o} = \mathrm{MA_o}$，其中 $\rho > 0$。并把 $\mathrm{MA_o}$ 称为“市场准入”。在这种设定下可得：

$$MA_o = \rho \sum_{d} \tau_{od}^{-\theta} MA_d^{-1} Y_d \tag{10}$$

这个非线性方程能够捕获双边贸易成本τ_{od}的一般均衡效应，因为区域 d 的贸易成本的下降进入区域 d 的市场准入 $\mathrm{MA_d}$ 中，并对区域 o 市场准入的测度也产生效应，从而收入变为：

$$Y_o = k_1 T_o (q_o^{\alpha} w_o^{\gamma})^{-\theta} MA_o \tag{11}$$

式（10）和式（11）概括了各地区的贸易成本是如何影响收入的。具体来说，式（11）给出了收入与市场准入之间的关系，表明交通基础设施的直接和间接影响可以通过测度市场准入的变化而得到；式（10）表示贸易成本影响收入是通过市场准入这个渠道实现的。该框架意味着连接更好（贸易成本更低）的地区之间彼此影响更大，并且该影响随各地区的市场规模的扩大而递增。同时，该模型具有一般均衡模型的特点，因而使对加总效应进行量化得以实现。特别是市场准入方法考虑了任意两个

① Anderson, James E. and Eric van Wincoop, 2003, “Gravity with Gravitas: A Solution to the Border Puzzle”, *American Economic Review*, 93 (1): 170 – 192. Anderson, James E. and Eric van Wincoop, 2004, “Trade Costs”, *Journal of Economic Literature*, 42 (3): 691 – 751. Head, Keith and Thierry Mayer, 2014, “Gravity Equation: Workhorse, Toolkit, Cookbook”, *Handbook of International Economics* Vol. 4, ed. Gita Gopinath, Elhanan Helpman and Kenneth Rogoff, New York: Elsevier.

贸易伙伴（如城市 d 和 i）双边贸易成本τ_{di}的下降，都可以影响到城市 o 的市场准入。这可以从方程（10）中看出来，τ_{di}的下降将导致 MA_d 的增加，进而导致 MA_o 的下降。

本文研究的是高铁对经济增长的效应，因此，我们将以上得到的关系式转换成实际收入表示，考察高铁引入对实际收入的影响。假设 Y_d^r 为实际收入的测度，其满足 $Y_d = Y_d^r \times P_d$，则式（10）变为：

$$MA_o = \rho^{\frac{1+\theta}{\theta}} \sum_d \tau_{od}^{-\theta} MA_d^{-\frac{1+\theta}{\theta}} Y_d^r \tag{12}$$

给定实际收入 Y_d^r、双边贸易成本τ_{od}和贸易弹性 θ，解这个非线性方程组就能得到每个地区的市场准入。为计算方便，我们采用式（12）的一阶近似来计算 MA：①

$$MA_o \approx \sum_d \tau_{od}^{-\theta} Y_d^r \tag{13}$$

式（11）中工资和土地租金率用要素收入份额代替，从而得到：

$$Y_o{}^r = (k_2 T_o)^{\frac{1}{1+\theta\alpha+\theta\gamma}} \left(\frac{\alpha}{L_o}\right)^{\frac{-\theta\alpha}{1+\theta\alpha+\theta\gamma}} \left(\frac{\gamma}{H_o}\right)^{\frac{-\gamma\alpha}{1+\theta\alpha+\theta\gamma}} MA_o^{\frac{1+\theta(1+\alpha+\gamma)}{(1+\theta\alpha+\theta\gamma)\theta}} \tag{14}$$

式中，$k_2 = k_1 \rho^{-\frac{1}{1+\theta\alpha+\theta\gamma}}$。

式（12）表明，交通网络的变化对实际收入的影响是通过市场准入的测度实现的；式（14）表明，实际收入和市场准入之间存在一种对数线性关系。下面我们将上述框架用来分析中国高铁在多大程度上影响了各地区和全国的经济增长。

四 实证策略和数据

（一）实证策略

截面估计式（13）要求控制一些很难获得的地区特征，因此，使用面板结构识别因果关系可能更有效。考虑到地区之间不可观测的异质性，本文采用固定效应面板回归进行估计。对式（14）取对数并考虑随时间

① 唐纳森和霍恩贝克（2016）比较了从模型直接得出的解和一阶近似计算的 MA，发现其效应是相似的。关于我国已经开通高铁的地级及以上城市的“市场准入”的测算，参见本文附录。由于式（13）包含 Y_o^r，为避免内生性问题，本文实证分析中将使用 $MA_o \approx \sum_{d \neq o} \tau_{od}^{-\theta} Y_d^r$。

变化，得到：

$$\ln(Y_o^{\ r}) = \underbrace{-\frac{\theta\alpha}{1+\theta\alpha+\theta\gamma}\ln\left(\frac{\alpha}{L_o}\right)-\frac{\gamma\alpha}{1+\theta\alpha+\theta\gamma}\ln\left(\frac{\gamma}{H_o}\right)}_{\text{不随时间变化的常量}}+$$

$$\underbrace{\frac{1}{1+\theta\alpha+\theta\gamma}\ln(k_{2,t})}_{\text{国家特征}}+\underbrace{\frac{1}{1+\theta\alpha+\theta\gamma}\ln(T_{o,t})}_{\text{生产力}}+$$

$$\underbrace{\frac{1+\theta(1+\alpha+\gamma)}{(1+\theta\alpha+\theta\gamma)\theta}\ln(MA_{o,t})}_{\text{市场准入}} \tag{15}$$

对应的面板固定效应设定为：

$$\ln(Y_o^r) = \phi_0 + \delta_{s,t} + \beta\ln(MA_{o,t}) + \varepsilon_{o,s,t} \tag{16}$$

式中，ϕ_0 表示各地区固定效应，$\delta_{s,t}$是区域—年固定效应。

式（15）和式（16）的联系如下：式（15）右边第一行由参数和要素禀赋构成，假设为不随时间变动，因此可以被各地区固定效应吸收。第二行包括国家特征（利率）和各地区的生产率。国家利率的变化会被区域—年固定效应吸收，而地区生产率可能随时间和地区变化。正如以下将讨论的，本文的识别策略使用基础设施的外生变化，因此，使不可观测的生产率变化对交通基础设施不存在影响。此外，部分不可观测的变化被“区域—年”固定效应吸收。式（15）右边第三行表示市场准入效应。

识别交通基础设施对实际收入的因果效应时可能面临几个挑战：

其一，建造基础设施的选择可能不是外生的，特别是初期高铁的建造都是在比较发达的大城市之间，这就产生了高铁会建在本身经济就发达地区的担忧。为解决这一问题，我们采用钱德拉、汤普森和迈克尔斯等提出来的识别策略①，该方法也被 Banerjee、Asturias 和 Ghani 等成功地应用到

① Chandra, Amitabh and Eric Thompson, 2000, “Does Public Infrastructure Affect Economic Activity? Evidence from the Rural Interstate Highway System”, *Regional Science and Urban Economics*, 30 (4): 457 – 490. Michaels, Guy, 2008, “The Effect of Trade on The Demand for Skill: Evidence from the Interstate Highway System”, *The Review of Economics and Statistics*, 90 (4): 683 – 701.

中国和印度的基础设施研究中。[①] 借鉴这一方法，我们去掉各省会城市和直辖市，这是由于我国高铁建设目标是以基本连接省会城市，以省会城市为支点覆盖周边。[②]

其二，收入冲击可能是空间相关的。由于地区 o 的市场准入是其贸易伙伴地区 d 收入的加总，当存在空间相关的收入冲击同时影响地区 o 和地区 d 的实际收入时，市场准入的变化就可能与地区 o 的收入相关。此时，即使交通基础设施未改善（贸易成本不变）也有可能观察到实际收入和市场准入之间存在相关关系。为解决这一问题，在计算市场准入时，我们保持实际收入固定在 2006 年的水平，从而保证了市场准入的变化仅仅是因为基础设施变化而引起的贸易成本变化导致的。于是式（12）变为：

$$MA_o = \rho^{\frac{1+\theta}{\theta}} \sum_d \tau_{od}^{-\theta} MA_d^{-\frac{1+\theta}{\theta}} Y_{d,2006}^r \tag{17}$$

与式（12）类似，也使用一阶近似计算这种情况下的市场准入。根据模型可知，收入对市场准入的弹性 β 是固定的。因此，给定一个估计 β 的识别策略，就可以预测各种反事实（意味着不同的市场准入值）情况下的收入水平。

其三，遗漏变量的存在也可能产生内生性问题。对此，我们采用面板数据结构的方法以减弱遗漏变量问题，并对更高的加总水平（如东部、中部和西部）上随时间变化的异质性通过区域—年固定效应加以控制；而对于在研究时段不同区域的增长差异可能与该时段的交通基础设施变化有关的问题，采用省级固定效应加以控制。

（二）数据

本文的分析包括 2006—2015 年高铁经过的大部分地级及以上城市，

① Banerjee, Abhijit, Esther Duo and Nancy Qian, 2012, "On the Road: Access to Transportation Infrastructure and Economic Growth in China", NBER WP 17897. Asturias, Jose, Manuel Garcfa - Santana, and Roberto Ramos, 2014, "Competition and the Welfare Gains from Transportation Infrastructure: Evidence from the Golden Quadrilateral of India", *Working Paper*, www. cepr. org/active/publications / discussion_ papers /d p. php? dpno = 11283. Ghani, Ejaz, Arti Grover Goswami, and William R. Kerr, 2016, "Highway to Success: The Impact of the Golden Quadrilateral Project for the Location and Performance of India Manufacturing", *The Economic Journal*, 126 (591): 317 - 357.

② 来自 2016 年《中长期铁路网规划》。

由于要考察高铁开通对市场准入的影响，因此，将这段时间同时拥有高铁通过和普通铁路通过的110个地级市作为研究对象，以方便计算地级市之间普通铁路的最短旅行时间和高铁的最短旅行时间。本文地级市数据来自各省份统计年鉴，模型的被解释变量是各地级市的实际GDP（名义GDP除以GDP平减指数①），并取对数。

模型的解释变量为市场准入，根据式（13）可知，要计算市场准入首先要测度出城市之间的双边贸易成本。我们采用罗伯茨（Roberts）等提出的方法测度各地区之间的双边贸易成本，认为交通基础设施建设存在规模经济，即随着运输时间的增加，相应的运输成本增加趋于减少。② 地区o和目的地d之间的运输成本计算公式为：

$$\tau_{od} = 1 + t_{od}^{0.6} \tag{18}$$

式中，τ_{od}为两地区的运输成本，t为两地的最短运行时间。因此，根据公式可知，要测度两地之间的双边贸易成本，关键是要测度两地之间的运行时间。我们首先测度2006年没有高铁时各地区之间的运行时间，从而得到一个普通铁路的110×110的时间矩阵，该矩阵对角线为0，每行表示某个城市到其他109个城市的普通铁路运行的最短时间。其次，根据2007—2015年哪些地级市开通高铁，将对应的普通火车运行时间用高铁运行时间代替，从而得到该年份的运输时间矩阵。最后，将对应的时间矩阵通过式（18）转化为110×110的运输成本矩阵。将得到的运输成本矩阵和对应年份实际收入代入式（13），就得到历年的随收入变化的市场准入；如果固定实际收入为2006年的水平，则得到固定收入的市场准入。两地之间的最短旅行时间来自《中国铁路客户服务中心》。控制变量包括控制区域的东部（East）、西部（West）和中部（Central），均为虚拟变量；还包括2001年各地级市的实际GDP、2001—2006年各省份的GDP增长率、第二产业和第三产业占比。详细的数据处理过程查看本文附录。

① 《GDP平减指数选择世界银行指标》，http://data.worldbank.org/indicator/NY.GDP.DEFL.ZS。

② 这是个常见的假设，Au和Henderson（2006）假设随着运输距离的增加，对应的运输成本增加较少。

五 实证分析

（一）高铁的增长效应

式（16）中 β 的估计表示实际收入对市场准入的弹性，其结果如表 1 所示。由于每年高铁的建设变化不是很大，本文考察 2006 年、2010 年和 2015 年高铁的变化情况。作为基准估计，第 1 列未加入其他控制变量，直接使用实际收入的对数对市场准入的对数进行回归，并采用固定效应模型估计。其估计系数表示市场准入每增加 1%，实际收入增加 0.28%。

在实证分析中，我们比较关心的是市场准入的因果效应，但遗漏变量的存在可能产生内生性问题。对此，本部分的实证分析采用面板数据结构以减弱遗漏变量问题。具体来说，表 1 第 1 列中各地级市固定效应可以吸收一些不随时间变化但对被解释变量有影响的因素，如初始的发展水平。在更高的加总水平（如东部、中部和西部）上随时间变化的异质性通过同时控制区域—年固定效应，比如不同区域增长趋势的差异。表 1 第 2 列中加入区域—年固定效应，观察到估计系数大小从 0.281 下降到 0.139，系数值减小了一半但其统计显著性无变化。同时，第 2 列中吸收了 2006—2015 年不同区域的增长率差异，并控制不同区域时间趋势的潜在差异。但这种方法可能产生一个问题，即在研究时段不同区域的增长差异可能与该时期交通基础设施的变化有关，从而交通基础设施的部分效应可能归功于区域—年固定效应而非市场准入的上升。此种情形是非常有可能的，这是由于交通基础设施建设可能使一些区域的运输成本会比其他区域下降更多，导致其更高的经济增长率。因此，在“反事实”设定的运输网络情况下估计的效应可能发生变化。我们希望能够找到一种独立于交通基础设施投资并能控制地区趋势的方法，为此，选择了 2006 年前各省份经济增长率捕获高铁开通前的各省份增长趋势，同时加入更早时期 2001 年的经济发展水平和各省份第二产业和第三产业的占比。[①] 正如表 1 所示，第 3 列加入 2001 年经济发展水平与年的交互项（Lg01y10、Lg01y15），第 4 列加入各省份经济增长率与年的交互项（Lgthy10、Lgthy15），第 5 列加入

① 准确地说，加入年与这些变量的交乘项。

第二产业占比与年的交互项（Ind2y10、Ind2y15）、第三产业占比与年的交互项（Ind3y10、Ind3y15），第6列把前三列的控制变量都加入，从而从省级层面控制经济增长趋势，此时估计系数值从控制区域的0.139变化为0.141，表明使用两种方法控制经济趋势得到的结果相似。

表1　　市场准入与实际收入（MA的计算随收入变动）

	FE	区域控制	省级层面控制			
	lngdp	lngdp	lngdp	lngdp	lngdp	lngdp
lnma	0.281*** (25.87)	0.139*** (4.50)	0.148*** (4.50)	0.147*** (5.20)	0.156*** (4.99)	0.141*** (4.07)
Ctrl×y10		0.333*** (10.06)				
Ctrl×y15		0.274** (2.48)				
East×y10		0.225*** (5.80)				
East×y15		0.388*** (5.44)				
West×y10		0.407*** (11.97)				
West×y15		0.662*** (7.34)				
Lg01y10			0.0138*** (8.64)			0.0245** (2.22)
Lg01y15			0.0174*** (3.89)			0.0232 (0.93)
Lgthy10				1.719*** (10.13)		0.462 (0.60)
Lgthy15				2.216*** (4.70)		3.175*** (2.68)
Ind2y10					-0.0402 (-0.19)	-0.663** (-2.47)
Ind2y15					0.00768 (0.02)	-1.121 (-1.51)
Ind3y10					0.738*** (2.99)	0.0403 (0.10)

续表

	FE	区域控制	省级层面控制			
	lngdp	lngdp	lngdp	lngdp	lngdp	lngdp
Ind3y15					0.842* (1.69)	-0.273 (-0.60)
常数项	17.32*** (117.23)	19.03*** (49.48)	18.92*** (46.40)	18.94*** (53.77)	18.82*** (48.53)	19.00*** (44.07)
固定效应	是	是	是	是	是	是
样本	330	330	330	330	330	330
R^2	0.6848	0.7820	0.7480	0.7518	0.7473	0.7613

注：括号内为 t 统计值。***、**、* 分别代表 1%、5%、10% 的显著性水平。下同。

对基础设施的因果效应进行识别时，可能遇到收入冲击是空间相关的情形。从式（13）可知，有双边贸易成本τ_{od}和目的地实际收入 Y_d^r 两种方式影响初始地 o 的市场准入 MA_o，而式（11）说明 MA_o 的变化会导致初始地实际收入 Y_o 的变化。当存在空间相关的收入冲击时将同时影响 Y_o 和 Y_d^r，从而导致实际收入 Y_o 和市场准入 MA_o 之间存在相关关系，但这并不能说明地区 o 的市场准入的变化引起其实际收入变化的因果效应，也就是收入与市场准入之间的关系不一定由贸易成本的变化引起。为了解决此种担忧，我们在计算市场准入时保持收入固定为 2006 年的收入水平（使用式（17）计算市场准入），以保证市场准入的变化仅仅由交通基础设施的变化而引起双边贸易成本变化所导致。在其他情况不变的情况下，得到表 2 的估计结果。

表 2　　市场准入与实际收入（MA 的计算固定收入为 2006 年）

	FE	区域控制	省级层面控制			
	lngdp	lngdp	lngdp	lngdp	lngdp	lngdp
lnma	0.356*** (24.65)	0.123*** (4.12)	0.126*** (3.99)	0.129*** (4.61)	0.134*** (4.38)	0.121*** (3.66)
Ctrl × y10		0.407*** (17.93)				

续表

	FE	区域控制	省级层面控制			
	lngdp	lngdp	lngdp	lngdp	lngdp	lngdp
Ctrl × y15		0. 399 *** (4. 31)				
East × y06		-0. 512 *** (-10. 43)				
East × y10		-0. 220 *** (-6. 81)				
West × y06		-0. 810 *** (-11. 52)				
West × y10		-0. 332 *** (-5. 97)				
Lg01y10			0. 0176 *** (17. 67)			0. 0301 *** (2. 85)
Lg01y15			0. 0244 *** (7. 31)			0. 0296 (1. 21)
Lgthy10				2. 165 *** (18. 46)		0. 238 (0. 32)
Lgthy15				3. 037 *** (8. 36)		3. 297 *** (2. 77)
Ind2y10					0. 0142 (0. 07)	-0. 692 ** (-2. 62)
Ind2y15					0. 155 (0. 41)	-1. 155 (-1. 55)
Ind3y10					0. 879 *** (3. 54)	0. 0631 (0. 17)
Ind3y15					1. 046 ** (2. 13)	-0. 275 (-0. 60)

续表

	FE	区域控制	省级层面控制			
	lngdp	lngdp	lngdp	lngdp	lngdp	lngdp
常数项	16.45*** (86.36)	19.55*** (49.23)	19.19*** (48.99)	19.15*** (54.84)	19.09*** (50.20)	19.25*** (46.87)
固定效应	是	是	是	是	是	是
样本	330	330	330	330	330	330
R^2	0.5637	0.7737	0.7364	0.7403	0.7341	0.7514

从表2可知，本文比较关心的第2列和第6列不管是估计系数值大小还是显著性都比较一致，这说明在此种情况下使用两种控制经济趋势得到的结果类似。与表1对比可看出，表1的系数值总体上比表2稍微大一点，但其显著性并没有变化，其中第2列、第6列系数值分别从0.139变为0.123、从0.141变为0.121，这是由于表1市场准入的计算使用每年的实际收入，而后续年份的实际收入都比2006年的实际收入高，因此，计算出来的市场准入值会比固定2006年收入的计算值大。但是，为了避免区域之间可能存在的收入空间相关，我们将表2作为主要的实证分析结果。

内生性的另外一个来源是经济表现对交通基础设施建设可能存在反向因果关系。正如在第四部分实证策略中所强调的，高铁的建造不是随机的，其主要目的是连接各省会城市和特大城市。当然，高铁线路经过哪些地区可能受到这些地区的经济表现（或经济期望）所驱动。也就是说，高铁线路经过哪些地区可能依赖于其建造目的是推动落后地区的发展，还是为了进一步促进高增长地区的发展。我们采用钱德拉、汤普森和迈克尔斯等提出来的识别策略①，去掉各省会城市和直辖市，并认为剩下的地区受到高铁线路的影响是随机的。利用这一识别策略，得到表3的回归结果。与表2中的第2列相比，发现估计系数稍微增大到0.133；而与表2

① Chandra, Amitabh and Eric Thompson, 2000, "Does Public Infrastructure Affect Economic Activity? Evidence from the Rural Interstate Highway System", *Regional Science and Urban Economics*, 30 (4): 457-490. Michaels, Guy, 2008, "The Effect of Trade on The Demand for Skill: Evidence from the Interstate Highway System", *The Review of Economics and Statistics*, 90 (4): 683-701.

中第6列比较，对应系数也稍微增大到0.134，但都在1%的显著性水平下显著。这说明市场准入与实际收入之间的关系不是由高铁的内生性选择所导致的。

表3 市场准入与实际收入（删除省会及直辖市）

	FE	区域控制	省级层面控制			
	lngdp	lngdp	lngdp	lngdp	lngdp	lngdp
lnma	0.334*** (22.29)	0.133*** (3.93)	0.141*** (3.95)	0.130*** (4.03)	0.146*** (4.15)	0.134*** (3.85)
Ctrl×y10		0.406*** (16.49)				
Ctrl×y15		0.329*** (3.14)				
East×y06		-0.493*** (-9.32)				
East×y10		-0.196*** (-5.18)				
West×y06		-0.733*** (-7.96)				
West×y10		-0.267*** (-4.02)				
Lg01y10			0.0177*** (17.17)			0.0280** (2.02)
Lg01y15			0.0217*** (5.68)			-0.0241 (-0.66)
Lgthy10				2.171*** (17.56)		-0.241 (-0.32)
Lgthy15				2.796*** (6.74)		5.250*** (2.96)

续表

	FE	区域控制	省级层面控制			
	lngdp	lngdp	lngdp	lngdp	lngdp	lngdp
Ind2y10					-0.277* (-1.67)	-0.826*** (-2.64)
Ind2y15					0.0146 (0.03)	-0.468 (-0.48)
Ind3y10					1.236*** (6.20)	0.551 (1.39)
Ind3y15					1.089 (1.52)	0.744 (1.09)
常数项	16.45*** (82.96)	19.13*** (42.40)	18.74*** (42.18)	18.87*** (46.56)	18.67*** (42.67)	18.82*** (43.28)
固定项目	是	是	是	是	是	是
样本	261	261	261	261	261	261
R^2	0.5047	0.7335	0.6891	0.6983	0.6940	0.7230

（二）高铁的加总效应

2007—2015 年，高铁开通对于总体经济的影响究竟有多大？为了进行量化测算，我们“反事实”地构建一个假如 2015 年没有高铁的运输网络，并考虑如果中国没有建造高铁，经济增长会受到多大影响。由于高铁的建设是本文考虑的唯一变动来源，因此，在计算市场准入变化时，收入变量固定为 2015 年的实际收入，实际的运输网络即为 2015 年运行的运输网络，而假设没有高铁的“反事实”交通网络为 2006 年的网络。

通过计算可知，当所有高铁移除时，2015 年市场准入将平均下降 76.2%。这个结果与唐纳德等（2016）研究美国铁路的效果差不多，他们认为，移除美国所有铁路将使市场准入下降 80%。基于表 2 中第 2 列的回归结果，我们发现，如果 2015 年移除所有高铁将导致实际收入平均下降9.4%。由于所研究地级市2015年总收入为437450.22亿元①，下降9.4%对应着总收入减少41120.3亿元。如果基于表2中第6列的回归结果，“反事实”的运输网络将降低收入9.2%，也即对应总收入减少40245.42亿元。这结果与塞万菼使用可计算一般均衡研究美国铁路得到的结果相似②，他认为，假如在1990年移除美国所有铁路将导致产出下降9.6%。

（三）高铁的分布效应

中国不同地区的经济发展水平存在较大差异，鉴于此，需要研究高铁的建设对地区差异贡献度是多少呢？本文研究方法的一个优势在于不同交通网络均可以在加总和局部水平上进行评估。为了能够探讨不同省市的差异，我们的分析将基于控制省级增长趋势的模型设定（见表2第6列）而非控制“区域—年”固定效应（见表2第2列）。

高铁开通对不同地区的效应不同，而造成这一差异的原因是不同地区高铁网的路网密度不同。其中，2015年修建高速铁路相比于假设没修高铁将导致更快的经济增长，如福州、莆田和清远等地区高铁的开通导致其经济增长均超过11%，即这些地区由于高铁的开通加剧集聚效应导致经济更快增长。然而，有些地区可能随着贸易转移或“虹吸”效应而成为失败者，高铁对这些地区不起作用或者甚至起到负面作用，如郴州、咸宁、阳泉等地高铁开通对经济增长的效应就不是很明显。

六　稳健性检验

至此，我们证实了高铁对经济的增长效应，并考察了其加总效应和分布效应。本节将进行稳健性检验，以进一步强化本文的结论。我们首先从高铁投资前经济增长趋势和使用初始值加权两方面进行稳健性分析，接着，通过对参数值重新取值进行考察，最后，还将考察高铁开通对第二产业、第三产业等方面的影响。

---

① 由《中国统计年鉴》可知，2015年全国总收入为682635.1亿元，文中考察的110个地级市的总收入占全国总收入的比例为64.1%。

② Cervantes, Fernando Peres, 2013, “A Trade Policy Approach”, 20 University of Chicago Mimeo.

(一) 高速铁路投资前各地经济增长趋势

钱德拉、汤普森和迈克尔斯等提出来的识别策略认为，只要去掉网络中节点城市便能得到比较可靠的因果关系，该策略意味着高铁经过的非节点城市是随机地受到高铁的影响。但同时可能产生另一种担忧，即高铁线路的修建是事先精确选择通过某些确定的非节点城市。一种可能的情况是，高铁线主要通过经济已经快速发展的区域，以进一步促进区域的密切交流合作和优化资源配置。当然，高铁也可能通过经济发展比较缓慢的区域从而催动当地经济发展。为了解决此担忧，我们检验各市高铁开通前的经济增长率是否与新高铁线路开通导致的运输成本下降有关。为了达到这一目的，我们将使用各城市 2001—2005 年经济增长率作为被解释变量，而 2006—2015 年的市场准入变化作为解释变量。如果高铁线路精确选择那些已经快速发展的地区，我们应该观察到由于高铁开通导致市场准入的提升和高铁开通之前的经济增长率之间存在一种正相关关系；反之，如果高铁线路选择发展缓慢的地区，将观察到负相关关系。但从表 4 的估计结果可知，无论是控制区域固定效应还是控制省级层面，其估计系数都是不显著的，同时，其估计系数的绝对值都远远小于表 3 的估计结果。这就反驳了高铁线路通过快速或者缓慢发展的非节点地区的假设。

表 4　　考虑高铁投资前的增长趋势

	FE	区域控制	省级层面控制			
	growth	growth	growth	growth	growth	growth
lncma	-0.00201 (-0.65)	-0.00222 (-0.69)	-0.00203 (-0.65)	-0.00213 (-0.69)	-0.00201 (-0.66)	-0.00267 (-0.93)
Ctrl × y04		0.0393*** (4.61)				
Ctrl × y05		0.0130 (0.66)				

续表

	FE	区域控制	省级层面控制			
	growth	growth	growth	growth	growth	growth
East × y02		0.0161 (1.52)				
East × y04		0.0381 *** (3.64)				
East × y05		0.0314 (1.07)				
West × y02		0.0178 (0.49)				
West × y04		0.0316 *** (2.92)				
West × y05		0.106 *** (4.12)				
Lg01y04			0.00141 *** (4.74)			-0.000989 (-0.30)
Lg01y05			0.00105 (1.35)			-0.0259 ** (-2.18)
Lgthy04				0.224 *** (6.11)		0.589 ** (2.58)
Lgthy05				0.211 ** (2.22)		2.524 *** (5.65)
Ind2y04					0.202 *** (4.04)	0.113 (1.42)
Ind2y05					-0.146 (-0.90)	-0.0600 (-0.25)
Ind3y04					-0.167 *** (-2.83)	-0.258 ** (-2.29)

续表

	FE	区域控制	省级层面控制			
	growth	growth	growth	growth	growth	growth
Ind3y05					0. 229 (1. 08)	0. 403 (1. 04)
常数项	0. 149 *** (3. 46)	0. 125 *** (3. 11)	0. 132 *** (3. 24)	0. 127 *** (3. 15)	0. 132 *** (3. 29)	0. 141 *** (3. 71)
样本	261	261	261	261	261	261
R^2	0. 0104	0. 0605	0. 0284	0. 0471	0. 0485	0. 1745

（二）使用初始值加权

在实证分析中，极端异常值的存在可能会误导结果，降低所得结论的可信度。比如，到目前为止，我们得到的结果可能由一些初期经济发展水平比较低的地区所驱动，因为在这些地区经济发展水平一个比较小的变化都可能产生较大的增长率。为此，使用 2006 年对数 GDP 进行加权处理①，从而最小化异常值的影响。重复了表 2 的回归分析得到如表 5 所示，对比两张表可发现，回归系数仅有略微的变化，且显著性均未改变。

表 5　　考虑初始值加权

	FE	区域控制	省级层面控制			
	lngdp	lngdp	lngdp	lngdp	lngdp	lngdp
lnma	0. 354 *** (24. 24)	0. 127 *** (4. 08)	0. 133 *** (4. 00)	0. 132 *** (4. 67)	0. 138 *** (4. 47)	0. 139 *** (3. 81)
Ctrl × y10		0. 0200 *** (17. 42)				
Ctrl × y15		0. 0194 *** (4. 20)				

① 使用历年实际收入、市场准入等除以 2006 年对数 GDP，以消除极端异常值可能的影响。

续表

	FE	区域控制	省级层面控制			
	lngdp	lngdp	lngdp	lngdp	lngdp	lngdp
East × y06		-0.0238*** (-9.98)				
East × y10		-0.0101*** (-6.50)				
West × y06		-0.0392*** (-11.58)				
West × y10		-0.0159*** (-5.74)				
Lg01y10			0.0178*** (17.20)			0.0587*** (6.60)
Lg01y15			0.0239*** (6.77)			0.0137 (0.52)
Lgthy10				0.105*** (18.06)		-0.0121 (-0.37)
Lgthy15				0.145*** (8.20)		0.178*** (2.81)
Ind2y10					-0.00057 (-0.05)	-0.0595*** (-4.55)
Ind2y15					0.00539 (0.29)	-0.0454 (-1.29)
Ind3y10					0.0438*** (3.37)	-0.0288* (-1.95)
Ind3y15					0.0519** (2.11)	0.00347 (0.16)
常数项	0.792*** (85.35)	0.938*** (47.17)	0.920*** (46.39)	0.920*** (54.02)	0.917*** (49.61)	0.916*** (41.95)

续表

	FE	区域控制	省级层面控制			
	lngdp	lngdp	lngdp	lngdp	lngdp	lngdp
固定效应	是	是	是	是	是	是
样本	330	330	330	330	330	330
R^2	0.5544	0.7649	0.7264	0.7302	0.7243	0.7501

（三）贸易弹性选择其他值

在式（13）中，市场准入的表达式要求对贸易弹性θ进行估计。不同的θ值对市场准入的估计效应有不同的影响，通过改变θ值，进而改变市场准入的定义，就能观察估计效应对θ值的选择是否敏感。主要回归中选择θ为3.8是基于唐纳森使用印度殖民时期双边贸易数据估计出来的。[①] 尽管该估计值并非来自当前贸易数据估计所得，但它与Simonovska和Waugh估计结果一致。[②] 其他文献中也有许多其他估计值，往往数值比较偏大，如伊顿和科滕中考察过θ等于12.86的情形。[③] 但本文中，我们将关注θ=1和θ=7的情况，θ取大于或小于3.8的其他值进一步考察贸易弹性对估计效应的影响。同时，考虑θ=1是因为当θ取值为1时，市场准入的一阶近似看起来比较像新经济地理学中“市场潜力”的概念，即在低贸易成本的情况下可利用的市场数量和市场规模。虽然两个概念形式看起来比较像，但关注点的差异性十分明显。哈里斯（Harris）使用距离作为贸易成本的代理变量，而我们关注的贸易成本，可以让我们考察在地理距离保持固定的情况下铁路网络的变化如何影响各城市。接下来，表6和表7显示了贸易弹性θ为1和7时市场准入对收入的估计效应。

① Donaldson, Dave, 2010, 010, on, Dave, 2010, Estimating the Impact of Transportation Infrastructurecture Infrastructurer, No. 16478.

② Simonovska, Ina and Michael E. Waugh, 2014, 014, Ina and Michael E. Waugh, 2014, Videnceska, Ina and Michael E. Waugh, 2014, 94: 34 -50.

③ Eaton, Jonathan and Samuel Kortum, 2002, 002, Jonathan, and Samuel Kortum, 2002 Onometrica, 70 (5): 1741 -1779.

表 6　　θ = 1 时的高铁效应

	FE	区域控制	省级层面控制			
	gdp	gdp	gdp	gdp	gdp	gdp
lnma	2.234 *** (16.26)	0.906 *** (3.26)	0.767 ** (2.62)	0.729 *** (2.71)	0.822 *** (3.11)	0.824 *** (2.87)
Ctrl × y10		0.0212 *** (21.40)				
Ctrl × y15		0.0186 *** (3.85)				
East × y06		−0.0229 *** (−7.20)				
East × y10		−0.00802 *** (−3.54)				
West × y06		−0.0420 *** (−13.59)				
West × y10		−0.0181 *** (−7.28)				
Lg01y10			0.0194 *** (20.73)			0.0591 *** (6.98)
Lg01y15			0.0251 *** (6.37)			0.0229 (0.89)
Lgthy10				0.115 *** (19.88)		−0.0265 (−0.99)
Lgthy15				0.154 *** (7.46)		0.174 ** (2.62)
Ind2y10					−0.00059 (−0.06)	−0.0569 *** (−4.62)
Ind2y15					0.00176 (0.09)	−0.0579 * (−1.68)

续表

	FE	区域控制	省级层面控制			
	gdp	gdp	gdp	gdp	gdp	gdp
Ind3y10					0.048*** (3.98)	−0.0225* (−1.69)
Ind3y15					0.0587** (2.26)	−0.000768 (−0.03)
常数项	−1.360*** (−9.30)	0.0551 (0.19)	0.187 (0.60)	0.227 (0.79)	0.129 (0.46)	0.127 (0.42)
固定效应	是	是	是	是	是	是
样本	330	330	330	330	330	330
R^2	0.4893	0.7651	0.7168	0.7184	0.7144	0.7414

表 7　　θ=7 时的高铁效应

	FE	区域控制	省级层面控制			
	gdp	gdp	gdp	gdp	gdp	gdp
lnma	0.177*** −17.77	0.0562*** −3.87	0.0589*** −3.69	0.0592*** −4.37	0.0613*** −4.03	0.0601*** −3.47
Ctrl×y10		0.0203*** −17.73				
Ctrl×y15		0.0207*** −4.6				
East×y06		−0.0251*** (−11.72)				
East×y10		−0.0112*** (−7.84)				
West×y06		−0.0407*** (−13.09)				

续表

	FE	区域控制	省级层面控制			
	gdp	gdp	gdp	gdp	gdp	gdp
West × y10		-0.0173*** (-7.07)				
lg01y10			0.0181*** -18.19			0.0569*** -6.26
lg01y15			0.0253*** -7.63			0.0164 -0.63
Lgthy10				0.106*** -18.85		-0.0147 (-0.45)
Lgthy15				0.153*** -9.15		0.175*** -2.76
Ind2y10					0.000471 -0.04	-0.0558*** (-4.41)
Ind2y15					0.00769 -0.4	-0.045 (-1.26)
Ind3y10					0.0435*** -3.37	-0.0263* (-1.80)
Ind3y15					0.0529** -2.16	0.00189 -0.09
常数项	0.975*** -403.34	1.006*** -278.4	0.989*** -359.5	0.989*** -408.74	0.989*** -369.03	0.989*** -334.72
固定效应	是	是	是	是	是	是
样书	330	330	330	330	330	330
R^2	0.5276	0.7611	0.7221	0.7259	0.7195	0.7444

从表 6 和表 7 的回归结果可以看出，回归系数的显著性并无明显区别，但表 6 系数大小整体比表 5 的大，同时表 7 的回归系数比表 5 小。这表明本文选择贸易弹性 $\theta = 3.8$ 时估计结果介于其他各种选择值的中间值。

（四）高铁开通对不同产业的影响

以上我们讨论的是高铁开通改善市场准入对国内生产总值（GDP）的影响，但高铁开通对第二产业和第三产业①影响如何呢？新经济地理学认为，经济集聚效应主要体现在工业和服务业上。交通基础设施的改善降低运输成本，以工业为主的第二产业更愿意选择具有规模效应的大城市生产，同时高铁的开通释放了公路和普通铁路的货运力，降低货物运输成本，高铁加剧集聚应该体现在第二产业上。其次，高铁作为一种客流运输为主的交通方式，服务业对运输方式的改善比较敏感，故高铁对服务业的影响应该会比较明显。表8 显示高铁对第二产业的影响，与表2 比较发现，回归系数总体上偏小，高铁对第二产业的影响相比经济总体情况偏弱，这与现实中第二产业更多通过公路和普通火车运输的情况比较一致。

表8　　高铁对第二产业的影响

	FE	区域控制	省级层面控制			
	lnindy2	lnindy2	lnindy2	lnindy2	lnindy2	lnindy2
lnma	0.327*** (19.94)	0.116*** (3.66)	0.111*** (3.40)	0.123*** (4.07)	0.120*** (3.75)	0.103*** (2.96)
Ctrl × y10		0.525*** (18.21)				
Ctrl × y15		0.473*** (5.20)				
East × y06		-0.369*** (-6.54)				
East × y10		-0.0944** (-2.40)				

① 根据《国民经济行业分类》（GB/T 4754—2011），我国的三次产业划分：第一产业是指农、林、牧、渔业（不含农、林、牧、渔服务业）。第二产业是指采矿业（不含开采辅助活动），制造业（不含金属制品、机械和设备修理业），电力、热力、燃气及水生产和供应业，建筑业。第三产业即服务业，是指除第一产业、第二产业之外的其他行业。

续表

	FE	区域控制	省级层面控制			
	lnindy2	lnindy2	lnindy2	lnindy2	lnindy2	lnindy2
West × y06		-0.877*** (-10.24)				
West × y10		-0.302*** (-4.49)				
Lg01y10			0.0204*** (16.42)			0.0477** (2.59)
Lg01y15			0.0234*** (7.09)			0.0582** (1.99)
Lgthy10				2.444*** (14.89)		-1.169 (-1.01)
Lgthy15				2.794*** (7.29)		1.143 (0.78)
Ind2y10					-0.0531 (-0.16)	-0.858* (-1.90)
Ind2y15					-0.0155 (-0.04)	-1.512** (-2.25)
Ind3y10					1.095*** (2.67)	0.0704 (0.11)
Ind3y15					1.184** (2.25)	-0.495 (-0.62)
常数项	16.10*** (74.41)	18.86*** (44.85)	18.66*** (45.93)	18.51*** (48.86)	18.55*** (46.28)	18.76*** (43.24)
固定效应	是	是	是	是	是	是
样本	330	330	330	330	330	330
R^2	0.4724	0.7390	0.6780	0.6694	0.6766	0.6922

表 9 显示高铁对第三产业的影响，其回归系数总体上比表 2 中的各系数大，表明高铁对第三产业的影响比对总体经济的影响更大；同时表 9 的回归系数总体上比表 8 的回归系数更大，这说明第三产业比第二产业对高铁的引入更敏感，与高铁主要针对客流的实际情况一致。

表 9　　　　高铁对第三产业的影响

	FE	区域控制	省级层面控制			
	lnindy3	lnindy3	lnindy3	lnindy3	lnindy3	lnindy3
lnma	0. 441 *** (25. 96)	0. 122 *** (4. 39)	0. 131 *** (4. 50)	0. 129 *** (5. 08)	0. 140 *** (5. 05)	0. 125 *** (4. 22)
Ctrl × y10		0. 338 *** (13. 94)				
Ctrl × y15		0. 530 *** (5. 98)				
East × y06		-0. 744 *** (-14. 55)				
East × y10		-0. 379 *** (-12. 23)				
West × y06		-0. 846 *** (-13. 19)				
West × y10		-0. 421 *** (-7. 53)				
Lg01y10			0. 0175 *** (17. 17)			0. 0178 ** (2. 20)
Lg01y15			0. 0323 *** (10. 20)			0. 0238 (1. 11)
Lgthy10				2. 182 *** (19. 93)		0. 972 (1. 50)

续表

	FE	区域控制	省级层面控制			
	lnindy3	lnindy3	lnindy3	lnindy3	lnindy3	lnindy3
Lgthy15				4.091*** (12.33)		5.071*** (3.68)
Ind2y10					0.158 (0.95)	-0.422* (-1.71)
Ind2y15					0.649 (1.43)	-0.890 (-1.06)
Ind3y10					0.706*** (3.65)	0.0809 (0.27)
Ind3y15					0.879 (1.65)	-0.597 (-1.44)
常数项	14.36*** (63.95)	18.67*** (50.40)	18.12*** (50.22)	18.14*** (57.20)	18.01*** (52.33)	18.20*** (49.70)
固定效应	是	是	是	是	是	是
样本	330	330	330	330	330	330
R^2	0.6341	0.8266	0.8112	0.8234	0.8067	0.8289

七 结论

交通基础设施投资经常被认为是推动经济发展的核心手段，交通基础设施的缺乏对许多国家的发展都是一种重要的限制。由于交通网络建造的影响是全局性的且存在较强的溢出效应，很难评估交通基础设施的影响及因果效应。

本文建立了一般均衡的贸易模型，采用市场准入的方法测度高铁网络对 110 个地级市经济增长的影响。在估计过程中手工收集了 2006—2015 年 110 个地级市之间的普通铁路和高铁的运行时间矩阵，并用之计算 110 个地级市历年的运输成本矩阵和市场准入矩阵。实证结果表明：高铁的开通对经济增长有正的促进影响，具体而言，市场准入每提高 1 个百分点，实际收入增加 0.123（控制区域固定效应）个或 0.121（控制省级固定效应）个百分点；经过一系列稳健性检验，结论仍成立；通过反事实计量方法测算高铁对经济发展的加总效应和分布效应，发现如果在 2015 年移除所有高铁，则市场准入平均下降 76.2%，且实际收入下降最高达 9.4%，但高铁的分布效应在不同地区并不一致。此外，考察高铁对第二产业和第三产业的影响，验证了高铁对第三产业的影响更敏感。

基于我们的研究结论，得出如下四点政策建议：

首先，我们应该进一步加快高铁这一基础设施的建设。根据本文实证结果，高铁的开通促进了经济的发展。高铁投资会产生相关产业关联效应，带动其他相关产业产出的增加，通过投资乘数效应直接带动经济增长；同时，高铁作为一种快速连接经济与社会活动的交通工具，其建设有利于各种要素和产品在更大范围内重组和配置，产生规模经济从而带动经济增长。

其次，本文发现，高铁的增长效应在全国层面上是存在的，但其效应在不同地区有所差别，这是各地区高铁的路网密度差异导致的。高铁对市场准入和经济增长的效应在内陆地区是相对弱的，特别是在西部地区。因此，未来高铁的建造和运营应该有不同的目的。东部地区高铁建设比较普及，应将重点放在进一步完善各地区高铁的互联互通。内陆地区特别是西部地区需要加大高铁建设，形成网络化的高铁格局。

再次，大都市可以通过引入高铁促进乘客的高效流动而带动城市的发展。当前越来越多大都市的发展面临着许多挑战，如城市人口密度过高、交通拥堵、严重的环境污染、高房价和公共品供给的缺乏等问题。随着高铁的发展，更多的城市集聚就会出现，如已经建立起来的长三角、珠三角城市圈和长江经济带等。

最后，本文实证发现，高铁对不同行业的影响存在差异，对第三产业的影响比较明显。第三产业已经占 GDP 的 50% 以上，并且在经济增长中扮演越来越重要的角色。因此，应该重视不同交通方式的组合。建立以高铁为主导的交通网络，同时对接普通铁路、公路、水路和航空，全面提升各区域的互联互通水平，从而获得最优的运输成本，进而最大化各地区的市场准入以促进经济的可持续增长。

参考文献

范欣、宋冬林、赵新宇:《基础设施建设打破了国内市场分割吗?》,《经济研究》2017 年第 2 期。

李平、王春晖、于国才:《基础设施与经济发展的文献综述》,《世界经济》2011 年第 5 期。

刘冲、周黎安、徐立新:《高速公路可达性对城乡居民收入差距的影响:来自中国县级水平的证据》,《经济研究》2013 年第 1 期。

王雨飞、倪鹏飞:《高速铁路影响下的经济增长溢出与区域空间优化》,《中国工业经济》2016 年第 2 期。

张光南、宋冉:《中国交通对“中国制造”的要素投入影响研究》,《经济研究》2013 年第 7 期。

张克中、陶东杰:《交通基础设施的经济分布效应——来自高铁开通的证据》,《经济学动态》2016 年第 6 期。

张学良:《中国交通基础设施促进了区域经济增长吗?——兼论交通基础设施的空间溢出效应》,《中国社会科学》2012 年第 3 期。

周浩、郑筱婷:《交通基础设施质量与经济增长——来自中国铁路提速的证据》,《世界经济》2012 年第 1 期。

Alder, Simon, 2015, “Chinese Roads in India: The Effect of Transport Infrastructure on Economic Development”, *Working Paper*, https://economicdynamics.org/meetpapers/2015/paper_1447.pdf.

Anderson, James E. and Eric van Wincoop, 2003, “Gravity with Gravitas: A Solution to the Border Puzzle”, *American Economic Review*, 93 (1): 170 – 192.

Anderson, James E. and Eric van Wincoop, 2004, “Trade Costs”, *Journal of Economic Literature*, 42 (3): 691 – 751.

Atack, Jeremy, Fred Bateman, Michael Haines and Robert A. Margo, 2010, “Did Railroads Induce or Follow Economic Growth? Urbanization and Population Growth in the American Midwest, 1850 – 1860”, *Social Science History*, 34 (2): 171 – 197.

Asturias, Jose, Manuel Garcfa – Santana and Roberto Ramos, 2014, “Competition and the Welfare Gains from Transportation Infrastructure: Evidence from the Golden Quadrilateral of India”, *Working Paper*, www.cepr.org/active/publications/discussion_papers/dp.php?dpno=11283.

Anselin, Luc, 1988, *Spatial Econometrics: Methods and Models*, Dordrecht: Kluwer Academic Publishers.

Au, Chun - Chung and J. Vernon Henderson, 2006, "Are Chinese Cities Too Small?", *Review of Economic Studies*, 73: 549 - 576.

Banerjee, Abhijit, Esther Duo and Nancy Qian, 2012, "On the Road: Access to Transportation Infrastructure and Economic Growth in China", *NBER WP* 17897.

Baum - Snow, Nathaniel, 2007, "Did Highways Cause Suburbanization?", *Quarterly Journal of Economics*, 122 (2): 775 - 805.

Cervantes, Fernando Peres, 2013, "Railroads and Economic Growth: A Trade Policy Approach", University of Chicago Mimeo.

Chandra, Amitabh and Eric Thompson, 2000, "Does Public Infrastructure Affect Economic Activity? Evidence from the Rural Interstate Highway System", *Regional Science and Urban Economics*, 30 (4): 457 - 490.

Donaldson, Dave, 2010, "Railroads of the Raj: Estimating the Impact of Transportation Infrastructure", *NBER Working Paper*, No. 16478.

Donaldson, Dave and Richard Hornbeck, 2016, "Railroads and American Economic Growth: A 'Market Access' Approach", *Quarterly Journal of Economics*, 131 (2), 799 - 858.

Eaton, Jonathan and Samuel Kortum, 2002, "Technology, Geography and Trade", *Econometrica*, 70 (5): 1741 - 1779.

Fogel, Robert W., 1964, *Railroads and American Economic Growth: Essays in Econometric History*, Baltimore: Johns Hopkins University Press.

Ghani, Ejaz, Arti Grover Goswami and William R. Kerr, 2016, "Highway to Success: The Impact of the Golden Quadrilateral Project for the Location and Performance of India Manufacturing", *The Economic Journal*, 126 (591): 317 - 357.

Hanson, Gordon H., 2005, "Market Potential, Increasing Returns and Geographic Concentration", *Journal of International Economics*, 67 (1): 1 - 24.

Head, Keith and Thierry Mayer, 2011, "Gravity, Market Potential and Economic Development", *Journal of Economic Geography*, 11 (2): 281 - 294.

Head, Keith and Thierry Mayer, 2014, "Gravity Equation: Workhorse, Toolkit, Cookbook", *Handbook of International Economics* Vol. 4, ed. Gita Gopinath, E - lhanan Helpman and Kenneth Rogoff, New York: Elsevier.

Lebergott, Stanley, 1966, "United States Transportation Advance and Externalities", *Journal of Economic History*, 26 (4): 437 - 461.

Leunig, Timothy, 2010, "Social Savings", *Journal of Economic Survey*, 24 (5): 775 - 800.

Lin, Yatang, 2014, "Travel Costs and Labor Market Integration: Evidence from China's

High Speed Railway", *Working Paper*, http: //www. ieb. ub. edu/files/Papers WSUE2014/Lin. pdf.

Lin, Yatang, Yu Qin and Zhuan Xie, 2015, "International Technology Transfer and Domestic Innovation: Evidence from the High – speed Rail Sector in China", *Working Paper*, http: //eprints. lse. ac. uk/66057/.

Michaels, Guy, 2008, "The Effect of Trade on The Demand for Skill: Evidence from the Interstate Highway System", *The Review of Economics and Statistics*, 90 (4): 683 – 701.

Qin, Yu, 2016, "'No County Left Behind?' The Distributional Impact of High – speed Rail upgrades in China ", *Journal of Economic Geography*, doi: 10. 1093/jeg/lbw013.

Redding, Stephen and Daniel M. Sturm, 2008, "The Cost of Remoteness: Evidence from German Division and Reunification ", *American Economic Review*, 98 (5): 1766 – 1797.

Roberts, Mark, Uwe Deichmann and Bernard Fingleton, Tuo Shi, 2012, "Evaluating China's Road to Prosperity: A New Economic Geography Approach", *Regional Science and Urban Economics*, 42: 580 – 594.

Snow, N. B., Henderson, J. V., Turner, M. A., Zhang, Q. and Brandt, L., 2016, "Highways, Market Access and Urban Growth in China", *Working Paper*, http: //www. spatialeconomics. ac. uk/textonly/SERC/publications/download/sercdp0200. pdf.

White, Colin M., 1976, "The Concept of Social Savings in Theory and Practice", *Economic History Review*, 24: 82 – 100.

Zheng, Siqi and Matter E. Kahn, 2013, "China's Bullet Trains Facilitate Market Integration and Mitigate the Cost of Megacity Growth", Proceedings of National Academy of Sciences 110. 14: E1248 – E1253.

［贫困问题研究］

恩格斯的《论住宅问题》评述及政治经济学解读

程世勇

摘　要　工业化与城市化进程中，劳工阶层的住宅问题是一个重大的社会问题。恩格斯深入分析了德国19世纪中后期工业化进程中城市住宅短缺的根源。其指出：第一，工业化与城市化进程中，房价与房租上涨有其内在的经济规律。第二，普鲁东主义的小资产阶级学者与代表大资产阶级利益的学者，两者都无法从理论与政策层面解决劳工阶层的住宅短缺问题与工人福利。第三，只有站在无产阶级立场上，解决三大矛盾即工资与房价的关系、城乡对立、土地产权问题，才能从根本上解决无产阶级的住宅问题及其他一系列福利问题。当前中国正在进行快速的城市化进程，与德国当年的城市住房短缺问题有很多相似之处，恩格斯的《论住宅问题》对中国及其他发展中国家解决工人住宅问题，具有深刻的借鉴意义。

关键词　恩格斯　无产阶级　住宅短缺　资本主义制度

一　引言

恩格斯的《论住宅问题》是一篇重要的理论文献。虽然是聚焦19世纪中后期德国无产阶级低收入群体的住房问题，但恩格斯将住房短缺问题与资本主义生产关系中的工资问题、城乡对立问题、阶级冲突问题联系起

［作者简介］程世勇，首都师范大学管理学院副教授、经济学博士。

来进行分析，在当代具有重要的理论价值与现实意义。

19 世纪五六十年代，德国已经实现了从农业国向工业国的转变，除短期的萧条外，德国的经济始终处于繁荣增长状态。数据统计，1850—1870 年的 20 年，煤炭产量增长了 5 倍，生铁产量增长了 7 倍，铁路里程超过了英国与法国。19 世纪 60 年代，德国工业实力接近法国；70 年代，德国的机器制造业超过英国，居欧洲首位。大量农村劳动力向城市流动快速地推动着德国的工业化进程。从表 1 中我们可以更加清楚地看到德国人口中农村人口和城镇人口的变化，在 1870—1910 年的这 40 年里，农村人口比例从 63.9% 下降到了 40%，而城市人口最终则达到了 60%。短时间内城市人口的迅速增加，给城市住房造成了巨大的压力。德国由于加入英国、法国等国的国际产业竞争，大量德国农民流向城市，成为城市无产者。工人不得不居住在各种棚户区，住房质量差，而且环境也十分恶劣，恩格斯甚至形容到连最污秽的猪圈也经常能找到租赁者，工人的住房短缺问题可见一斑。与此同时，由于居住环境的安全卫生状况很差导致了工人聚居地成为城市流行病的发源地。这些都严重地影响了德国社会的稳定和统治阶级的利益，国家不得不采取一些措施，去缓解此过程中出现的各种社会问题和矛盾。

表 1　　德国农村和城镇人口比重变化（1871—1910 年）

年份	总数（千人）	农村人口（%）	城镇人口（%）	变化比值（%）
1871	41059	63.9	36.1	—
1880	45234	58.6	41.4	5.3
1890	49428	57.5	42.5	1.1
1900	56367	45.6	54.4	11.9
1910	64926	40.0	60.0	5.6

资料来源：肖辉英：《德国的城市化、人口流动与经济发展》，《世界历史》1997 年第 5 期。

无产阶级的住房短缺问题，恩格斯对此进行了客观的分析，并与不同观点进行了激烈的论战。正如恩格斯所说的，对于一些重大的现实问题，必须采用论战的形式即在反对其他种种错误观点的过程中，来叙述我们的观点。[①] 恩格斯的《论住宅问题》一文，深刻分析了无产阶级住宅问题的制度根源及解决思路，对当今世界仍然具有借鉴与启示。

二 无产阶级住宅短缺及其内在经济规律

（一）无产阶级住宅短缺是资本主义内在矛盾冲突的表象

恩格斯基于对资本主义社会多重矛盾关系的分析，认为虽然住宅短缺问题直接关系到工人阶级的生存现状，但正如他在 1844 年所写的《英国工人阶级的现状》中所描述的那样，当时德国大城市中的工人和一部分小资产阶级所遭受的住宅缺乏现象，只是现代资本主义生产方式产生的无数比较小的次要的祸害之一。因为住宅短缺的根本原因并不是直接来自资本家对工人的剥削及无偿劳动的占有。相反，它仅仅是资本主义生产关系在非剩余价值生产领域的一种表现形式。

恰恰是由于这种认识，有人责备恩格斯，把现代工人阶级住宅的惨状看作没有什么意义的琐事，责备我把现代工人住宅的惨状看作没有什么意义的琐事，我同样无须为自己辩解。因为我是第一个用德文把这种惨状描写出来的人。[②] 恩格斯认为，工人阶级和其他阶级特别是小资产阶级共同遭受的住宅短缺这种痛苦，正是普鲁东所属的那个小资产阶级社会主义专爱研究的问题。[③] 这些人关注住宅问题，特别是关注住宅的永久的所有权即产权问题，恰恰说明了他们代表的不是工人阶级的利益，而是小资产阶级的既得利益。工人阶级的核心任务，不是简单地获得工人个人或家庭的住宅产权即所有权，而是要废除资本主义生产方式以及由此相适应的剥削关系，从而由此彻底解决住宅短缺问题及其他一切社会问题。

（二）大城市高房价是区域经济发展不均衡的客观经济规律

对于大城市的高房价问题，要基于经济规律和经济利益关系来客观地进行研究，而不能基于意识形态领域的主观感受或法律上的公平概念。普

① 《马克思恩格斯选集》第二卷，人民出版社 1974 年版，第 462 页。
② 同上书，第 547 页。
③ 同上书，第 473 页。

鲁东小资产阶级看不出各种现象背后的经济规律与经济联系，从而逃到法律和法权的领域去求助于永恒的所谓制度公平，对解决住宅短缺问题丝毫无助。

大城市住房价格高企有其客观的经济规律支配，大量的流动人口聚集到大城市，必然推动大城市地价的上升，而地价或地租的上涨是房价最重要的推动因素。相同面积的房屋，不同的区域或地段，两者的房价有巨大的差异。大城市房价的高企，是资本主义经济规律的客观表现。同时，房屋的买卖和租赁这两种市场行为背后的经济规律是一致的。恩格斯认为，房屋的买卖背后的经济规律与大城市住房租赁背后的经济规律都是一致的。虽然房屋的租售比在价格上有差异，但在政治经济学领域，仅仅只有地租和资本利润实现时间长短的差异。房价高，则房屋的租金也必然高，从经济学上分析，两者是一致的，是基于特定生产关系的经济规律的体现。在实践中，买房进而拥有房屋的所有权与租房，两者不存在显著的差别。另外，大城市的高房租所造成的这种客观的经济负担，并不能主观上将房屋承租人与房主的关系歪曲为雇佣工人与资本家的剥削关系，房屋租赁只是一种完全平常的商品交易，是供需主体之间完全平常的商品交易。

即使无产阶级革命消灭了土地私有制，但也并不要求消灭地租，而是在土地国有的条件下把地租交给社会或国家。同时，即使在社会主义社会，也必然不会排除房屋的租赁这种正常的经济交易形式。要消除房屋租赁，实现完全的房屋产权或所有权，这不仅是不现实的，同时也不符合经济规律。

（三）资本主义劳动雇佣制度是无产阶级住房短缺问题的根源

住宅短缺问题是如何形成的？恩格斯认为，住宅短缺现象是资本主义社会的必然产物。

首先，工人的低工资与消费能力不足。在资本主义社会，绝大多数劳动者只依赖工资生活。而资本主义条件下工人的工资即维系劳动力再生产所必需的生产资料的费用。因而，这种低工资的本质是资本主义的雇佣劳动制度，使工人不能按劳动的贡献公平地与资本分享报酬。而德国作为当时的后发的资本主义国家，资本家为了维持市场竞争优势，对工人的剥削则是更严重。资本的全部利润都用扣除正常工资的方式榨取出来，而全部剩余价值则可以白送给买主。这就是大部分德国商品价格低廉得令人吃惊的秘密。[①] 因而使德国工人的工资及生活水平处于西欧各国工人的水平之下。

其次，经常性的失业更是让劳动者阶级的生活难以为继。产业的周期波动，一方面导致大量工人失业，存在大量的失业工人后备军；另一方面大批的失业工人拥塞在大城市里，而且拥塞的速度比当时条件下给他们修建住房的速度更快。结果是，资本主义社会，一方面是财富的积累，资本家阶级拥有大量的财富与住房；另一方面是贫困的积累，无产阶级贫困并无房可住。因此，在这样的社会中，住宅缺乏并不是偶然事件，它是一个必然的现象。这种现象只有在整个社会制度已经根本变革的时候，才能消除。而资产阶级学者，既希望保全现代社会一切祸害的基础，同时又希望消除这些祸害。显然是徒劳的。

（四）消除城市住宅短缺难题的制度设计

第一，分配制度改革。恩格斯还指出，合理使用现有各大城市中的住宅，可以帮助解决工人的住宅短缺问题。它需要无产阶级掌握政权，实施社会福利措施，夺走现在房主的房屋，让没有房子住或住得很拥挤的工人住进去，消除住宅过剩与短缺并存的不公平状态。有一点是肯定的，恩格斯认为，现在各大城市都有足够的住宅，只要合理使用，就可以立即帮助解决真正的住宅缺乏问题。当然，要实现这一点，就必须剥夺现在的房主，让没有房子住或现在住得很挤的工人搬到这些住宅里去。只要无产阶级取得了政权，这种社会福利的分配措施就会很容易实现。无产阶级将利用自己的政治统治，一步一步地夺取资产阶级的全部资本，并且尽可能快地增加生产力的总量。①剥夺地产，把地租用于国家支出。②征收高额累进税。③废除继承权。

第二，消除城乡对立，促进区域与产业的协调发展。消除城乡对立，正如消除资本家与雇佣工人之间的对立一样，是社会和谐发展的现实需求。资本主义社会由于不能消除城乡对立，城乡发展的不均衡导致其无法解决住宅问题。消灭城乡对立并不是空想。而且，消灭这种对立日益成为工业生产和农业生产的实际要求。“只有使人口尽可能地平均分布于全国，只有使工业生产与农业生产发生密切的内部联系，并使交通工具随着

① 《马克思恩格斯选集》第二卷，人民出版社 1974 年版，第 466 页。

由此产生的需要扩充起来，才能使农村人口从他们千年来几乎一成不变的孤立和愚昧状态中挣脱出来”。在恩格斯看来，工业化与农业的现代化不是矛盾对立的，两者是内在统一的。

第三，在废除资本主义生产方式的前提下，由劳动人民实际占有全部工业和一切生产资料的前提下，废除土地私有制，把地租转交给社会。当然，要基于生产力与生产关系的视角，具体问题具体分析。过渡时期的措施在小土地所有制的国家里和在大土地所有制的国家里将大不相同。

三 基于不同立场的住宅解决方案及恩格斯的驳斥

（一）对小资产阶级普鲁东主义解决住宅短缺的批驳

1. 小资产阶级普鲁东主义的住宅所有权观

小资产阶级普鲁东主义偏执于让城市居民获得完整的房屋所有权或房屋产权。普鲁东主义反对房屋租赁，主张城市居民拥有或获得完全的房屋所有权。他们认为，“在大城市，90%甚至更多的居民都没有可以称为自己所有物的住所，这个事实对于我们这个备受赞扬的世纪的全部文明所加的嘲弄是再可怕不过的了”。而对于大城市房屋租赁，他们认为，50 年前建筑的一所房屋，在租赁期间，原先的房屋成本由于房租收入而得到 2 倍、3 倍、5 倍、10 倍甚至更多倍的补偿。城市高房租是一种剥削，违反公平原则。因而，要求废除住宅租赁制，让每个承租人变成自己住宅的所有者。

2. 恩格斯对小资产阶级普鲁东主义的批驳

第一，恩格斯对小资产阶级普鲁东主义者所持观点的批驳。恩格斯认为，在现代工业和与城市化背景下，完全取消房屋租赁并提出承租人赎买出租住宅进而变成房屋的所有权人的方式是荒谬的。首先，在工业和与城市化进程中，内在要求劳动力与其他要素的充分流动，而住宅使用价值的流转即城市住房租赁是商品经济的重要形式。其次，即便工人满足一切条件，从住房的承租人变成房屋的所有权人，那也根本不能触动资本主义经济关系或生产方式。相反，持这种观点的人仅仅是想返回到中世纪或工业革命以前的状态，这仅仅是一种田园牧歌式的幻想与怀旧。再次，持这种观点的人哀叹工人失去住房与家园是社会的一大退步，如果物质上是这样，那么，在精神上则相反，这正是工人获得精神解放的最重要的条件。只有这样的无产阶级，才能实行消灭一切阶级剥削和一切阶级统治的伟大的社会变革。而传统的拥有自己家园的农村织工永远不能做到这一点。因此，整个普鲁东主义都渗透着回到传统的田园诗般的理想社会中的理想观念。普鲁东主义所设想的工人解放，只能是使每个工人再次成为拥有自己住宅的所有者而不是其他社会变革。这种普鲁东主义的改良计划的目的，就是要把社会一切成员都变成小资产者或者小农，而完全违背了资本主义发展的客观经济规律，因而是复古的、反动的。

第二，恩格斯对小资产阶级普鲁东主义者解决策略上的批判。小资产阶级普鲁东主义者主张通过"分期付款"的方式获得住宅的所有权，即废除住宅租赁（高价不公平）—分期付款（低息）—承租人变成住房的所有者。恩格斯认为，这对于小资产阶级可能是可行的。但是，对于时常在不同城市间流动并经常受失业影响的工人阶级来说，这种分期付款能为工人带来什么好处呢？恩格斯举了一个形象的例子：假定皮特是一个在柏林工作了一年的工人，按照分期付款原则获得了柏林一栋房子 1/15 的所有权；后来他失业了，搬到了汉诺威并在此工作了 5 个月，因而获得了此地某一住宅 1/36 的所有权；突然一次罢工把他抛到慕尼黑，迫使他在那里逗留并工作了 11 个月，从而获得当地某一住房 11/180 的所有权，之后又多次迁徙……请问皮特该怎样处置各个住宅的这一切零碎部分呢？

即使假定工人阶级不流动，工人阶级极低的购买力与消费能力也决定了工人阶级拥有住宅是一种奢望。其根源在于资本对劳动的剥削即剩余价值的生产方式。在这种资本主义生产方式下，资本与劳动的关系是不平衡的。恩格斯列举了德国之所以在世界市场上销售一系列小商品并具有竞争力，依靠的就是工人的低工资水平。资本的全部利润都用扣除正常工资的方式榨取出来，而全部剩余价值则可以白送给买主。这就是大部分德国商品价格低廉得令人吃惊的秘密。① 德国工人的工资水平与生活水平，在西欧各国工人中都是较为低下的。因此，这种分期付款的策略仅仅是为小资产者服务的，而不是为工人阶级服务的。恩格斯指出，这种住宅缺乏现象之所以引起人们的议论纷纷，只是因为它不只局限于工人阶级，而且也伤

① 《马克思恩格斯选集》第二卷，人民出版社 1974 年版，第 466 页。

害到了小资产阶级。

第三，恩格斯对小资产阶级普鲁东主义者研究方法上的批判。小资产阶级普鲁东主义始终认为，德国工业化进程中的城市高房价和住房短缺问题是与“永恒公平”原则相抵触的。因而，恩格斯认为，普鲁东主义研究城市住房短缺问题，主要是基于法律的公平性出发，而不是基于现实的经济关系或生产关系。普鲁东在判断一切经济关系时，不是依据经济规律，而是依据这些经济关系是否符合他这个“永恒公平”的观念。[①] 所以，这在方法论上与无产阶级的世界观有根本的区别。因此，结果是普鲁东主义是要求现代社会不是依照本身经济发展的规律，而是依照公平的规定来改造自己，这仅仅是一种道德上的说教。恩格斯认为，这个公平始终只是现存经济关系在其保守方面或在其革命方面的观念化、神圣化的表现。因此，关于永恒公平的观念不仅因时因地而异。并且，并不存在永恒的公平。

我们的方法论是什么？唯物史观正是以一定历史时期的物质经济生活条件来说明一切历史事变和观念、一切政治、哲学和宗教的。我们描述经济关系，描述这些经济关系如何存在和如何发展，并且严格地从经济学角度来证明这些关系发展的同时就是社会革命各种因素的发展。就如同无产阶级研究房租的经济本质：房租的高企不能从法权与“公平”的表象角度去分析，而要从经济规律、经济关系的客观视角来审视。同时，法律的独立性表象的欺骗性。往往法律越复杂，它的表现方式也就愈益不同于社会日常经济生活条件借以表现的方式。立法就显得好像是一个自我独立的因素，这种独立性仿佛意味着它不是从经济关系中，而是从自己的内在基础中获得存在的理由和继续发展的根据。如自然法权，表现为公平，永恒公平。

（二）恩格斯对大资产阶级解决住宅短缺的驳斥

1. 大资产阶级的无产阶级住宅解决方案

大资产阶级的代表人物艾米尔·扎克斯基于当时德国工人阶级城市拥挤的住房条件带来了严峻的环境污染甚至流行病等外部负效应与尖锐的阶级矛盾，认为解决工人住房问题是缓和阶级冲突与阶级矛盾的关键。进而

---

① 《马克思恩格斯选集》第二卷，人民出版社 1974 年版，第 536 页。

提出，在既定的资本主义社会制度内部，让工人拥有住宅所有权，使工人阶级“从无产阶级上升为有产阶级”。而同代表小资产阶级利益的普鲁东主义相比，代表大资产阶级利益的学者明确提出“工人阶级”的住宅所有权，主张通过劳资利益的调和来提升工人阶级的经济福利。大资产阶级试图调节根本不可能协调的阶级利益。

2. 恩格斯对大资产阶级解决住宅短缺问题的批驳

第一，拥有住宅也不能使无产阶级上升为有产者阶级。正如恩格斯所说，让工人获得房屋的所有权，与其说为了工人的利益，倒不如说是为了大资本家的利益，其本质是主张通过劳资利益的调和来实现阶级调和。其次，这种改良主义的目标是完全不能实现的，因为资本主义社会制度之所以存在必不可少的先决条件是要存在真正的无产阶级。而这种改良主义使一切雇佣工人都能成为资本家而又不失为雇佣工人，难道这不正是恰恰不能实现的矛盾吗？再次，工人拥有自己的住宅就能变成资本家了吗？什么是资本？资本就是对他人无酬劳动的占有和支配。只有当工人把自己多余的房屋租给第三者，并以租金的形式攫取这第三者的一部分劳动产品时，他的小屋才成为资本。工人即便拥有了自己的唯一的小屋，住在自己的房子里，这个自住的房屋恰恰就不会变成资本。

第二，资本家宣扬为工人提供住房的虚伪性及其本质。19 世纪六七十年代，作为后发的资本主义国家，德国的资本家很少为工人提供住宅，几乎没有相关的改革尝试。但是，作为老牌的资本主义国家，英国和法国的很多资本家的确为工人提供了住房或住宅。其目的：一是能够让资本家更便利地、更多地榨取工人的无偿劳动。资本家为工人提供住宅，直接降低了劳动力生产费用，从而压低了工资。工人并未享受到资本家供给住房带来的利益和好处。提供住宅的好处在于，没有了房东分享工人的工资，但工人的工资现在则是以无酬劳动的形式转移给资本家。二是能够让资本家更多地获取压迫工人的物质条件。每一次罢工的时候，工人立刻就会无家可归，因为资本家不说一句话立刻就会把他们赶出住宅。三是即使如此，住宅短缺现象是资产阶级社会的必然产物，而不是偶然现象。对于无产阶级而言，这种社会没有住宅短缺现象就不可能存在。①雇佣劳动制度下工人工资水平带来的消费不足。②技术变革和周期性的经济波动导致大量的城市集聚的失业人口。③大城市房屋的所有人包括一部分资本家，无情地榨取最高的房租。因此，在资本主义社会，住宅短缺现象并不是偶然事件，而是一个必然的现象。住宅问题也只有在资本主义社会制度发生根本变革后才能得到彻底解决。

第三，资本主义国家为劳动者阶级提供了多少住房？大资产阶级试图指出，通过国家干预机制，即国家财政政策与法规、政策缓解劳动者阶级住房短缺问题。这是不会的。恩格斯指出，普鲁士从法国获得的几十亿元的战争赔款，难道这几十亿有过一个塔勒是用来使流落街头的柏林工人家庭得到容身之所吗？根本没有。当秋天来临的时候，国家甚至把工人们在夏天用作栖身之所的那几间可怜的木房也下令拆毁了。[①] 其次，即使是有一些社会改良方案，但是，在其中充斥着官僚主义、权力“寻租”与腐败，最终也只是一纸空文。这些法律政策只有将来它操控在劳动者阶级手中时，才会成为强有力的制度武器来缓解无产阶级的住房短缺难题。最后，恩格斯认为，很明显，现代资本主义国家不能够也不愿意消除住宅灾难。单个资本家不愿意做的事，作为资本家总代理人的国家政权也同样不愿意做。国家并不是代表社会各阶级的总和利益，国家的本质上无非是代表最终资产阶级利益的。而城市住房短缺问题的最终结果是，资产阶级一方面担心环境污染、疾病等负的外部性问题；另一方面由于制度的局限又任其在其他地方不断地复制。这就是资本主义的虚伪性。

四 城市廉租房：城市农民工住房短缺的中国方案

中国的城市化进程，城市农民工的生活成本也在不断提高。中国自从20世纪90年代起正式建立廉租房等住房保障制度。到目前为止，已经有20多年的历史了。北京作为首都，外来人口也在逐年上升，所以解决住房问题，尤其是要解决在北京居住的中低收入人群的住房问题，同时，北京也是最早实行经济适用房等住房保障的城市，为城市中低收入群体提供更加完善的住房保障。以北京为例，最主要的住房保障有三种，分别为廉租住房、公共租赁住房、限价商品房。

廉租住房是政府以实物配租或租金补贴的方式，向城镇居民中那些符合最低生活保障标准的人以及在住房上有困难的家庭，所提供的具有社会保障性质的这样一种住房。在北京，低收入人群或者是特困的家庭或残疾

① 《马克思恩格斯选集》第二卷，人民出版社1974年版，第521页。

人都可以申请租住廉租住房，在他们力所能及的范围内以低廉的房租来租住这些廉租住房。对于廉租房的供应对象，政策规定为：申请家庭上年人均月收入连续一年低于580元。1人户家庭年收入低于6960元，2人户低于13920元（申请家庭每增加1人，按增加6960元计算），都可以申请。

公共租赁住房是指由国家来向相关人群提供政策支持，各种社会主体以新建或者其他方式来筹集相关房源、专门面向中低收入的群体出租的一种保障性住房，是一个国家住房保障体系的重要组成部分。公共租赁住房不是归个人所有，而是由政府或公共机构所有，用低于市场价或者承租者可以接受的价格，向新就职的员工出租，包括一些新的大学毕业生，还有一些从外地迁移到城市，比如迁移到北京工作的这部分群体。

限价商品房是指政府强制性限定价格，不能让开发商随意提价出售的一种保障性住房，也称为“两限房”。其以房价来定地价，以此限房价、地价。在政府的监管和市场的运行下，限价商品房有着明确的价格和销售对象，这对于市场的调节和解决相关人群的住房问题都可以起到积极的作用。同时，限价商品房的价格略高于经济适用住房。

住房保障是民生问题，涉及一个国家的治安稳定，人心向背，同时，也是我国构建社会主义和谐社会的前提。应该不断地探索与前进，发现问题的同时要积极地去改正并制定相应的政策。这样，才能以更高效率的工作来为那些需要住房保障的人群去服务，城市里的个人和家庭才能安居乐业。

参考文献

《马克思恩格斯选集》第二卷，人民出版社1974年版。

李琼：《农村公共物品难题与粮食生产》，《安徽农业科学》2007年第35卷。

周其仁：《农地产权与征地制度》，《经济学季刊》2004年第4期。

刘守英：《中国城乡二元土地制度的特征、问题与改革》，《国际经济评论》2014年第3期。

贺雪峰：《宅基地退出应当缓行》，《中国土地》2014年第6期。

贺雪峰：《论中国式城市化与现代化道路》，《中国农村观察》2014年第1期。

党国英：《论农村宅基地制度改革的正当性基础与深化策略》，《新视野》2016年第5期。

蔡继明:《中国土地制度改革论要》,《东南学术》2007 年第 3 期。

程世勇:《我国城乡消费差异和拉动内需的制度选择》,《经济学动态》2009 年第 2 期。

贫困问题的理论研究与减贫实践的中国贡献

周　文　冯文韬

摘　要　如何消灭贫困一直是人类文明发展过程中希望解决的一个重大的理论与现实问题。本文首先梳理了贫困理论研究的发展史，并在此基础上指出，无论是马克思对贫困问题的理解、西方贫困研究的代表性理论，还是国内相关研究，或多或少都存在理论落后于反贫困实践的问题。其次，指出近年来中国在减贫实践中做出了巨大的贡献，中国的成功经验可以为全球减贫治理提供“中国方案”。最后，在理论研究过程中，我们应跳出西方传统理论和认知来看待中国的减贫经验，发展更具有当代意义的反贫困理论。

关键词　贫困理论　中国减贫实践　中国减贫成就

一　引言

人类在几千年的文明延续中始终随着生产力的不断进步，特别是最近200多年来，经历了工业革命带来的技术进步，物质生产能力得到了前所未有的提高，经济、政治、文化和社会在这一过程中，发生了天翻地覆的变化。但是，始终存在一个问题，没有在人类不断解放和发展生产力面前迎刃而解，那就是贫困。

贫困，作为人类社会不平等的天平上充斥着苦难的一端，在人类漫长

［作者简介］周文，复旦大学马克思主义研究院教授、博士生导师；冯文韬，复旦大学马克思主义研究院博士生。

的文明史中，一直是底层人民想要急切摆脱的“噩梦”，也是学者、政治家长期聚焦目光和深入思考、探索，并希望解决的一个重大的理论和现实问题。2015 年诺贝尔经济学奖获得者安格斯·迪顿曾在著作《逃离不平等：健康财富及不平等的起源》中写道，“不平等，是文明送给人类的‘礼物’”。[①] 因此，从经济学意义上讲，人类社会发展的历史，就是一部反贫困的历史。自 18 世纪末以来，西方的学术界不乏睿智的学者，撰写了大量经典著作，对贫困的本质、成因，以及解决思路进行考察和探讨，在不断深化对贫困现象的认识过程中，也形成了一些较为完善的理论体系和政策建议。同时，在第二次世界大战以后的几十年里，世界各国的政治家也逐步将视线转移到了国内外的贫困问题上，各自采取了一些办法，希望缓和甚至解决全球或地区内部广泛存在的贫困现象。直至今日，对贫困问题的理论研究，已经汗牛充栋。但是，从现实和历史记录的情况来看，他们在对抗贫困的“战争”中所做的这些努力，收获寥寥。

中国改革开放 40 年来，中华民族以自己的独特智慧，向战胜贫困发起了冲击，目前已经成功地让 7.4 亿农村人口摆脱贫困，如今又向最后 3000 多万“锅底人群”发起脱贫攻坚总决战，这是中国在人类减贫史上创造出来的、从未有过的“奇迹”。而与中国减贫工作大步向前的乐观态势相反的，是近 20 多年来全世界除中国外的贫困人口的绝对数量，不但没有减少，反而有所增加。也就是说，世界上除中国之外的其他地区，贫困和不平等的局势正在持续恶化。换句话说，在以西方贫困理论为主流思想的世界其他地区所做的减贫工作和相关的理论与政策探索，是相对失败的。那么，中国如此辉煌的减贫成就过程中的经验到底是什么？又将如何继续传承、总结和发扬这一经验，继续为接下来实现 2020 年全面脱贫的目标形成有效的方案。

二　贫困问题研究评述与研究中的问题

（一）贫困问题的早期研究与理论源头

对贫困问题的早期研究和从学理上实质性地展开讨论，是起始于 18

---

① ［美］安格斯·迪顿：《逃离不平等：健康、财富及不平等的起源》，中信出版社 2014 年版，第 51 页。

世纪末。其中，马尔萨斯和马克思对贫困产生原因的理解对后来相关研究的影响十分深刻，可以说是贫困问题理论研究的源头所在。英国经济学家马尔萨斯可以说是最早对贫困问题进行探索的学者之一，他在1798年出版的代表作《人口论》，是现代历史上学术界最早对贫困问题进行阐述的经典著作。这本著作最具影响力的观点，当属著名的“两个级数”的论断，认为人口数量和粮食产量的增长速度难以匹配，提出如果不控制几何级数增长的人口数量，则必然会导致贫困。尽管现在我们已经了解到这一说法的缺陷，比如，没有考虑技术进步的贡献，以及人口不会按照几何级数增长等，但正如《人口论》的翻译者郭大力的评价：“将人口增加的一切妨碍，还原作贫穷与罪恶，是马尔萨斯的伟大发现。但马尔萨斯的错误亦在这里。”① 由此可以看出，应该说马尔萨斯是最早从经济学角度将人口增长与贫困联系起来进行经济学研究的。

（二）马克思主义的贫困理论

如果说，作为最早提出贫困问题的经济学理论的马尔萨斯，将贫困来源归结为人口与技术发展速度不一致，是一种停留在经济问题的表象上所形成的过于片面的归纳。那么，马克思和恩格斯对于贫困问题的论述，更进一步研究经济现象背后的资本主义经济运行的客观规律，并由此发现，贫困问题实际上是资本主义生产方式所带来的必然结果，其根源在于生产资料的私人占有，也就是资本主义私有制。这一结论是建立在马克思主义理论的创始人马克思和恩格斯对资本主义社会进行了大量现实观察和理论分析的基础上产生的。值得注意的是，虽然马克思和恩格斯从未就无产阶级的贫困化问题形成单独的论述和专著，但是，对于贫困问题观察和思考，贯穿了他们创立和发展马克思主义理论的一生。

早在青年时代，马克思和恩格斯就认识到了资本主义社会无产阶级普遍存在贫困的现象，并分别对这一问题进行了一些研究，为后来《资本论》中成熟的理论分析奠定了基础。其中，马克思在《1844年经济学哲学手稿》（以下简称《手稿》）中主要以哲学思辨的方式分析了资本主义制度下无产阶级贫困的问题，而恩格斯则是通过对伦敦及周边城市长达21个月的实地考察的形式，深入了解当时英国工人阶级悲惨的现实生活状况，并在此基

① ［英］马尔萨斯：《人口论》，北京大学出版社2008年版，“导读”第22页。

础上形成了对贫困生成原因的认识，最终将这些调查和认识记录在了1845年出版的《英国工人阶级状况》之中。具体而言，一方面，马克思站在一般发展规律的角度，在《1844年经济学哲学手稿》中提出了贫困的重要原因在于异化劳动。在资本主义生产关系中，工人的劳动被生产资料的私有制所异化，使他们用自身劳动力所生产的价值大部分不属于他们自身，而是属于生产资料的所有者，成为资本的积累。资本积累和资本的逐利本性又必然带来扩大再生产和生产工具的进步，使劳动的异化被进一步强化。最终产生一种现在的工人越是努力工作，未来工人的收入越低，越容易陷入贫困的恶性循环。故而，异化的劳动是通过私有制、资本积累、生产力发展与雇佣劳动制度，转化为劳动者异化的持续过程，也正是这种劳动者本身作为人的异化，导致了无产阶级无论在物质上还是精神上都将逐渐滑入贫困的深渊无法自拔。特别地，马克思在《1844年经济学哲学手稿》中还特意将资本主义经济发展分为财富衰落、财富增长和财富发展到顶点的三种社会阶段来进行分类讨论，最终得出的结论是，不论哪种资本主义的社会经济发展阶段，无产阶级的贫困化都是一种必然趋势。①

另一方面，同一时期内恩格斯基于他自身在1842—1844年对英国多座城市为期21个月的实地考察，也以真实世界正在发生的现实材料实证了马克思对于无产阶级贫困化问题，是具有浓厚哲学思辨色彩的理论判断。他在1845年出版的著作《英国工人阶级状况》中记录了他对英国无产阶级普遍贫困和受压迫的悲惨境遇考察的详细资料，并且包含他在这一经验观察的基础上所形成的一系列对于工人陷入贫困原因的直观认识。恩格斯一开始就在这部著作的导言中指出，资产阶级应对工人的贫困负责，并在后面的章节内容中指出："贫穷是现代社会制度的必然结果，离开这一点，只能找到贫穷的某种表现形式的原因，而不是找到贫穷本身的原因。"② 同时，恩格斯从案例出发，以纺纱机器从纺车到珍妮纺纱机，再到水力纺纱机和自动纺机的过程，描绘出了机器的改进和资本主义生产方式的进步使英国工人的生活状况和健康状况急剧恶化，失业、匮乏和贫困变得日益严重。③

---

① 《马克思恩格斯文集》第一卷，人民出版社2009年版，第119—121页。

② 《马克思恩格斯全集》第2卷，人民出版社2005年版，第289、561页。

③ 同上书，第421—427页。

相对成熟的马克思主义贫困理论，成型于《资本论》第一卷的出版。在这本著作中，马克思沿用了在《手稿》中提出的“无产阶级贫困源于资本主义制度”的观点，并且更进一步指出，无产阶级贫困可以分为绝对贫困与相对贫困两种情况，而要彻底解决无产阶级贫困化的趋势，只有走上“剥夺剥夺者”的道路，才可以实现。所谓无产阶级的绝对贫困理论，马克思是从只要处在资本主义生产方式下，贫困将永远存在的角度来进行论述的。他认为，资本运行的一般规律会导致，从长期和总体的角度来看，随着资本主义社会经济的发展，无产阶级的失业和贫困一定是呈现逐步加深的趋势。这是由资本主义生产方式所特有的人口规律所决定的，也就是资本主义通过使用更先进的技术，将劳动者排斥在工作过程之外，通过形成劳动者的相对剩余，造成了工人的贫困。而保持“相对过剩人口”的长期存在，并以此维持一支“不以自然限制为转移”的产业后备军，也是符合资本增值需要的。这两点综合起来，就导致了无产阶级贫困的必然出现和长期存在。特别地，马克思在论述绝对贫困过程中，所讨论的资本主义生产方式形成相对过剩人口，导致贫困的理论逻辑，是其贫困化思想超越马尔萨斯贫困理论之所在。因为通过构建“相对过剩人口”这一概念，马克思指出，马尔萨斯把失业和贫困现象解释为人口增长和资源压力之间存在的简单关系是片面且不准确的，他写道：工人人口本身在生产出资本积累的同时，也以日益扩大的规模生产出使他们自身成为相对过剩人口的手段。这就是资本主义生产方式所特有的人口规律。[①] 因为资本积累本身就需要创造和维持一大批相对“过剩”的人口存在。

无产阶级的相对贫困是指无产阶级与资产阶级之间的财富总量的差距，随着资本主义社会经济的发展，逐步扩大的过程。或者说，是随着生产力的发展，工人工资占新创造的价值中的比重持续下降的过程。资本家再分配过程中占有的比例越来越大，和工人之间贫富差距变得越发明显，于是凸显出的就是无产阶级相对资产阶级变得越来越贫困的事实。正如马克思在《雇佣劳动与资本》一文中所举出的例子，就十分清晰地描述了这种情况，比如说，在经济兴旺的时期，工资提高 5%，而利润却提高 30%，那么比较工资即相对工资不是增加了，而是减少了。[②]

① 《资本论》第一卷，人民出版社 1972 年版，第 692 页。

② 《马克思恩格斯全集》第 6 卷，人民出版社 2005 年版，第 497 页。

最后，站在今天的视角来看，马克思的贫困理论虽然突破了马尔萨斯仅从经济表象上讨论贫困问题的缺点，更进一步地从社会制度的本质上追溯了贫困产生的根源，并提出了与之对应的解决方案。但是，我们也应该看到，马克思和恩格斯在19世纪中期提出贫困理论在面对21世纪的贫困现实时，也不可避免地表现出了一些理论的局限性。其中最主要的原因在于，当前世界贫困现象的复杂性已经远远超过早期资本主义国家的贫困现象。而后者才是马克思提出贫困理论所对应的经济现实，前者由于生产力发展水平、制度设计、文化背景，甚至意识形态，都发生了巨大变化，有些超出了马克思所遇见的范畴，因而已经无法完全套用他的贫困理论来进行解释。

（三）西方贫困理论研究及其可能存在的问题

作为全球经济学理论界的最高奖项，诺贝尔经济学奖曾经多次颁发给对贫困问题的理论研究有所贡献的经济学家，从他们提出的这些具有一定代表性的研究成果中，一方面，我们可以看到他们在人类认识贫困、破解贫困的进程上所做出的杰出贡献；另一方面，他们的理论也存在很多的不足之处，昭示着理论界仍然存在对更进一步解释和解决贫困问题的理论成果的强烈需求。

1979年诺贝尔经济学奖获得者美国经济学家威廉·阿瑟·刘易斯（W. A. Lewis），因其在1954年发表的《劳动无限供给条件下的经济发展》一文中所提出著名的“二元经济”理论影响力巨大而获得提名。① 这一理论提出以后，常常被用来解释发展中国家或地区的贫困及其经济发展。所谓二元经济，是指传统部门和现代部门两个劳动生产率存在巨大差异的行业或产业。按照他的理论，一些国家或地区陷入贫困和低水平发展的主要原因，是大量劳动力沉淀在劳动生产率很低而其边际值接近于零甚至是负数的小农经济、简单零星的商业和服务业等传统部门中，无法进入高生产率的制造业、近现代商业和服务业等现代部门中。故而，基于“二元经济”理论提出的解决贫困问题的策略，就主要体现为促进工业、服务业部门的扩大，而减少农业部门人口，同时提高农业生产率。后来，

① Lewis, W. A., “Economic Development with Unlimited Supplies of Labour”, *Manchester School*, Vol. 22, No. 2, 2010, pp. 139-191.

在我国理论界影响很大的工农业“剪刀差”的理论（工业“剥削”农业），正是在此基础之上建立起来的。从整体来看，刘易斯提出的“二元经济”的说法，本质上只是建立在商品不平等交换之上的一种理论，只从价值交换角度解释了财富的流失所导致的贫困，而未能深入探索财富创造效率高低的深层次原因，以及其所带来的贫困现象，仍是存在局限性的。

与刘易斯在1979年共同获得诺贝尔经济学奖的还有另一位在贫困问题上做出了杰出研究的美国经济学家西奥多·舒尔茨（Theodore W. Schultz）。舒尔茨对贫困问题的研究，是从对传统小农经济的研究切入的。经过对传统农业和现代农业在经济增长中的作用及贡献进行对比和分析，他在著作《改造传统农业》中提出，只有通过引进现代化生产要素，才能将“贫穷”的传统农业改造为现代化农业，并且为经济增长做出重大贡献。同时，他多次强调在要素引进过程中，对农民进行人力资本投资的重要性，甚至于他在领取诺贝尔奖时所做的演讲中，也不忘提醒道：“提高生产的决定因素并非空间、能源和耕地，而是人口素质的提高。”[①] 应该说，舒尔茨的理论拓展了我们对于农村贫困问题的认识，特别是他关于“人力资本”的思想，更是对传统经济学的超越。但是，我们也需要看到，舒尔茨在通过改造传统农业解决农村贫困问题上的思路，过于侧重外来生产要素的输入，一方面，忽略了不同地区不同文化下传统农业的特征不同、差异巨大的现象；另一方面，也忽视了传统农业通过自我创新孕育现代化要素的可能性。

如果说前两位获奖的经济学家，在贫困问题上的研究成果，还只是停留在通过各种方式改善收入来解释和消除贫困的角度上。那么1998年诺贝尔经济学奖得主阿马蒂亚·森的研究，则为我们拓宽了对贫困理解的视野。他通过对贫困本质进行更为深刻的挖掘，提出在收入贫困之下，还隐藏着更为本质的决定性因素，即“能力贫困”。[②] 在此基础上指出，贫困的实质是能力的缺乏，并认为，通过对个人能力的构建和塑造可以避免与消除贫困。在这一点上，阿马蒂亚·森同舒尔茨均提倡通过教育或人力资

① ［美］西奥多·舒尔茨：《改造传统农业》，商务印书馆1987年版，第146—153页。

② ［印度］阿马蒂亚·森：《以自由看待发展》，中国人民大学出版社2002年版，第88—89页。

本投资来改善和消除贫困。

(四) 国内对贫困问题的研究与研究中的问题

严格地说，国内对于贫困问题的关注和理论研究，起始于20世纪80年代，而最初的研究区域与研究对象主要是农村和农民的贫困问题。这是因为改革开放的序幕首先从农村开始，家庭联产承包责任制在农村的推广，在使广大农民脱贫致富的过程中，不同地区不同人群的农民在政策下受益程度各不相同，导致在农村形成了最初的贫富差距。在观察到这一情况后，中国政府自1985年开始启动面向广大贫困落后地区的扶贫措施，我国贫困研究也自此而始。随着改革的推进和经济的发展，城镇中也开始出现贫困问题，并且规模呈现出扩大的态势，因而使对贫困问题的大范围理论研究正式进入我国学者的视野，学者相继进入该领域，形成了一系列成果和专著。应该说，到目前为止，对我国贫困问题的认识和研究，已经取得了一些实质性进展。我国学术界对于贫困问题的认识，经历了从自然资源制约说与素质贫困说两大理论并存，到系统性贫困观的演变过程，对我国地区和乡村贫困问题的认识不断深化。我国区域性贫困的自然资源制约说，是在1989年姜德华等所著的《中国的贫困地区类型及开发》一书中，首先被提出来的。其主要理论观点是：将贫困归结为当地由于基础设施落后，导致自然资源开发利用不足；或当地自然资源状况先天性恶劣，难以进行开发利用等两个原因。由于其论证过程主要是根据自然条件、经济指标，将我国600多个贫困县进行量化描述和区域性归纳分类，偏重于数据描述与统计。[①] 所以，从社会科学的角度来看，该理论的缺陷在于它对于贫困类型和影响因素之间的分析比较零散，理论较为浅显，对贫困的理解不够深刻。

素质贫困说主要是将目光聚焦于存在于中国一些具有丰富自然资源的贫困地区。王小强、白南风在《富饶的贫困》一书中，通过将人的素质量化为“进取心量表”的方式，仔细地比对了这类“富饶”的贫困地区与其他地区居民在素质上的区别，得出这类地区的贫困，是由于当地人从事商品生产与经营素质较差的结论。[②] 总体来说，这项研究虽然超越了以

---

① 姜德华等：《中国的贫困地区类型及开发》，旅游教育出版社1989年版。

② 王小强、白南风：《富饶的贫困》，四川人民出版社1986年版，第56页。

往仅仅在经济要素范围内谈论中国贫困的局限，但是，作者采用一种简单的线性因果决定关系来分析社会、经济这样一种复杂的系统太过片面，同时在论证过程中也存在一些如循环论证之类的问题，其结论遭到了很多学者的质疑。①

随着学界对我国贫困问题讨论的迅速深入，20 世纪 90 年代以后，学者开始倾向于把贫困看成自然资源、资金、技术、人口素质等各种因素综合决定的一个结果。不再主张单独从某一个侧面概括贫困的成因，而是将多种因素构成一个整体，用系统的眼光来对某一地的贫困问题进行描述，由此形成了更为全面的系统贫困观，其中以《从贫困走向富裕》（罗必良，1991）、《中国贫困与反贫困理论》（康晓光，1995）、《贫困与发展》（夏英，1995）等书所著理论为代表。这样的理论观点也使我国的反贫困政策由此开始，逐渐趋于多元化、特色化和精准化。

但是，从总体来看，由于研究基础比较薄弱，对贫困问题的研究成果还不能充分满足社会的期待和实践发展的需求。理论与实践之间存在的差距主要是现实的贫困问题随着社会发展正在变得日益复杂，中国贫困问题的现状与世界贫困的格局都已经发生了很大改变，而与之对应的贫困理论的研究相对滞后，同时研究长期呈现碎片化状态，未能形成体系。具体到国内对贫困问题的理论研究，总结起来，主要存在以下三大问题。

首先，尚未形成包容性基础理论支撑，导致各学科各领域对贫困问题的研究碎片化，无法完成跨学科协同，形成理论体系。对贫困问题的研究缺少一套包容性基础理论的问题，不仅只是在国内存在，从世界范围来说，这种情况也十分明显。特别是近几十年来，贫困问题在世界各国都受到了广泛关注，学术界从各个不同学科出发，基于自身的学科背景和基础理论对贫困现象成因和反贫困理论进行了相关研究，形成了很多研究成果。但是，缺少共同的理论前提，使从各种学科视野出发对贫困问题的形成的理解之间，往往会出现无法弥合的分歧，形成的理论各自封闭，甚至相互矛盾。例如，作为“贫困经济学”这一概念提出者的诺贝尔经济学奖获得者舒尔茨，基于经济学线性分析的思维习惯，将贫困的关键性原因理解为人的素质不足，正是素质不够使对于土地、资源、技术的利用能力

① 贵州机关青年编辑部：《困惑中的思考：发展问题——东西部青年学术对话论文集》，1988 年。

不够，才导致的贫困。而与“贫困经济学”相对立的观点是社会学的系统贫困观，这一理论是基于系统论的观点，认为把贫困归结为资金、技术或者人口素质等某一因素是不具有说服力的，贫困是由多种因素系统运行所产生的结果。理论研究所形成的这种“破碎的认知”，必然会延伸到政策层面去，导致反贫困实践的困惑甚至失败。因此，要真正解决实践中的困惑，首先必须要建立起关于贫困的跨学科理论体系，避免“学科语境”的分割，从而使人们对贫困的认知由“片面而破碎”变为“完整而立体”。在此基础上，反贫困的实践才能真正一致、持续和有效，贫困问题才有望真正得到系统性解决。当前的贫困研究与实践面临的最大问题是多学科交叉但又不融合，没有统一的学科语境体系，如果能建立贫困研究的统一的跨学科语境体系，这些问题就能解决。

其次，反贫困理论内涵明显倾向于经济。过度侧重从经济层面分析和研究贫困问题，不利于我们全面、深刻、系统地认识贫困问题，解决贫困问题。因为，如果只是将贫困理解为一种经济现象，那么这种理解无疑是片面的，正如贫困问题的研究横跨了多个学科一样，贫困是一种复杂的社会、经济、政治、历史和文化现象。这使解决贫困的现实问题，必须进行跨领域合作。特别是在梳理贫困问题的理论研究历史后，我们可以发现，经济学虽然对贫困的研究最具系统性、规范性，形成了大量的研究理论以及对实践有指导意义的实证结论；但是，由于经济学研究范式的局限，经济学无法深入分析收入贫困表象背后所蕴含的复杂的社会、政治原因。因此，经济学分析方法只能解释贫困的表象，而无法解释贫困的深层次根源。国内贫困理论研究过于侧重经济层面的这种现状，毫无疑问，已经影响到了中国现有的反贫困政策的探讨和制定过程，使其明显具有较强的经济性倾向，从而相对忽视了对社会、政治、历史、宗教、文化等其他方面因素的考量，不利于正确认识和解决现实贫困问题。

最后，反贫困理论研究对象相对狭窄。国内贫困研究受西方刘易斯二元经济分析影响，基于传统与现代的两分法，认为贫困问题主要集中于农村。当然，一方面，我们可以看到，将农村作为反贫困理论最主要的研究对象，从历史角度来看，存在一定的合理性，因为在改革开放以后相当一段时间内，农村和边远地区的贫困人口在绝对数量和贫困程度上都远远超过城镇。另一方面，长期忽略对城镇贫困现象进行研究的后果，是当下城镇贫困理论严重滞后于反贫困实践，这种滞后导致城镇贫困现象在无法得到有效解决的同时，还阻碍了我们从城乡一体的视角来把握贫困理论的研究。除此之外，国内理论界还存在对于绝对贫困探讨多于相对贫困、对于区域贫困研究多于个人贫困与阶层贫困等类似问题。

总而言之，国内贫困理论的研究起步晚于西方，虽然经过多年发展已经取得了一些理论成果，但从整体角度来看，我国对于贫困理论的研究还是明显滞后于反贫困实践。特别是在既有的研究中，过于注重对农村贫困、绝对贫困等问题的探讨，而忽略了城市贫困、相对贫困与阶层贫困问题的研究。同时，在整合跨学科研究成果，形成系统、完善的贫困问题研究体系上，还存在进一步加强的空间。

三 减贫实践的中国经验与中国贡献

改革开放以来，中国的贫困问题得到了很大的改善，已经成功地让7.4亿农村人口摆脱贫困，如今又打响了彻底消除最后3000万贫困人口的脱贫攻坚总决战。习近平总书记强调，脱贫攻坚的冲锋号已经吹响。现在，中国已立下愚公移山志，咬定目标，苦干实干，坚决打赢脱贫攻坚战，确保到2020年所有贫困地区和贫困人口一道迈入全面小康社会。党的十八大以来的五年多时间里，农村贫困人口年均减少1040万人，累计脱贫5203万人，相当于一个欧洲大国的人口总数。贫困发生率从2012年年底的10.2%下降至2017年年底的3.1%，下降7.1个百分点。这是人类减贫史上的“中国奇迹”。尽管改革开放以来我国取得的减贫成就让世界瞩目，但党中央对我国贫困现状的认识依然格外清醒。未来两年，还将有3046万人脱贫。① 最近英国的《经济学人》发表了一篇文章，称中国“最后一公里”脱贫路，举步维艰。文章称，中国正在试验扶贫新方案，并且认为，按照当前的扶贫速度（极度贫穷人口每年减少一千多万），让农民在三年内“摘掉贫困帽”谈何容易。因此，中国的扶贫和脱贫问题，全世界都在关注。

杰弗里·萨克斯在《贫困的终结：我们时代的经济可能》一书中，

① 数据来自国家统计公布报告《扶贫开发成就举世瞩目 脱贫攻坚取得决定性进展》，http://www.stats.gov.cn/ztjc/ztfx/ggkf40n/201809/t20180903_1620407.html，2018年9月3日。

曾乐观地表示，我们这一代人有可能到2025年结束极端贫困现象。[①] 但是，实际上在中国以外的地区，这20多年来，全世界贫困人口的绝对数量不但没有减少，反而有所增加。也就是说，世界的减贫成就主要源于中国。没有中国这样一场脱贫战役，今天的世界会更加不平等。

在经济学理论上，有一种错误认识，认为贫穷问题只有靠城市化，才能彻底解决。自刘易斯于1954年在《劳动无限供给下的经济发展》一文中提出“二元经济”的概念以来，通过扩张现代工业部门的规模来促进经济发展的理论一直深入人心。[②] 在这一基础之上，普雷比什和辛格尔两位经济学家还提出了工农业产品间的交换存在定价不合理，工业“剥削”农业的问题。这种“剪刀差”理论，一度被用来解释我国乡村贫困以及城乡差距的成因。郭书田也曾在《失衡的中国：城市化的过去、现在与未来》一书中提出，现代工业的载体只能是城镇，我国要改变农村工业发展格局的出路就在城市化。[③] 故而，没有城市化的推动，没有农村人口的城市化，就不可能就近发展工业，不能保证剩余在当地留存并且积累，也不可能有中国的彻底脱贫。事实上，中国农村的贫困问题，既不是一个简单的城市化问题，更不是一个简单化的新农村建设问题。从中国脱贫实践来看，摆脱贫困不是一个简单化的城市化问题。正如习近平总书记在主持中共中央政治局第三十九次集体学习时指出的，要强化领导责任、强化资金投入、强化部门协同、强化东西协作、强化社会合力、强化基层活力、强化任务落实。习近平总书记把我国脱贫攻坚的成功经验精辟地概括为：加强领导是根本，把握精准是要义，增加投入是保障，各方参与是合力，群众参与是基础。这些经验实质上就是一整套经过实践检验的减贫治理体系，将为全球更有效地进行减贫治理提供“中国方案”。

改革开放以来，脱贫攻坚的中国实践：坚持政府主导战略，实行开发式扶贫方针，构建专项扶贫行业扶贫社会扶贫“三位一体”扶贫模式，动员全社会力量扶贫济困……这是世界扶贫开发领域的中国经验。这与诺

---

① ［美］杰弗里·萨克斯：《贫困的终结：我们时代的经济可能》，上海人民出版社2007年版，第311页。

② Lewis，W. A.，“Economic Development with Unlimited Supplies of Labour”，*Manchester School*，Vol. 22，No. 2，2010，pp. 139－191.

③ 郭书田：《失衡的中国：城市化的过去、现在与未来》，河北人民出版社1990年版，第92页。

贝尔经济学奖得主西奥多·W. 舒尔茨在《改造传统农业》一书中所提出的引进现代化生产要素（主要是技术变化）改造“贫穷”的传统农业，从而以现代化农业为经济增长与财富积累做出重大贡献，进而消除农村贫困的理论思路不谋而合。① 对于引入现代化要素的方式，舒尔茨认为，主要是由三个方面组成：建立适当的制度、形成新要素的供给与需求，以及对农民进行人力资本投资。从目前中国农村脱贫实践的经验来看，“公司、政府+农户”的模式，政府有为农户配合，以及教育脱贫、技能扶贫等人力资本投入计划等，具有鲜明的中国特色的做法，有效地实现了农民收入的提高，推进了农业现代化的实现进程。

从中国的减贫经验中，可以获得如下启示：其一，强有力的政治意愿和政府承诺是实现中国减贫的根本保证。中国将促进减贫作为国家现代化战略的重要组成部分，坚持以人为本，努力使经济发展的成果为所有社会成员所分享。其二，坚持以发展解决贫困，以减贫促进发展的理念。政府始终把发展经济作为中心任务，努力保持经济持续健康快速发展，为实现大规模减贫提供了基本前提。同时，立足于培养和提高贫困地区及人口自我积累、自我发展能力，坚持“开发式扶贫”，引导和帮助贫困人口直接参与减贫活动，使之成为反贫困的主体力量，稳定了减贫成果，增强了减贫的可持续性。其三，减贫需要政府提供相应的制度和政策保障。改善贫困人口和家庭的生产生活条件、增强贫困人口和家庭发展能力是减贫的关键切入点，需要综合性的发展政策和专门的减贫计划来保障。其四，减贫需要广泛动员社会力量。在政府积极推动脱贫攻坚的同时，动员社会各种力量加入扶贫济困行列。把政府的意志、社会的关爱与贫困群众的意愿相结合，确保减贫项目与贫困人口的精准扶贫和精准脱贫。

消除贫困是人类的共同使命，也是当今世界面临的最大的全球性挑战。习近平总书记指出，全面建成小康社会、实现第一个百年奋斗目标，最艰巨的任务是脱贫攻坚，这是一个最大的“短板”，也是一个标志性指标。党的十八大以来，在党中央、国务院的坚强领导下，国务院扶贫开发领导小组统筹协调、督促落实，各地区各部门齐抓共管、密切配合，社会各界积极参与、合力攻坚，脱贫攻坚成绩显著，农村贫困人口的大规模减少，为如期全面建成小康社会打下了坚实的基础。贫困人口生存发展权益

① ［美］西奥多·W. 舒尔茨：《改造传统农业》，商务印书馆 1987 年版，第 146—153 页。

得到有效保障。2012 年以来，国家累计安排中央预算资金 404 亿元，地方各级统筹中央和省级财政专项扶贫资金 380 亿元，搬迁贫困人口 591 万人，有效地拓展了农村贫困人口的发展空间，加快了搬迁群众脱贫致富步伐。可以预料，到 2020 年，我国现行标准下的农村贫困人口全部脱贫，意味着我国绝对贫困问题得到历史性解决，我国将提前十年实现联合国 2030 年可持续发展议程确定的减贫目标，继续走在全球减贫事业的前列。而中国发展的成效和脱贫实践，说明西方理论和发展模式已远远落后于时代发展的步伐，更与全球发展治理的主题渐行渐远。因此，中国改革开放的 40 年发展提供的中国样本和中国经验，可以为全球消除贫困提供更好的中国借鉴。

四 中国减贫实践的伟大成就超越了西方对中国的认知和判断

按照西方的逻辑和传统认知，中国作为一个曾经在历史上的积贫积弱国家，既缺乏西方理论具备的发展腾飞的基本要素，又没有按西方发展路径去发展，中国不可能出现经济发展的奇迹，更不可能有全面彻底脱贫的真实效果的产生，这是西方人的结论。特别地，从詹姆斯 · A. 道为代表的一批西方经济学家所坚持的理论来看，“国家具有直接生产力”或“国家生产财富”的说法是一种幻觉，中国就算达成了相当水平的经济发展成就，也难以在贫困问题上有所突破。这是因为，他们认为，政府对社会的强制性再分配会削弱生产者的积极性，反而不利于创造财富，刺激经济发展，以及减少贫困。相反，如果是一个可以提供稳定和可预测财政政策、清晰界定和保护产权，并且严格限制政府权力的“保护性政府”，就会非常有利于竞争性市场的平稳运作并持续创造财富，进而缓解贫困的蔓延。①

事实上，这种认知是一种误判。中国的脱贫实践和真实效果也改变了西方对我国发展进程和发展成就的判断及认知。今天，贫困的问题已不是中国的问题，而是一个世界性的问题，更是一个历史性的难题。这样的历

① ［美］詹姆斯 · A. 道等：《发展经济学的革命》，上海人民出版社 2000 年版，第 6—7、53—59 页。

史性难题，也只有在中国共产党领导下才有可能取得历史性突破。现在，中国人可以向世界宣布，中国人依靠自己的努力和奋斗，不但彻底扭转了历史上中国积贫积弱的印象，而且困扰中国和世界几千年的贫困问题也得到彻底解决。中国扶贫伟大战役取得的巨大成就，远远超越了西方对中国发展和脱贫攻坚战役伟大成就的判断或认知。因此，中国的扶贫和脱贫实效依靠西方理论和模型来推演不可能得出正确的结论。中国减贫实践的伟大成功，不但非常精彩、生动，而且也更具有史诗般的世界意义。

看待今天的中国发展问题，尤其是看待中国的脱贫问题，不能简单地依靠西方理论和模型演绎。对于发展中国家如何更好发展，经济学中有一门学科叫发展经济学，它是第二次世界大战以后从西方经济学中独立出来的一个新的学科。按照发展经济学理论，第二次世界大战后专门成立了一个组织，这就是今天的世界银行。世界银行的目标是帮助发展中国家发展经济，解决贫困，以实现一个没有贫困的世界。世界银行为发展中国家相继开出了诸如进口替代、结构主义等药方，也通过各种途径帮助发展中国家发展现代制造产业和建设基础设施。尽管有世界银行和发达国家的努力和具体帮助，但并没有从根本上解决这些国家的贫困问题。从世界银行成立到2008 年的60 多年时间里，如果去除中国改革开放之后摆脱世界贫困线的6.8 亿人口数，世界贫困人口不仅没有减少，而且增加了。后来的“华盛顿共识”，也更加极端化，认为发展中国家的问题主要是政府干预太多，所以，发展中国家要解决发展问题就必须把所有的政府干预都取消掉，主张私有化、市场化、自由化。结果，发展中国家的发展结局越来越糟。所以，中国扶贫攻坚的伟大实践和脱贫的道路，不是西方理论的简单移植，体现的是中国特色的扶贫开发道路，是中国特色社会政治经济学的理论创新和实践创新，体现了马克思主义的世界观和方法论，是治国理政新理念、新思想、新战略的重要组成部分。

五　新时代精准扶贫思想与实践是马克思主义反贫困理论中国化的新贡献

受客观条件限制，马克思反贫困理论主要关注资本主义制度下城市工人阶级的贫困问题。在解决中国贫困问题的具体实践中，我们党历届中央领导集体继往开来、创新发展，不断把马克思主义反贫困理论中国化推向前进。特别是党的十八大以来，以习近平为核心的党中央对扶贫工作进行科学总结和理论提升，形成了全新的精准扶贫理论和精准扶贫方略。在此进程中，不仅将21世纪中国消除贫困的伟大事业全面推向新阶段，而且在实践发展的基础上进一步创新和发展了马克思主义反贫困理论，极大地推进了马克思主义反贫困理论中国化的历史进程。习近平总书记关于新时代扶贫思想的重要阐述，与马克思主义反贫困理论一脉相承，是马克思主义反贫困理论中国化的最新理论成果，是运用马克思主义立场、观点、方法解决中国具体问题的成功典范，开创了社会主义制度下反贫困理论新境界，是马克思主义同中国特色社会主义制度下反贫困最新实践相结合的产物。

开拓和创新了马克思主义反贫困理论的中国道路。中国40年扶贫实践取得了辉煌成就，成功地走出一条中国特色减贫道路。习近平指出："我们坚持改革开放，保持经济快速增长，不断出台有利于贫困地区和贫困人口发展的政策，为大规模减贫奠定了基础、提供了条件。我们坚持政府主导，把扶贫开发纳入国家总体发展战略，开展大规模专项扶贫行动，针对特定人群组织实施妇女儿童、残疾人、少数民族发展规划。我们坚持开发式扶贫方针，把发展作为解决贫困的根本途径，既扶贫又扶志，调动扶贫对象的积极性，提高其发展能力，发挥其主体作用。我们坚持动员全社会参与，发挥中国制度优势，构建了政府、社会、市场协同推进的大扶贫格局，形成了跨地区、跨部门、跨单位、全社会共同参与的多元主体的社会扶贫体系。我们坚持普惠政策和特惠政策相结合，先后实施《国家'八七'扶贫攻坚计划（1993—2000年）》《中国农村扶贫开发纲要（2001—2010年）》《中国农村扶贫开发纲要（2011—2020年）》，在加大对农村、农业、农民普惠政策支持的基础上，对贫困人口实施特惠政策，做到应扶尽扶、应保尽保。"①

丰富和发展了马克思主义反贫困理论的中国经验。作为一种科学的理论，马克思主义反贫困理论对中国减贫实践有巨大的指导作用。全面脱贫是直接关系我国是否走社会主义道路的根本性问题；共同富裕是中国特色社会主义的本质规定，是中国特色社会主义理论的重要组成部分。习近平总书记告诫说："我们不能一边宣布全面建成了小康社会，另一边还有几

① 习近平：《携手消除贫困　促进共同发展》，《人民日报》2015年10月17日。

千万人口的生活水平处在扶贫标准线以下，这既影响人民群众对全面建成小康社会的满意度，也影响国际社会对我国全面建成小康社会的认可度”。[①] 做好扶贫开发工作，支持困难群众脱贫致富，帮助他们排忧解难，使发展成果更多更公平惠及人民，是中国共产党坚持全心全意为人民服务根本宗旨的重要体现，也是党和政府的重大职责。“抓扶贫开发，既要整体联动，有共性的要求和措施，又要突出重点，加强对特困村和特困户的帮扶”；“扶贫要实事求是，因地制宜。要精准扶贫，切忌喊口号，也不要定好高骛远的目标”；扶贫工作要做到“切实落实领导责任、切实做到精准扶贫、切实强化社会合力、切实加强基层组织”；“扶贫对象精准、项目安排精准、资金使用精准、措施到户精准、因村派人精准、脱贫成效精准”。这些论述都体现了以习近平同志为代表的中国共产党人对马克思主义反贫困理论的科学阐发，体现了中国共产党作为改革的主体对扶贫策略改革的自觉认识，是对全心全意为人民服务的宗旨的坚定奉行，将马克思主义反贫困理论中国化的运用经验拓展到了新空间，提升到了新高度。

开拓和发展了马克思主义反贫困理论与实践的国际化新境界。中国减贫方略、减贫经验，不仅成为发展中国家减贫实践的中国智慧和中国方案，同时中国还尽最大努力帮助发展中国家减贫。习近平指出：“国家不论大小、强弱、贫富，都应该平等相待，既把自己发展好，也帮助其他国家发展好。大家都好，世界才能更美好。”[②] “消除贫困是人类的共同使命。中国在致力于自身消除贫困的同时，始终积极开展南南合作，力所能及向其他发展中国家提供不附加任何政治条件的援助，支持和帮助广大发展中国家特别是最不发达国家消除贫困。60 多年来，中国共向 166 个国家和国际组织提供了近 4000 亿元人民币援助，派遣 60 多万援助人员，其中 700 多名中国好儿女为他国发展献出了宝贵生命。中国先后 7 次宣布无条件免除重债穷国和最不发达国家对华到期政府无息贷款债务。中国积极向亚洲、非洲、拉丁美洲和加勒比地区、大洋洲的 69 个国家提供医疗援助，先后为 120 多个发展中国家落实千年发展目标提供帮助。”[③] 中国政

① 习近平：《关于〈中共中央关于制定国民经济和社会发展第十三个五年规划的建议〉的说明》，《人民日报》2015 年 11 月 4 日。

② 《“中国扶贫经验具有重要借鉴意义”——国际社会积极评价中国脱贫攻坚努力》，《人民日报》2015 年 11 月 30 日。

③ 习近平：《携手消除贫困　促进共同发展》，《人民日报》2015 年 10 月 17 日。

府提出了帮助发展中国家发展经济、改善民生的一系列新举措，包括中国将设立“南南合作援助基金”，首期提供20亿美元，支持发展中国家落实2015年后发展议程；继续增加对最不发达国家投资，力争2030年达到120亿美元；免除对有关最不发达国家、内陆发展中国家、小岛屿发展中国家截至2015年年底到期未还的政府间无息贷款债务；向发展中国家提供“6个100”的项目支持，包括100个减贫项目、100个农业合作项目、100个贸促援助项目、100个生态保护和应对气候变化项目、100所医院和诊所、100所学校和职业培训中心；向发展中国家提供12万个来华培训和15万个奖学金名额，为发展中国家培养50万名职业技术人员，设立南南合作与发展学院等。减贫的根本途径是发展，中国在加强自身快速发展的同时，积极推动世界各国共同发展。习近平指出：“大家一起发展才是真发展，可持续发展才是好发展。”① 习近平强调：“消除贫困依然是当今世界面临的最大全球性挑战。未来15年，对中国和其他发展中国家都是发展的关键时期。我们要凝聚共识、同舟共济、攻坚克难，致力于合作共赢，推动建设人类命运共同体，为各国人民带来更多福祉。”②

参考文献

［德］马克思：《1844年经济学哲学手稿》，《马克思恩格斯文集》第一卷，人民出版社2009年版。

［德］马克思：《资本论》，人民出版社1972年版。

习近平：《习近平谈治国理政》第二卷，外文出版社2017年版。

《马克思恩格斯文集》第六卷，人民出版社2009年版。

［美］安格斯·迪顿：《逃离不平等：健康财富及不平等的起源》，中信出版社2014年版。

［英］马尔萨斯：《人口论》，北京大学出版社2008年版。

［美］西奥多·W. 舒尔茨：《改造传统农业》，商务印书馆1987年版。

［印度］阿马蒂亚·森：《以自由看待发展》，中国人民大学出版社2002年版。

姜德华：《中国的贫困地区类型及开发》，旅游教育出版社1989年版。

王小强、白南风：《富饶的贫困》，四川人民出版社1986年版。

① 习近平：《习近平谈治国理政》第二卷，外文出版社2017年版，第524页。

② 习近平：《携手消除贫困　促进共同发展》，《人民日报》2015年10月17日。

［美］杰弗里·萨克斯：《贫穷的终结：我们时代的经济可能》，上海人民出版社2007年版。

郭书田：《失衡的中国：农村城市化的过去、现在与未来》，河北人民出版社1990年版。

［美］詹姆斯·A. 道等：《发展经济学的革命》，上海人民出版社2000年版。

Lewis, W. A.,“Economic Development with Unlimited Supplies of Labour”［J］. Manchester School, 2010, 22（2）: 139－191.

在脱贫攻坚战决胜期对贫困成因的理论新探

卢映西

摘　要　目前我国正在进行的脱贫攻坚战，可以说力度很大、成绩辉煌、困难不小。实际上，贫困是人类社会的一个悬而未决的千古难题。在生产力高度发达的今天，彻底解决这个难题的物质条件早已具备，问题只在于对贫困成因能否达成正确的理论认识。只有立足马克思主义经济学的基础之上，彻底清算西方主流经济学稀缺性假设的错误，才能合乎逻辑地推导出“生产过剩→失业→贫困”因果关系链，把千古难题还原为简单问题。

关键词　贫困　脱贫　稀缺性假设　生产过剩

一　困扰当代世界“丰裕中的贫困”

自从人类社会产生以来，人类文明不断取得辉煌成就，但一直未能圆满地解决贫困这个千古难题。当历史进入社会主义时代，千古难题就成了检验社会主义制度优越性的“试金石”。

随着我国经济实力、科技实力、国防实力、综合国力跻身世界前列，中国特色社会主义进入了新时代。现在我国已经解决了十几亿人的温饱问题，总体上实现小康，不久将全面建成小康社会。在全面建成小康社会的决胜期，还有一个关键战役必须打赢，即目前正在进行的脱贫攻坚战。也就是说，从现在起，我们必须在两年内彻底解决贫困这个千古难题。

［作者简介］卢映西，南京财经大学经济学院教授。

改革开放以来，我国贫困人口大面积脱贫的奇迹举世瞩目。就在这一时期，中国人民生活从短缺走向充裕、从贫困走向小康，现行联合国标准下的7亿多贫困人口成功脱贫，占同期全球减贫人口总数70%以上。仅在党的十八大之后，又有6800多万人口稳定脱贫，目前全国农村贫困人口只剩3000万左右。最后的攻坚，显然胜利在望。但任务的艰巨性也不可低估，因为迄今为止，比我国更发达的国家都未能找到根治贫困的有效办法，比如美国。

1964年，当时的美国总统约翰逊（Lyndon B. Johnson）发出了“向贫困无条件开战”的号召，签署了《经济机会法》和《民权法》，开始构建社会安全网，例如，建立食品券制度（后改名为“补充营养援助计划”）、普及社区卫生中心、推行启智计划（美国人也知道扶贫先扶智）等。次年仍继续扩展原有措施并推行新的措施，如医疗补助计划、联邦老年人医疗保险制度、《中小学教育法一号》（规定低收入家庭的孩子学费一半由政府支付）等。此后，政府有关扶贫的大动作仍不断增加，如补充安全收入计划（1972）、妇婴和儿童营养计划（1972）、佩尔助学金计划（1972）、所得税减免（1975）、儿童援助项目（1975）、低收入家庭能源援助计划（1981）、儿童健康保险计划（1997）、医疗保险处方药计划（2003）等。美国作为当今世界第一强国，向贫困开战至今已有50多年，取得的成效如图1所示。

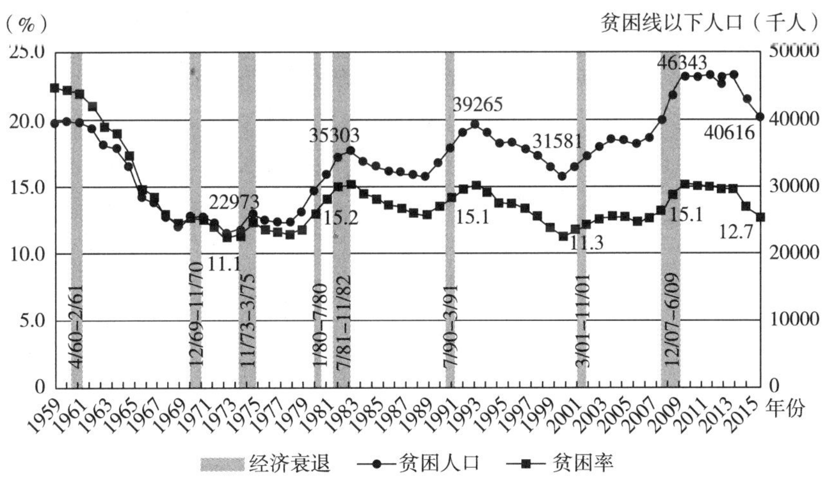

图1　1959—2016年美国的贫困人口和贫困率

资料来源：美国国会研究处（Congressional Research Service）。

美国对贫困开战，决心很大，力度不小，措施繁多，时间超过半个世纪，但正如图 1 展示的，成效非常有限。近几十年来，美国的贫困率一直在 13% 上下波动，只比 1964 年刚开战时低几个百分点，从未降到 11% 以下。由此可见，我国要在 2020 年彻底打赢脱贫攻坚战，做到脱贫“一个都不能少”，困难有多大。但是，美国的经验至少可以给我们一个启示：如果说过去的普遍贫困与生产力水平低密切相关，当今高科技时代消除贫困的困难肯定不在生产力方面。现在中国特色社会主义已经进入新时代，社会主要矛盾已经转化为人民日益增长的美好生活需要和不平衡不充分的发展之间的矛盾，我国社会生产力水平总体上显著提高，社会生产能力在很多方面进入世界前列。因此，我国社会存在的贫困现象，同样不再能用生产力落后来解释。我们要摒弃把贫困当作发展中的问题的观念，不能再以为这个问题可以通过进一步发展来解决。如果我们不能转变观念，我国脱贫攻坚战的结局就不太可能与美国有本质区别。换句话说，我们必须在美国人根本想不到的方向上创建新理论、找到新方法，才能最终打赢这场千古大战。

要根治贫困，首先要找准贫困现象的成因。在资本主义兴起之前的社会中，生产力普遍低下，贫困的原因比较明显。经过资本主义生产力的大发展，贫困演变成了“丰裕中的贫困”。这个自相矛盾的概念是凯恩斯提出来的，他认为，导致这种矛盾现象的原因是有效需求不足①，提出的解决办法是政府干预，这个学说风行几十年，取得了不少阶段性成果，但正如我们在上述美国经验看到的，最终仍不能彻底解决问题。

直到 1981 年，诺贝尔经济学奖获得者阿马蒂亚·森（Amartya Sen）仍然认为：“贫困产生的原因是很难回答的，贫困的直接原因往往比较清楚，无须做太多分析，但其最终原因却是模糊不清的，是一个还远远没有定论的问题。”② 此后，对贫困的终极原因的研究一直没有实质性进展，西方学者似乎更愿意绕开这个问题去构建能够自圆其说的理论体系。

在西方主流经济学的理论体系中，理想的市场经济是一个能够自动实现均衡的经济体制，即所有物品和劳务都能按照市场价格自愿地以货币形式进行交换，有关各方都能从社会上可供利用的资源中获取最大的利益。

① ［美］凯恩斯：《就业、利息和货币通论》，商务印书馆 1999 年版，第 36 页。

② ［印度］阿马蒂亚·森：《贫困与饥荒》，商务印书馆 2001 年版，第 1 页。

因此，贫困问题根本无法放入这样“完美”的分析框架中进行讨论，更遑论得到解决。对于这一点，西方主流经济学家其实都很清楚。

例如，诺贝尔经济学奖获得者保罗·萨缪尔森（Paul Samuelson）在其著名的经济学教科书中承认：“作为一门科学，经济学并不能答好这类伦理的和规范性的问题：我们的市场收入（如果可以这样说的话）应该有多少份额转移给贫困家庭。这是一个只能由投票箱去回答的政治问题。”①

又如，另一部著名经济学教科书的作者、哈佛教授曼昆（Gregory Mankiw），2011 年 11 月，在遭到部分学生罢课抗议后，也对这些学生表示理解，说自己非常支持解决贫富差距扩大的问题，但眼下，“我们还不知道最有效的办法是什么”。②

随着对资本主义的反思在西方世界蔚然成风，在 2012 年 1 月底举行的冬季达沃斯论坛（世界经济论坛）的一次活动中，来自华尔街的著名经济学家史蒂芬·罗奇（Stephen Roach）也阐明了自己的观点。他对经济学无法解释贫富差距问题表示了遗憾，承认：“我们善于创造一系列单位来衡量贫富差距的程度，但却没有一套理论或是分析方法，来解释造成这一现象的原因。”

以上情形充分说明：对于贫困这一千古难题，直到目前为止，西方主流经济学都无法解释问题的成因，更无法拿出有效的解决办法。在马克思主义理论方面，对“丰裕中的贫困”现象是早有定论的，那是资本主义基本矛盾运动的必然结果，是剥削制度导致了贫富分化，所以，要使贫困现象绝迹，必须推翻资本主义制度，建立以公有制、计划经济和按劳分配为基本特点的社会主义制度，最终实现共产主义。可是，在当前的社会主义初级阶段，市场经济仍是发展社会生产力的有效手段，我们同样需要探索在市场经济条件下如何消除贫困的问题。如上所述，这个问题在当今世界仍是个未解的难题。因此，我们只有另辟蹊径，从根本上改变寻找解决方案的方向，才有可能在人的平等、尊严和相互尊重的基础上，建立一种能够彻底解决问题的、比资本主义更优越的消除贫困的新制度。

要改变寻找解决方案的方向，可能意味着要颠覆西方传统的、主流的

① ［美］萨缪尔森、诺德豪斯：《经济学》，人民邮电出版社 2008 年版，第 33—34 页。

② 《哈佛教授曼昆理论被斥导致金融危机》，《中国青年报》2011 年 11 月 16 日。

理论框架和成见。在这方面，中国经济学界有某种独特的优越性，因为我们拥有两种截然不同的理论框架：一种是随着“十月革命”一声炮响在中国逐渐扎下根来的马克思主义经济学，另一种是改革开放后引进的西方主流经济学。我们应该在这两种经济学的比较中找到新的启发和灵感，对贫困的成因打一场理论上的攻坚战，以支持国家正在进行的脱贫攻坚战。

二 假设的谬误

自从欧几里得在其名著《几何原本》中构建出一个近乎完美的逻辑体系以来，学术界逐渐达成共识：任何借助逻辑推理建立的理论体系都必须以一组基本假设（公理）为基础，在这个体系中，除基本假设之外的每一个结论都可用基本假设通过形式逻辑推导出来，但基本假设本身是不证自明的。基本假设是一个理论体系所涉领域中无数实践经验的总结，不能在过去和现在的经验中找到反例。如果在未来的经验中出现反例，整个理论体系将被证伪。例如，爱因斯坦提出的狭义相对论，其中一个基本假设是“真空中光速不变”，如果将来观测到另一种光速，这个理论的根基就动摇了。

现代西方主流经济学看上去似乎是一个非常数学化的理论体系，但只要我们以公理化逻辑体系的基本要求去衡量，马上就会露出许多破绽。例如，已有很多文献说明主流经济学的理性人假设在现实世界中的反例俯拾即是，芝加哥大学商业研究生院行为科学与经济学教授理查德·塔勒（Richard Thaler），就是因为以扎实的研究推翻了这个假设，荣获 2017 年诺贝尔经济学奖。本文要阐述的是作为西方主流经济学的另一个基本假设，稀缺性假设中的问题其实更为致命。

稀缺性假设是说，我们只有有限的资源，却要满足无限的欲望。这种说法似乎与我们的生活经验相符，以至于有的经济学教科书能够底气十足地反问：“一个简单的智力实验可以证明这点：假如所有社会成员都被要求开出他们在无限收入下所想购买的物品和服务的清单，你认为这些清单还会有结尾吗?”① 由稀缺性假设揭示的“有限的资源—无限的欲望”这一对无法回避的矛盾，决定了整个社会的生产和消费的模式只能是一种

① ［美］麦克康耐尔、布鲁伊：《经济学》，北京大学出版社 2000 年版，第 18 页。

“有限—无限”的模式。这个模式的含义就是，我们这个社会只能生产出有限的消费品（包括服务，下同），但人们想要占有和消费的消费品却是无限的。

这样的稀缺性假设，以及在这个假设基础上建立起来的经济学，目前仍然在全世界大学的经济学课堂上作为主流知识传授着，很少有人能看出这种主流知识中其实包含着一个思维误区。

揭示这个误区只需稍作辨析：“资源”是属于客观范畴的事物，而“欲望”则属于主观范畴，属于对立范畴的事物怎么能直接比较呢？只有同质的事物相比较才有意义，这是接受过马克思主义经济学学术训练的学者应有的基本素质。至于西方主流经济学，正如我们现在看到的，在基础上就埋藏着逻辑混乱，所以，毫不奇怪，接下来的许多荒谬观点——例如，认为不同商品的效用是可以比较的——居然也被主流学者糊里糊涂地笑纳了。

只有在同质的基础上进行比较，我们才有可能正确地反映客观现实。例如，在生产和消费方面，如果两边都限定在主观范畴，用生产欲望与消费欲望相比，我们就会看到，其实人们的生产欲望也是无限的。“大跃进”年代的大炼钢铁和放高产卫星，正是这种无限生产欲望的反映。生产和消费的欲望都是无限的，哪有什么稀缺性？

接下来的问题是，假如把生产和消费两方面都限制在客观范畴进行比较，结果是什么？因为“能力”这个范畴是客观的，我们就用生产能力与消费能力进行比较。有限的资源决定了生产能力必然也是有限的。另一个问题是，人的消费能力能不能无限扩张？下面我们就来解决这个问题。

由常识可知，消费能力的扩张有三大制约因素：生理约束、时间约束和预算（收入）约束。

生理约束最容易理解，正如中国古代的《增广贤文》之《夜眠八尺》中一句格言所说的：“良田万顷，日食三升；大厦千间，夜眠八尺。”对任何一种消费品而言，消费过程中的生理约束都是显而易见的。西方主流经济学的效用递减原理也是以承认消费中的生理约束为前提的。也就是说，由于存在生理约束，人们对每一种消费品的消费能力都是有限的。那么，我们是否有能力消费无限多种消费品？这个问题可以用现代西方经济学家已经掌握的正确知识来回答。

诺贝尔经济学奖得主贝克尔（Gary S. Becker）早已注意到，消费活动与生产活动一样，都是需要耗费时间的（Gary S. Becker，1965）。但是，西方主流经济学界显然没有认识到这一事实的理论含义。

萨缪尔森、诺德豪斯合著的著名教科书《经济学》，在谈到时间的替代问题时，这样写道："人们可用于从事不同活动的时间是有限的。"① 两位作者同样没有意识到，这个重要事实足以颠覆主流经济学的根基。

由贝克尔的观点可知，任何消费品的消费过程都需要耗费一定时间；由萨缪尔森、诺德豪斯的观点可知，人们从事消费活动的时间是有限的。于是，合乎逻辑的结论只有一个：人们不可能消费无限多种消费品，即消费能力有一个不可逾越的时间约束。

因此，在消费能力面临的三大约束中，生理约束和时间约束是硬约束，其自然规定性决定了这两种约束是无法通过主观意志或社会制度变革从根本上突破的。预算约束其实是一种制度性约束。在贫富分化的资本主义社会中，预算约束是现实中普遍存在的贫困和消费不足现象的直接原因，这个原因是可以通过制度变革消除的。然而，即使每个人都有无限的收入，或者到了共产主义社会，每个人都摆脱了预算约束，由于前两个硬约束的存在，消费能力仍然是有限的。因此，我们可以理直气壮地回答上面提到的西方经济学教科书中的问题：人们在无限收入下所想购买的物品和服务的清单肯定是有限的。

至此，我们完全证明了"消费能力不可能无限扩张"这个命题。或者说，我们通过"生产能力"与"消费能力"这对客观范畴的比较，发现真实世界的生产与消费的模式是"有限—有限"，而不是由稀缺性假设推导出来的"有限—无限"。

在我国过去的经济实践中，"大跃进"时期曾出现过"人有多大胆，地有多大产"之类的错误，根本原因在于当时人们混淆了主观与客观的界限，误以为欲望有多大，能力也会有多大。现在我们看到，西方主流经济学从稀缺性假设到生产和消费的"有限—无限"模式，走的也是欲望有多大，能力也会有多大的路子。"大跃进"时期的错误我们早已纠正，但西方主流经济学同一档次的低级错误至今仍未被充分认识。

为什么会有这么多的主流经济学家在这么长的时间里对如此低级的错误习焉不察？这可能是因为人们在认识客观世界的时候，会经常遭遇误导

① ［美］萨缪尔森、诺德豪斯：《经济学》，人民邮电出版社2008年版，第11页。

性干扰。上面我们已经严格论证了消费能力有限，但“无限欲望”论也不完全是捕风捉影。在现代市场经济中，确实有一种物品，人们不但有占有它的无限欲望，也有能力实现无限占有。这种物品就是货币。货币是一般等价物，不是具体的消费品，所以，只能被占有而不能被消费。正是对货币的无限欲望，而不是对消费品的无限欲望，构成了资本主义经济发展的基本驱动力，使资本主义生产规模呈现无限扩张的趋势。也正是生产规模无限扩张的趋势与有限消费能力的矛盾，最终使经济危机不可避免。这本是马克思主义经济学中的基本常识。对货币的欲望与对一般消费品的欲望，两者虽有本质区别，但也容易混淆，西方学者一不留神就会掉进稀缺性假设的思维误区而不能自拔。

绕开误区就能看得很清楚，现实中生产与消费的模式不是由稀缺性假设臆造出来的“有限—无限”，而是“有限—有限”。换句话说，建立在不符合实际的稀缺性假设基础上的西方主流经济学，其实，只是一种与现实世界隔膜很深的学问，它研究的基本上都是现实中根本不存在的东西。诺贝尔经济学奖获得者约瑟夫·斯蒂格利茨（Joseph E. Stiglitz）也有类似的发现：“看不见的手之所以看不见，是因为这只手并不存在。现在很少有人会认为，银行经理人在追求个人利益时，也促进了全球经济的福祉。”①

事实上，无论社会处在什么发展阶段，生产和消费的真实模式都只能是“有限—有限”。马克思在《资本论》中多处强调资本家对货币无止境的追求是资本主义经济的基本驱动力，也提到过社会对消费品的需要是有限的，“社会对麻布的需要，像对其他各种东西的需要一样，是有限度的”。② 这种有限性没有被刻意强调，是因为这本来不是什么复杂问题，而是常识。马克思根本没想到后世会有这么多经济学家被这个常识绊倒。其实，只要回到常识就能明白：人的能力是有限的。无论是生产能力还是消费能力，都是有限的。另一个常识是：在主观对客观的认识过程中，在探索真理的过程中，常常会出现谬误。谬误就是对客观事物的歪曲的、错误的反映，是与真理相对立的一个范畴。也就是说，我们可以在认识论中

① ［美］斯蒂格利茨：《我们需要一种新的经济学》，http：//www. ftchinese. com/story/001034219/ce。

② ［德］马克思：《资本论》第一卷，人民出版社 2004 年版，第 128 页。

找到一个合适的位置，让西方主流经济学对号入座。这样的经济学当然不可能揭示贫困的真正原因。

三 贫困的最终原因是生产过剩

前面说过，消费能力的生理约束、时间约束属于具有自然规定性的硬约束，适用于所有社会经济制度。预算约束则是一种制度性约束，在资本主义制度下成为广大人民群众——按曾在西方世界风起云涌的“占领运动”的说法就是“99%”——直接感受到的主要约束。贫富分化的现实，使广大人民群众消费能力的扩张还远未触及生理约束、时间约束时就被预算约束束缚住了，生产能力的扩张还远未触及资源约束时就被消费能力束缚住了。其实，这个问题马克思早有论述：“一切现实的危机的最后原因，总是群众的贫穷和他们的消费受到限制，而与此相对比的是，资本主义生产竭力发展生产力，好像只有社会的绝对的消费能力才是生产力发展的界限。”① 这个“绝对的消费能力”的界限就是由上述“硬约束”造成的，在资本主义社会中随处可见的相对过剩现象——商品滞销与消费不足共存——则是由制度性的预算约束造成的。

现实中，生产能力可以通过采用更先进的技术和更有效率的生产组织方式轻易实现大幅扩张，但是，因为有三大约束的存在，消费能力的扩张会困难得多。这种状况就是马克思主义经济学指出的“生产力按几何级数增长，而市场最多也只是按算术级数扩大”。也就是说，在“有限—有限”模式基础上进一步考察现代市场经济，就会发现，由于有扩张难易程度的明显差别，经济中一直存在生产能力大于消费能力的倾向。换言之，社会生产和消费的“有限—有限”模式在现代市场经济中更为准确的实际呈现，是“大—小”模式。生产能力大于消费能力，两者的差距就是生产过剩。简言之，就是：

[生产能力 > 消费能力]→生产过剩

随着人类文明的进步，生产技术不断更新换代，生产组织的效率越来越高，生产能力大于消费能力不仅是经济运行的常态，而且两者的差距会变得越来越大。

---

① [德] 马克思：《资本论》第三卷，人民出版社 2004 年版，第 548 页。

至此，我们通过“有限—有限”模式→“大—小”模式的分析，解释了生产过剩现象何以成为现代经济的常态，实现了与马克思主义经济学的无缝对接。在经济思想史上，对生产过剩研究最为深入的就是马克思主义经济学。相反，现代西方主流经济学则通过稀缺性假设→“有限—无限”模式，把人们引入完全无视现代经济无处不在、无时不有的生产过剩现象的死胡同。也就是说，以对生产过剩的认识为标志，我们看到了马克思主义经济学与西方主流经济学的根本区别：前者直面现实，后者掩盖真相。

那么，生产过剩与前面提出的贫困问题有什么关系呢？有不少学者受到稀缺性假设的影响，以为贫困的原因是生产不足，所以，要解决贫困问题先要“做大蛋糕”。问题是，现代社会的蛋糕已经比中世纪大了不知多少倍，为什么贫困现象仍不能根除？如果从生产过剩的角度看这些问题，我们会得出完全不同的解释。

从生产过剩的角度看，现代市场经济的病根正是生产过剩，而目前的市场经济制度中偏偏缺乏妥善解决生产过剩问题的机制。主流经济学完全无视生产过剩现象的存在，当然，既不可能正确地提出问题，更不可能找到解决问题办法。生产过剩问题得不到解决，那么生产能力越大，问题就越严重，最后必然导致经济危机。

经济危机是生产过剩的终极表现形式。在过去信息技术比较落后的时代，在没达到危机程度时，生产过剩往往表现为产品的大量积压，甚至经常发生类似“倒牛奶”那样耸人听闻的事件。现在信息技术的发展日新月异，产品大量积压甚至不得不销毁的事情比以前少了，取而代之的是生产能力闲置的普遍化，即产能过剩。我国社会主义市场经济发展到今天，产能过剩也已经成为政府不得不解决的大问题了。

需要特别注意的是，产能过剩的一种特殊形式：失业，即劳动力闲置。西方主流经济学对失业问题多有论述，但无一切中肯綮，原因在于观察问题的角度不对。生产过剩才是失业的真正原因。在这方面，恩格斯早有论述：“人口过剩或劳动力过剩是始终与财富过剩、资本过剩和地产过剩联系着的。只有在整个生产力过大的地方，人口才会过多。”①

在现代市场经济中，针对失业和贫困现象常常用两套不同的措施来处

① 《马克思恩格斯文集》第一卷，人民出版社 2009 年版，第 80 页。

理。失业率上升时，政府可能会出台相关的宏观经济政策对经济运行进行调控以促进就业。应对贫困现象，则主要靠政府财政的二次分配制度，再以民间的慈善事业为补充。这种情况很容易让人误以为失业与贫困是两个独立的问题。实际上，略加分析便知：一个人如果失业了，没了收入来源，必然陷入贫困。反之，如果一个社会能够保证每个有劳动能力的人都找到工作，而且收入足够让自己和家人过上小康生活，贫困自然就消失了。在现代市场经济制度中，除一小部分富裕人群外，一般人的主要收入来源还是依赖就业。在新时代中国特色社会主义市场经济中，就业仍然是最大的民生。所以，失业与贫困构成一对因果关系，完整的因果关系链是这样的：

生产过剩→失业→贫困

需要说明的是，目前我国已进入脱贫攻坚战的决战阶段，农村贫困人口尚未脱贫的原因表面上看似乎与失业没有直接关系。农民只要有地可种，在统计上就不算失业，他们贫困的原因，用基层干部的话来说，就是“很多贫困群众并不是不愿意干，而是干错了无法承受失败的损失”。[①] 劳动的结果可能是负收入，这种状况还不如失业。造成负收入的根源仍然是生产过剩，是生产过剩使农产品不容易卖出好价钱。所以导致贫困的“失业”不止于统计上的失业，还要把收入不够高、不够稳定的就业都包括进来。也就是说，我们考察就业状况，不但要看数量，还要看质量。在美国，接受食品券救济的家庭中，大约92%的家庭至少有一位成年人是有工作的。[②] 党的十九大报告提出了“提高就业质量”的任务，说明我党对就业问题的认识非常到位。

简言之，在现代市场经济制度中，贫困的最终原因是生产过剩，而不是生产不足。只有这样明显反“传统智慧”的原因，才会导致“丰裕中的贫困”这种明显矛盾的现象。这是学者最容易出错的地方，一出错就会陷入关于“做蛋糕”和“分蛋糕”的无谓争论，争了几十年也未能根治贫困。实际上，这个问题在思想史上也是早就有人认识到的。空想社会主义思想家傅立叶说过：“在文明时代，贫困是由过剩本身产生的。”[③] 只

① 《脱贫攻坚　瞄准深度贫困地区》，人民网，2018－04－02。

② No Kid Hungry, 2017, Hunger in Our Schools. https://nkh-development-s3-bucket.s3.amazonaws.com/sites/default/files/pdfs/HIOS_2017.pdf.

③ 《马克思恩格斯选集》第三卷，人民出版社1995年版，第611页。

是到了后来，凯恩斯没有说清楚，阿马蒂亚·森觉得模糊不清，西方主流经济学家甚至不知道还有生产过剩这回事儿。

于是，彻底消除贫困既不能指望“做蛋糕”的办法，因为生产过剩正是“做”出来的；也不能指望“分蛋糕”的办法——这种办法西方发达国家尝试过，高税收高福利，治标不治本。治本的办法必须直指病根，科学合理地解决生产过剩问题。如上所述，所谓生产过剩，就是生产能力大于消费能力的问题。要解决这个问题，相当用一大桶水倒满一只小桶，应该是很容易解决的。由此得出的结论是：只要从资源稀缺的角度转换到生产过剩的角度来观察经济现象，我们就能把一个千古难题转变为一个简单问题，从而这个问题的解决办法肯定是存在的。这个结论，相当于数学中的存在性定理。从我们过去的实践中已经可以看到，计划经济确实是解决贫困问题的一个有效办法，虽然在今天看来，这个办法的难以克服的缺陷同样是已经被实践检验过的。那么除了这个旧办法是否还有其他办法？如果要对这个问题作否定的回答，就必须证明生产过剩问题解决办法是独一无二的（类似于数学中的唯一性定理）。显而易见，这个唯一性定理不可能成立，因为用一大桶水倒满一只小桶应该有无数种办法。在这无数种办法中找到最理想的一种，即最优化，才是我们要面对的真问题。这个从转换视角到锁定真问题的过程，是西方学界和政界人士从未想到过的，所以，他们不可能找到根治贫困的办法。

四　结语

生产过剩是社会生产能力大于消费能力的必然结果，是社会经济运行的常态。从常识上说，生产能力大于消费能力，对于人类社会本来应该是个有利因素。假如是相反的情况，即生产能力小于消费能力，那我们的社会就真的陷入万劫不复的境地了。长期以来，西方主流经济学用一个低级的思维误区把人们引入歧途，从而看不到现实世界生产过剩的真相，误导了一代又一代学者。不过，任何以障眼法掩盖真相的企图都只能是欲盖弥彰。正如我们在本文看到的，生产过剩在不被主流理论承认的情况下只好以扭曲的方式顽强地展示它的存在，成为令人头痛的失业、贫困乃至经济危机的罪魁祸首。生产过剩从有利因素沦为罪魁祸首，正是西方主流经济学的“杰作”。只有彻底抛弃这种错误的经济学，回到马克思主义经济学的正确基础上，探索在市场经济条件下解决生产过剩问题的最优方法，才有可能把罪魁祸首重新还原为有利因素，进而开辟经济理论研究和经济制度变革的新方向，为彻底解决贫困这一千古难题提供中国智慧和中国方案。

参考文献

[德] 马克思:《资本论》第一卷，人民出版社 2004 年版。

[德] 马克思:《资本论》第三卷，人民出版社 2004 年版。

[德] 恩格斯:《反杜林论》，载《马克思恩格斯选集》第三卷，人民出版社 1995 年版。

[德] 恩格斯:《国民经济学批判大纲》，载《马克思恩格斯文集》第一卷，人民出版社 2009 年版。

[英] 凯恩斯:《就业、利息和货币通论》，商务印书馆 1999 年版。

[印度] 阿马蒂亚·森:《贫困与饥荒》，商务印书馆 2001 年版。

[美] 萨缪尔森、诺德豪斯:《经济学》，人民邮电出版社 2008 年版。

[美] 麦克康耐尔、布鲁伊:《经济学》，北京大学出版社 2000 年版。

Becker, Gary S., "A Theory of the Allocation of Time", *The Economic Journal*, 1965, 75 (9): 493-517.

“城中村”与小产权房的成因与治理方略

刘 媛

摘 要 “城中村”和小产权房的出现是我国城市化过程中的特殊经济社会现象，是我国特有的城乡二元体制的产物。由于涉及面广，历史遗留问题复杂，牵涉到多方的利益，能否妥善解决“城中村”和小产权房问题，是关系到我国未来城市化能否健康、稳定、可持续发展的一个重要因素。本文通过分析城中村和小产权房此类非正式房屋市场形成的供需因素和制度根源，以及梳理其改造治理过程中所面临的困难，指出深化土地制度改革才是“城中村”和小产权房问题的治本之策，并提出相应的政策建议。

关键词 “城中村” 小产权房 非正式房屋市场 土地制度改革

一 导言

1978 年党的十一届三中全会确定了以现代化经济建设为重点的路线方针，从此我国经济进入快速增长阶段，经济的发展促进了城市化水平的不断提高。从官方公布的数字看，1982—2017 年，我国城市常住人口比重由 21.13% 上升至 58.52%，提升 37 个百分点，城市人口增长 59867 万人，2017 年年末城市人口是改革开放初期的 3.8 倍。随着我国工业化和

［作者简介］刘媛，清华大学社会科学学院经济学博士研究生。

［基金项目］本文得到国家社会科学基金重大项目“中国特色社会主义政治经济学探索”（16ZDA241）和清华大学自主科研项目“中国特色社会主义政治经济学探索”（20165080065）的资助。

城市化的快速推进，城市周边越来越多的农村集体土地被征收为国有土地，用于工业发展和城市建设。由于农村宅基地的拆迁和征收成本要远远高于农地，地方政府在征地时常常选择绕过农村宅基地而仅征收农地，这部分农村宅基地因此被不断扩展的城市土地包围起来，成为城市中的村落——“城中村”。“城中村”现象在我国各级城市均普遍存在，涉及人数广，面积大。根据2006年一份关于“城中村”的调查，北京市朝阳、海淀、丰台、石景山四个城区的“城中村”共有331处，武汉的“城中村”共有147处，西安的“城中村”共有180处，温州的“城中村”共有544处。① 广州市住房与城乡建设委员网站信息显示，2014年，广州市共有304处“城中村”，村民户数约34.89万户，共98.25万村民，外来人口共约500万，村域面积共716平方千米。②

“城中村”区域往往人员组成复杂，居住密度大，卫生条件差，基础设施落后，消防等安全隐患突出，与城市容貌反差巨大。李培林对其调研过的广州“城中村”做了生动的描述：“就在繁闹的市中心区域，就在鳞次栉比的高楼大厦之中，每个‘城中村’就像在方圆几公里人为制造的一个整体的高达20多米的‘水泥巨物’。……在连接着的非常雷同的7—8层高的建筑物中间，是由原来的宅基地间隔确定的宽1.5—2米的街道，但在第2层楼以上，为了最大化地扩展住宅建筑面积，街道两旁的楼都伸展出来，几乎把露天的地方全部塞满，形成当地人戏称的‘贴面楼’‘亲吻楼’和‘一线天’。村落中的大部分住宅，白天房间内要靠电灯照明，村里的街道也形同‘地道’。”③ 尽管居住环境往往较为恶劣，但在我国户籍制度改革滞后、城市住房价格过高、保障性住房提供不足且农民工无权申请的情况下，“城中村”中的低价住房成为外来务工人员和低收入群体在城市的重要居住地，同时，房租收入也为“城中村”中失地农民相对可观的财产收入。④

---

① 许经勇：《我国城镇化过程中的异化：城中村、农民工与小产权房》，《学习论坛》2010年第7期。

② 《2014：我市计划用3年整治304条城中村》，http：//www.gzcc.gov.cn/gzcc/zdgz/201405/4c8eadfe6c2847a3bcc5c9f99a8d883f.shtml。

③ 李培林：《巨变：村落的终结——都市里的村庄研究》，《中国社会科学》2002年第1期。

④ 陶然、王瑞民：《城中村改造与中国土地制度改革：珠三角的突破与局限》，《国际经济评论》2014年第3期。

与“城中村”中的土地性质相同，小产权房是村集体组织或者开发商在集体土地上建设并出售或出租的房子，这些房屋本身未纳入城乡统一规划，也未缴纳相关税费，其产权证并不是县级以上政府颁发，而是由乡镇政府或村委会颁发，其价格较同类商品房至少低1/3。小产权房由于没有完善的销售手续，因此数量难以统计。根据非官方统计，小产权房总面积大概是60亿—70亿平方米。这相当于我国十年的商品房建设总量，涉及几千万居住人口。北京的小产权房占整个市场的20%左右，或达1000万平方米，西安估计占25%—30%，深圳市更是高达50%，占深圳市总建设量的半壁江山。①

二 “城中村”与小产权房的成因分析

（一）“城中村”和小产权房中非正式房屋市场的供需因素分析

从需求方面，城市商品房价格居高不下是“城中村”中出租屋和小产权房需求旺盛的主要原因。据城市数据库网站NUMBEO公布的数据，2016年上半年，全球225个大城市房价收入比排名前十的城市中，中国大陆占了4个：深圳以38.36位居第一，北京以33.32位居第五，上海以30.91位居第六，广州以25.85位居第十。此外，美国经济咨询公司Longview Economics的研究显示，目前深圳房价全球第二贵。由于我国经济社会发展并不平衡，若干大城市的房价飞速上涨，远远超出了当时当地一般就业人员的收入水平。分析显示，深圳一套典型住宅的价格已达到80万美元左右，房价收入比为70倍。与此同时，政府廉租房和保障房的建设却始终无法满足低收入居民的需求。

表1 全球225个大城市中房价收入比排名前10（2016年上半年）

排名	城市（国家）	房价收入比
1	深圳（中国）	38.36
2	孟买（印度）	37.67

① 王营：《限购再催小产权房热》，http://house.hexun.com/2011-03-16/127982787.html。

续表

排名	城市（国家）	房价收入比
3	河内（越南）	35.86
4	香港（中国）	34.95
5	北京（中国）	33.32
6	上海（中国）	30.91
7	伦敦（英国）	30.88
8	利沃夫（乌克兰）	28.10
9	基辅（乌克兰）	25.96
10	广州（中国）	25.85

资料来源：城市数据库网站 NUMBEO，http：//www.numbeo.com/property－investment/rankings.jsp。

有估算显示，小产权房的价格仅仅为位置、房屋配置等因素相似的“大产权房”的40%—55%。[①] 小产权房以其诱人的价格优势催生了庞大的购买群体，较低的价格使他们宁肯舍近求远，并甘冒违法违规购买的风险。而2008年北京市“城中村”中房屋的平均月租则仅仅为一个相似大小房屋租金的20%。[②] 即使“城中村”中出租屋的条件往往更为恶劣，例如，没有厕所或者厨房，也吸引了大量低收入群体聚集于此。

在供给方面，城乡二元土地制度造成土地增值分配不合理使农民希望通过“城中村”房屋出租和建设小产权房等方式参与土地增值收益分配。根据国务院发展研究中心课题组的调查，在目前“合法”的房地产开发过程中，土地增值部分的收益分配，农民的补偿款仅占5%—10%；地方政府拿走土地增值的20%—30%；村级组织留下25%—30%；开发商则拿走土地增值收益的大头，占40%—50%。[③] 作者通过对公开数据进行的

① Wang，L. and Sun，T.，2014，“Capitalization of Legal Title：Evidence from Small－property－rights Houses in Beijing”［J］. *Habitat International*，44：306－313.

② Siqi Zheng，Fenjie Long and Cindy Fan，C. et al.，2009，“Urban Villages in China：A 2008 Survey of Migrant Settlements in Beijing”［J］. *Eurasian Geography & Economics*，2009，50（4）：425－446.

③ 韩俊：《房价走低或致金融危机》，http：//news.hexun.com/2010－12－28/126441169_3.html。

计算发现，农民获得的土地增值收益占比甚至呈下降趋势（见表2）。

表2　2003—2008年各增值收益主体平均收益绝对值及占比①

年份	开发商绝对值（元/平方米）	开发商占比（%）	政府绝对值（元/平方米）	政府占比（%）	农民绝对值（元/平方米）	农民占比（%）
2003	522.38	39.59	873.51	66.20	117.50	8.90
2004	618.28	39.19	1046.38	66.33	106.89	6.78
2005	810.58	38.91	1358.27	65.21	108.19	5.19
2006	912.31	38.76	1523.66	64.73	111.88	4.75
2007	1096.96	37.50	1907.21	65.19	115.54	3.95
2008	1104.91	37.06	1948.15	65.34	123.01	4.13

资料来源：刘媛（2014）根据公开数据计算得到。

由于现行征地制度使农民不能公平地分享工业化城市化、进程中的土地增值，农民不愿再被动地任由政府以"公共利益"的名义把自己的大片土地征收去，之后用于工商业和房地产开发，而是要主动参与到工业化、城市化进程中来，要和政府、开发商平等地分一杯羹，这是农民对自己土地财产权益的保护与收益的合理追求。

（二）"城中村"和小产权房中非正式房屋市场的制度根源分析

"城中村"和小产权房非正式住房市场的形成，其根源在于农村集体建设用地和城市国有建设用地产权地位不平等。首先，城市国有建设用地有正式的土地使用权拍卖市场，实行市场定价，而农村集体建设用地使用权一直不能与国有建设用地使用权同等入市，以致造成"同地不同权不同价"。其次，城市国有建设用地主体的使用权证，可以抵押到银行等融资机构进行再融资和资产评估，而农村集体建设用地没有使用权证，不具有资产功能，也不能进行上述抵押和融资。同时，国家对农村集体建设用地的用途进行了严格的限制，除了兴建农民自住房屋、公共设施和村办企

① 由于2008年之后土地出让纯收益不再公开，因此增值收益分配情况的计算截至2008年。

业，若转变用途用于商业和房地产开发，必须首先由政府征收为国有，然后再通过招拍挂将使用权转移给开发商，这就剥夺了农民直接占有集体土地转用增值的权利。

三　“城中村”改造与小产权房治理的经验、模式及困境

广州是全国较早开展“城中村”改造的城市，早在2002年就已经制定了“先行试点、积极稳妥”“一村一策”的改造原则，在一定程度上可以看作全国“城中村”改造的缩影。广州市政府原计划十年内基本完成全市138条“城中村”整治改造工作，但是，实际上由于各种原因进展缓慢。[①]

猎德经验：猎德村是广州市第一个整体改造的“城中村”，2007年7月12日《猎德村整体改造方案》开始网上批前公示，2010年下半年猎德村村民迁入新居。猎德村改造过程中的一些创新实践得到了多方的关注和研究，被称为“猎德模式”。[②] 其一，猎德村开创性地将开发商引入广州“城中村”改造项目，冲破了此前广州市禁止开发商介入旧城改造与“城中村”改造的限制。[③] 其二，猎德村创造了以土地产权（土地拍卖）置换开发商物业（安置房建设）的“城中村”改造模式。2007年10月，富力地产与合景泰富联合以46亿元拍下猎德村改造地块中商业价值较高的部分地块，为“城中村”改造提供了充足的资金保障，解决了政府资金不足的问题。其三，对猎德村土地采取了“333”模式进行划分，即1/3用于村民安置[④]，1/3用于商业开发，1/3用于村集体经济预留地。不过，由于地处珠江新城临江黄金地段，猎德村的地价比其他很多城中村都要高，这使其经验难以复制。

林和经验：猎德村改造虽然引入了企业，但村和企业之间并没有直接

---

① 曾妮：《城中村改造：握着乡愁告别城市村庄》，《南方日报》2014年5月15日。

② 袁征、道典：《广州猎德城中村改造模式思考》，《中国名城》2011年第12期；徐跃：《广州城中村改造的制度创新与完善——基于“猎德模式”的分析》，《广东农业科学》2013年第7期。

③ 在早期，出于对房地产商提高容积率、增加城市人口密度的担心，广州一直不允许开发商插手“城中村”改造，“城中村”改造完全由政府承担，但由于资金问题迟迟难以推动。

④ 对村民采取“原地安置”“拆一补一”的补偿安置方案。

合作。林和村改造，则是由开发商与村直接进行合作开发，林和村与开发商成立银行共管账户，开发商汇入资金作为保证金和临迁费。[①] 根据林和村与香港新鸿基之间的协议，香港新鸿基向双方共管账户中汇入9.5亿元首笔款项，其中2.2亿元为村民安置临迁费，3000万元用于原林和小学扩建，另外7亿元是保证金。[②]

琶洲经验：从2010年3月正式启动整村改造动迁工作，到2014年10月回迁房建设全面完工，再到11月28日开始交楼，琶洲村改造整个过程仅用了1700余天的时间。琶洲村改造项目在征地模式上采取了在政府引导下开发商直接与村集体协商征地补偿方案的创新模式。[③] 在琶洲村改造中，政府退出了"非公共利益"征地，一改过去"既当运动员又当裁判员"的形象，只需安心当好"裁判员"，有效地化解了社会矛盾。

"城中村"改造的实践大体可以归纳为政府主导型、开发商主导型和村民集体主导型。[④]

其一，政府主导型。地方政府作为"城中村"改造的实施主体主导"城中村"改造工作的模式。在政府主导的"城中村"改造模式中，政府需要承担的责任主要包括：制订本地区"城中村"改造方案与政策，负责改造并组织具体拆迁安置，所需资金主要由财政投资承担。政府往往需要对地块进行整理整合后，通过"招拍挂"等方式出让土地资源来补偿财政成本并获得相关收益。该模式的优势在于便于政府对"城中村"改造过程进行统筹安排和控制，劣势在于前期高额的补偿安置费用往往会对政府财政造成一定的压力，同时政府容易成为社会矛盾的焦点等。

其二，开发商主导型。在开发商主导的"城中村"改造模式中，开发商通过自筹资金完成"城中村"村民住宅的拆迁补偿、村民拆迁、安置或回迁及开发用地建设等，政府的责任则为制订相关政策方案、向开发商提供相应优惠政策并对其改造活动进行引导和监管。其优势在于：政府

---

① 据称为防止改造项目"烂尾"，林和村在广州所有"城中村"改造项目中首次提出了开发商保证金这项措施。

② 武瑾莹：《新鸿基9.5亿签约广州林和村改造项目》，http://house.hexun.com/2010-03-01/122806195.html。

③ 何缨：《琶洲城中村改造模式的征地创新思路》，《特区经济》2010年第12期。

④ 周杰、阳建强：《"城中村"更新改造的模式》，《城乡建设》2004年第12期；石迎军：《城中村改造模式研究》，《河南社会科学》2011年第1期；陈颖颖：《我国城中村改造实践模式比较》，《中国行政管理》2012年第8期。

一般不需要投入资金，财政负担小，能够安心做好监管工作；劣势在于：由于开发商往往追求经济利益最大化而容易忽视甚至损害社会利益和村民权益。

其三，村民集体主导型。在村集体主导的“城中村”改造模式中，政府的角色类似于开发商主导的改造模式，其主要职责在于提供政策指导、政策优惠和建设监督，具体拆迁安置和改造工作则由“城中村”村委会和村民民主协商并通过自筹资金、自主建设或引入开发商等方式来完成。该模式的优势在于：“城中村”居民由被动变为主动。其劣势在于：自筹资金改造对资金、技术、管理等均有较高要求，与开发商合作也需要村民集体具有一定的协调能力及技术水平，并且需要对村委会进行较强监督。

无论是政府主导的“城中村”改造模式，还是村民集体主导的改造模式，其本质都是需要先将农村土地征为国有再进行开发。然而，由于“城中村”周边的国有建设用地经过多年开发，其房价地价都已今非昔比，许多“城中村”已经位于城市非常繁华的地段，周边土地甚至不断拍出“地王”。在这种情况下再企图以补偿农地的标准征收“城中村”是根本行不通的，“城中村”改造征地拆迁难度不断加大，一些纳入计划的“城中村”改造项目无法按期实施，而“城中村”改造越是拖延，征地拆迁的成本就越会与日俱增。在广州市猎德村和林和村改造中，均有少量居民因不满意补偿协议等原因，拒绝搬迁。

此外，作为外来人口的重要居住地，“城中村”在过去对我国经济社会发展发挥了重要作用。在改造实践中，虽然常常考虑了政府—本地居民—开发商等多方利益平衡，但外来人口的诉求基本未被关注。外来人口原本因为租金低廉集聚在“城中村”，然而，由于“城中村”改造仍未摆脱政府征地和招拍挂拿地的旧有模式，随着“城中村”改造，新房租金明显提高，这不仅间接提高了企业的用工成本①，从而降低了企业的盈利空间，削弱了企业竞争力，而且随着这些外来人口常常会向周边地区转移，寻求便宜的租房，可能形成新的“城中村”。

中央政府在 2013 年年末和 2014 年年初提出，要到 2020 年改造约 1

① 农民工之所以长期接受较低的工资，在很大程度上是因为他们在“城中村”的居住成本很低。“城中村”改造无疑会提高农民工的居住成本，如果企业不相应提高工资，是很难继续留住农民工的。

亿人居住的城镇棚户区和"城中村"。[①] 根据全国城镇棚户区和城乡危房改造及配套基础设施建设三年计划（2015—2017 年），三年改造包括城市危房、"城中村"在内的各类棚户区住房 1800 万套。[②] 在 1800 万套的改造计划即将完成的情况下，2017 年 5 月 24 日，国务院常务会议确定 2018—2020 年棚改目标，计划再改造各类棚户区 1500 万套，兑现改造约 1 亿人居住的城镇棚户区和城中村的承诺。[③] 两个"三年棚改计划"加总，2014—2020 年计划改造的棚户区和"城中村"数量将达到 3300 万套。按一套住房三口人粗略计算，则基本能够实现改造约 1 亿人居住的城镇棚户区和"城中村"目标。[④] 但是，由于涉及复杂的利益关系和历史遗留问题，"城中村"改造困难重重。

另外，中央政府一直严令禁止小产权房的开发。从 1992 年《国务院关于发展房地产业若干问题的通知》（国发〔1992〕61 号）指出"集体所有土地，必须先征为国有后才能出让"，国务院曾经多次以会议和通知的形式要求城市居民不要购买小产权房，国土资源部也多次发出"风险提示"。2008 年 1 月 8 日，国务院办公厅下发了《关于严格执行有关农村

---

① 棚户区与"城中村"均为城镇影响区域范围内比较落后的区域，但是，两者又呈现明显差异：其一，从土地性质上讲，棚户区土地为国有土地，"城中村"土地为集体土地；其二，从户口性质看，棚户区居民为非农业户口，城中村本地居民为农业户口；其三，从成因来看，棚户区的形成主要与工业化进程中的住房欠账问题相关，多分布在工矿企业附近，而"城中村"主要是在城镇扩张过程中，由于拆迁农村宅基地的成本一般远高于农地，所以，很多城镇在外延扩张时，一般会绕过农村宅基地，由此形成为数众多的"城中村"现象；其四，从收入来看，棚户区居民大多收入较低、生活困难，而"城中村"居民由于能够获得外来人口的租房收入等，收入较高。本文主要讨论的是"城中村"的改造问题。

② 并未见政府文件或新闻中出现关于 2015—2017 年"三年棚改计划"的具体完成情况。只能根据相关数字进行推算。在 2018 年 3 月 5 日召开的第十三届全国人民代表大会第一次会议上，李克强总理在政府工作报告中提出："五年来，人民生活持续改善……棚户区住房改造 2600 多万套，农村危房改造 1700 多万户，上亿人喜迁新居。"此前，《国务院关于进一步做好城镇棚户区和城乡危房改造及配套基础设施建设有关工作的意见》（国发〔2015〕37 号）中指出："2013—2014 年改造各类棚户区住房 820 万套、农村危房 532 万户，有效改善了困难群众的住房条件，发挥了带动消费、扩大投资的积极作用，促进了社会和谐稳定"。由此推算，2015—2017 年已经实现完成棚改 1800 万套的任务。

③ 《2017：我国未来 3 年将改造棚户区 1500 万套》，http：//www.xinhuanet.com/politics/2017-05/24/c_1121030312.htm。

④ 需要说明的是，这与齐骥副部长在《国家新型城镇化规划（2014—2020 年）》新闻发布会上对改造约 1 亿人居住的城镇棚户区和城中村的算法不同。其算法是：2008—2012 年已改造 1260 万套，2013—2017 年改造 1500 万套，2018—2020 年改造 1000 万套，合计 3760 万套。关键差异在于，对 1 亿人目标的起点理解不同。

集体建设用地法律和政策的通知》，申明“农村住宅用地只能分配给本村村民，城镇居民不得到农村购买宅基地、农民住宅或‘小产权房’”。2017年9月20日，国土资源部、住房和城乡建设部联合发布《国土资源部住房城乡建设部关于房屋交易与不动产登记衔接有关问题的通知》（国土资发〔2017〕108号）再次指出要“防止小产权房通过不动产登记合法化”（见表3）。

表3　国务院关于遏制和整治小产权房的相关政策

年份	文件名称	涉及内容
1992	《国务院关于发展房地产业若干问题的通知》（国发〔1992〕61号）	集体所有土地，必须先征为国有后才能出让
1997	国务院办公厅发布《关于进一步加强土地管理，切实保护耕地的通知》（中发〔1997〕11号）	除国家征用外，集体土地使用权不得转让，不得用于经营性房地产开发
1999	《国务院办公厅关于加强土地转让管理，严禁炒卖土地的通知》（国办发〔1999〕39号）	农民的住宅不得向城市居民出售
2004年	《国务院关于深化改革严格土地管理的决定》（国发〔2004〕28号）	加强农村宅基地管理，禁止城镇居民在农村购置宅基地
2008	《国务院办公厅关于严格执行有关农村集体建设用地法律和政策的通知》（国办发〔2007〕71号）	农村住宅用地只能分配给本村村民，城镇居民不得到农村购买宅基地、农民住宅或“小产权房”。单位和个人不得非法租用、占用农民集体所有土地搞房地产开发
2011	《国土资源部、中央农村工作领导小组办公室、财政部、农业部关于农村集体土地确权登记发证的若干意见》（国土资发〔2011〕60号）	城镇居民在农村购置宅基地、农民住宅或“小产权房”等违法用地，不得登记发证
2017	《国土资源部、住房和城乡建设部关于房屋交易与不动产登记衔接有关问题的通知》（国土资发〔2017〕108号）	防止小产权房通过不动产登记合法化

由于小产权房在其建设和交易过程中没有经过国家征收等程序，各级政府不能从中获取土地出让金和相关税费。因此，地方政府经常以“三违建筑”（违法占地、违章建设、违规销售）的罪名对小产权房兴师问罪。然而到目前为止，中央政府和地方政府出台的各项针对小产权房的政策都没有收到预期效果，市场上仍有许多小产权项目正在建设和交易。

四　深化土地制度改革是城中村改造和小产权房治本之策

党的十八届三中全会通过的《中共中央关于全面深化改革若干重大问题的决定》（以下简称《决定》）、中央全面深化改革领导小组第七次会议审议通过的《关于农村土地征收、集体经营性建设用地入市、宅基地制度改革试点工作的意见》（以下简称《意见》），对深化我国土地制度改革提出了基本原则和试点意见，如缩小土地征收范围，构建城乡统一的建设用地市场，保障农户宅基地用益物权，改革完善农村宅基地制度，慎重稳妥推进农民住房财产权抵押、担保、转让，等等。相比 2015 年开始的“三块地”试点改革允许集体经营性建设用地直接入市，2017 年 8 月国土资源部会同住房和城乡建设部联合发布的《利用集体建设用地建设租赁住房试点方案》（以下简称《试点方案》）进一步将“建设用地”前的“经营性”限定舍去，并明确允许利用集体建设用地进行住宅建设，这是集体建设用地制度改革的一次突破。然而，要真正实现“同地、同权、同价”的统一的城乡建设用地市场，从根本上解决“城中村”和小产权房问题，仍然进一步深化土地制度改革。

（一）征地制度改革需明确“公共利益”原则

关于征地制度改革，《决定》和《意见》都强调“要缩小土地征收范围，探索制定土地征收目录，严格界定公共利益用地范围”。而目前的土地制度改革试点方案，忽视了公共利益征地原则和征地范围的确定这一根本问题，而仅仅关注征地补偿标准的调整上。

《中华人民共和国宪法》规定，城市的土地归国家所有，农村的土地归农民集体所有，国家只有出于公共利益的需要，才能依法征收或征用农民的土地，这就意味着诸如住宅建设等非公共利益用地不必通过政府征收而转变为国有土地，从这一点来看，农民在自己的土地上兴建商品房并不违反《中华人民共和国宪法》，倒是现行的《中华人民共和国土地管理法》的上述规定不符合宪法的精神而应修改。“城中村”改造和小产权房治理只要按照城市规划进行，无须改变集体土地所有权。现行的《中华人民共和国土地管理法》规定，任何单位和个人进行建设，都必须申请使用国有建设用地，即使是非公共利益的工商业开发和城市建设需要使用农村集体建设用地的，也要首先由政府征收为国有土地才能转变为城市建设用地，这无疑违背了宪法的公共利益征地原则。

即使国家出于公共利益的需要征收征用农民的土地，也要根据市场价格进行合理补偿。公共利益实现的成本应当由享受了公共利益的全体成员或公民来承担，而不能让少部分人来承担这部分成本。且不说那些仅仅为城市居民服务的公共设施和公益事业的征地成本不应由农民来负担，即使是为全社会（包括农民在内）的公共利益而征地，其成本也不能只由农民来负担，而是应该由社会全体成员共同负担。进一步说，公共利益只是征地的必要条件，而不是充分条件。也就是说，对于非征不可的土地，一定要出于公共利益的需要；但公共利益用地，并非一定要通过征地收归国有，很多公共服务或公益活动，依托或借助（租用）集体土地（包括其上的建筑物）同样可以提供和完成，并非一定要在国有土地上进行。

（二）应当真正实现农村集体建设用地与城市土地的“同权同价”

根据《决定》的精神，市场在土地资源配置中要起决定性作用。《决定》和《意见》都强调：要在符合规划和用途管制的前提下，允许农村集体经营性建设用地与国有建设用地同等入市，同权同价。针对农村集体经营性建设用地权能不完整，不能同等入市、同权同价和交易规则亟待健全等问题，要完善农村集体经营性建设用地产权制度，赋予农村集体经营性建设用地出让、租赁、入股权能。根据国土资源部数据，2017 年，我国城镇用地合计 96344 平方千米，村庄用地 193270 平方千米[①]，农村集体建设用地是城镇国有建设用地两倍以上，其中 70% 以上是宅基地。目前的“三块地”改革试点，只允许农村集体经营性建设用地入市，农村宅

① 《国土部土地利用数据（省、地级市）（2009—2016）》，http：//tddc. mlr. gov. cn/to_Login。

基地只能在集体所有制成员内部流转，而农村集体建设用地中真正属于经营性建设用地即乡镇和村办企业用地只占10%，仅靠这么少量的农地入市，根本不足以构建竞争有序的城乡统一的建设用地市场。如果允许农村宅基地使用权在集体所有制成员之外流转，至少其中的1/3闲置不用的宅基地使用权可以通过抵押担保、出租转让以及城乡建设用地增减挂钩等方式进入市场，那么城镇建设用地就可以增加70%以上，从而不仅会拓宽农民财产收入的渠道，促进农村集体建设用地节约集约使用，而且会有效地遏制城镇房价的增长，有助于农民工进城落户，加快农民工市民化进程。

尽管《试点方案》将"建设用地"前的"经营性"限定舍去，并明确允许利用集体建设用地进行住宅建设，但不论是官方解读抑或是各地的具体实施方案中，均明确禁止销售在集体建设用地建设的房屋，"坚决杜绝变相开发经营性房地产或建设小产权房"。农村集体建设用地仍然没有在真正意义上实现与城市土地的"同权同价"。无论是此前的"三块地"改革试点，还是近期利用集体建设用地建设租赁住房试点，如果住房的租赁市场和买卖市场能够实现完全竞争，利率也是市场化的，那么长期来看，家庭购买住房的居住成本将等于租赁住房的居住成本，如此才能够真正有利于平抑房价、构建"租购并举""租售同权"的住房市场。

（三）应当探索改善农村宅基地流转交易制度

关于改革和完善农村宅基地制度，《决定》强调要赋予农民更多财产权利，保障农民集体经济组织成员权利，积极发展农民股份合作，赋予农民对集体资产股份占有、收益、有偿退出及抵押、担保、继承权。保障农户宅基地用益物权，改革完善农村宅基地制度，选择若干试点，慎重稳妥推进农民住房财产权抵押、担保、转让，探索农民增加财产性收入渠道。建立农村产权流转交易市场，推动农村产权流转交易公开、公正、规范运行。

而土地制度改革试点方案只允许"进城落户农民在本集体经济组织内部自愿有偿退出或转让宅基地"，这对于绝大多数已经拥有宅基地并只允许一户一宅的集体经济组织来说，宅基地的流转也就无法实现，至于宅基地使用权的抵押、担保、转让也就无法实行。对占农村集体建设用地七成以上的宅基地如此严格限制的"改革试点"，即使"成功"了，对于赋予农民更多财产权利，保障农民集体经济组织成员权利，增加农民财产性收入渠道意义有限；对于保障农户宅基地用益物权，改革完善农村宅基地制度，推广价值不大。

许多小产权房是通过整合集体所有的建设用地和宅基地，然后再在整合之后的集体土地上建设的，这事实上是对集体土地有效入市流转的一种尝试。这类小产权房不仅解决了城市居民住房难的问题，也增加了农民财产收入，有助于缩小城乡居民收入差距。因此，除非严重影响国家和城乡统一规划，可以在补办相关手续、补交相关费用之后给予其合法产权，或者政府通过收购等方式将其转变为廉租房、保障房或回迁房。为了防止不纳入规划建设房屋现象的进一步蔓延，对于正在建设和新建的小产权房，要尽快纳入城市统一规划，经过合理的审批程序予以确认或者制止。另外，对非法占用农地建设的小产权房，要按照时间和成本进行区别对待，要从解决小产权房的整套方案公布之日起对占用农地建设的小产权房画一条线：此前为历史遗留问题；此后为现实问题。对于历史遗留问题要一分为二：如果开工不久或规模不大，尚能以较低的拆除成本将宅基地恢复成耕地的，就坚决拆除；如果规模很大并已投入使用多年，即使付出较高的拆除成本，也很难将建设用地再恢复成耕地的，拆除这类小产权房不仅得不偿失，而且会引发较大的社会矛盾。①

然而，要从根本上解决“城中村”和小产权房这类非正式房屋的问题，仍需要通过建设城乡统一的建设用地市场体系建设，允许农村集体建设用地与国有建设用地平等入市，通过市场显示土地要素的真实价格。这既有助于保证农民根据其产权地位分享城市化的成果，也有助于遏制基层政府卖地的冲动，有利于形成和谐的微观市场结构。

参考文献

蔡继明：《小产权房的制度根源及治理方略》，《理论前沿》2009年第22期。

陈颖颖：《我国城中村改造实践模式比较》，《中国行政管理》2012年第8期。

何缨：《琶洲城中村改造模式的征地创新思路》，《特区经济》2010年第12期。

李培林：《巨变：村落的终结——都市里的村庄研究》，《中国社会科学》2002年

① 蔡继明：《小产权房的制度根源及治理方略》，《理论前沿》2009年第22期。

第1期。

刘媛:《农地转用增值的分配问题研究》,博士学位论文,清华大学,2014年。

敬东:《“城市里的乡村”研究报告——经济发达地区城市中心区农村城市化进程的对策》,《城市规划》1999年第23期。

石迎军:《城中村改造模式研究》,《河南社会科学》2011年第1期。

陶然、王瑞民:《城中村改造与中国土地制度改革:珠三角的突破与局限》,《国际经济评论》2014年第3期。

田莉:《“都市里的村庄”现象评析——兼论乡村—城市转型期的矛盾和协调发展》,《城市规划汇刊》1998年第5期。

许经勇:《我国城镇化过程中的异化:城中村、农民工与小产权房》,《学习论坛》2010年第7期。

徐跃:《广州城中村改造的制度创新与完善——基于“猎德模式”的分析》,《广东农业科学》2013年第7期。

袁征、道典:《广州猎德城中村改造模式思考》,《中国名城》2011年第12期。

曾妮:《城中村改造:握着乡愁告别城市村庄》,《南方日报》2014年5月15日。

周杰、阳建强:《“城中村”更新改造的模式》,《城乡建设》2004年第12期。

Wang, L. and Sun, T., “Capitalization of Legal Title: Evidence from Small-property-rights Houses in Beijing” [J]. *Habitat International*, 2014, 44: 306-313.

Siqi Zheng, Fenjie Long, Cindy Fan et al., “Urban Villages in China: A 2008 Survey of Migrant Settlements in Beijing” [J]. *Eurasian Geography & Economics*, 2009, 50 (4): 425-446.

失业阴影下的家庭消费

——兼论成员劳动供给

赵　达

摘　要　本文基于中国城镇住户调查2010—2012年月度数据，利用失业率在外生性特征群组和月份的变异性阐明，客观失业率恶化不利于稳定就业者预期，家庭会对此进行消费和劳动供给调整。具体来说，在控制当期收入的前提下，群组失业率每提高1%将导致城镇地区就业家庭消费下降0.48%，未来失业预期引起的预防性储蓄动机明显。在所有制异质性方面，群组失业率每提高1%，国有、集体和股份制就业者所受影响在统计意义上并不显著，个体或私营企业被雇者家庭消费下降0.50%，没有固定性职业的就业者家庭消费下降1.22%。在年龄异质性方面，临近退休的户主对群组失业率并不敏感。位于26—35岁的户主，群组失业率每提高1%，家庭消费降低0.49%。位于36—50岁的户主，群组失业率每提高1%，消费水平降低0.35%。分项结果显示，其他商品和服务、食品、衣着消费下降明显。失业保险的存在虽然有助于缓解消费下降，但是，在统计意义上并不显著。消费金额的下降并非源于搜寻频率增加带来的价格下降，而是消费数量的降低。群组失业率每提高1%，将引起就业户主的配偶提高其劳动供给的概率增加8.13%，并主要体现为外延模式而非集约模式。与此同时，单身家庭（未婚、离婚或丧偶）消费下降显著且达到0.69%，说明婚姻制度发挥着某种自我保险职能。本文的研究成果对于理解中国居民部门消费制约因素，以及经济

［作者简介］赵达，四川大学经济学院助理研究员、经济学博士。

剧烈波动期间消费总需求、劳动力市场结构调整具有现实意义。

关键词 失业阴影 消费决策 家庭劳动供给

一个人想工作，而又找不到工作，这也许是阳光下财富不平等所表现出来的最惨淡的景观了。

——托马斯·卡莱尔

一 引言

2018 年上半年，消费对中国经济增长的贡献率已经达到 78.5%。在此背景下，准确理解劳动力市场恶化对于微观家庭消费的影响，有助于把握商业周期不同阶段消费总需求的演进趋势。直观上看，对于大多数人来说，失去工作除了意味着收入水平的直线下降，更关系到社会地位高低，或遭受不被认可的心理折磨（Clark et al.，2010），甚至由于生活目标迷失而诱发自杀率上升（Kerr et al.，2017；Knabe and Rätzel，2011）。[①] 就中国而言，改革开放以来，人均收入虽然大幅提高，但是作为全球最大的转型经济体，经济周期等因素带来的劳动力市场波动注定将更为频繁，人工智能技术的不断突破对于未来劳资关系也必将产生深刻影响。[②] 不仅如此，中国还面临着深化国有企业改革[③]、"去产能"、产业转型升级[④]等一系列关乎就业的特殊考验。总之，无论在长期还是短期，就业市场的不确定性将越发突出，对于家庭未来预期和当前消费的冲击必将不断加大。与此同时，既有研究显示，失业有强烈的精神外溢效应（Apergis and Georgelli，2017）。Helliwell 和 Huang（2014）的研究显示，美国失业率每提高 1%，就业者所遭受的效用损失，需要 4% 的收入上涨方可弥补。换言之，在失业率急剧攀升的情况下，虽然绝大部分社会成员（尤其是家

---

① Warr（2007）综述了失业对于失业者心理冲击的相关研究。

② 图 2 显示，高收入国家平均失业率水平确实要高于低收入国家。

③ 在 1995—1999 年的国有企业改革过程中，"铁饭碗"终被打破，约有 1500 万国有企业员工最终下岗（He et al.，2017）。

④ 农民工平均受教育年限为 9.6 年，而资本密集型的第二产业和技术密集型的第三产业分别需要 10.4 年和 13.3 年。因此，农民工受教育程度过低，与产业升级存在不匹配现象（蔡昉，2013）。

庭户主）仍将保持就业状态，但是并不代表失业阴影不会对其形成困扰（Campos and Reggio，2015）。[①] 基于以上认识，自然而然的问题是：失业率大幅调整是否会对就业者家庭消费造成影响，是否与户主工作单位所有制类型有关，通过何种机制传导？作为应对负面冲击的补充措施，婚姻制度是否发挥了自我保险作用，配偶劳动供给是否有所提升？中国的失业保险制度是否有助于缓解失业阴影带来的消费抑制？对于以上问题的回答构成了本文的核心内容。

正如众多颇具争议的经济学话题，试图较为规范地得到这些问题的答案并非易事。仅就研究课题所需核心数据来说，中国官方所公布的城镇登记失业率长期以来保持稳定，因此，完全不足以为模型识别提供足够的变异性，其可信度更是在学术界遭受较大质疑（Feng et al.，2017）。从识别角度来讲，如何将失业率波动与其他随时间变动的宏观经济变量区别开来，从而避免伪回归十分关键。影响当前消费的因素既包括当前收入也包括未来收入预期，如何将两者进行区分，识别出“失业阴影”而非“失业”对微观家庭的影响，将变得举足轻重。[②]

幸运的是，月度频率的中国城镇家庭调查（Urban Household Survey，UHS）为解决以上三方面顾虑提供了可能。Feng 等（2017）和 Zhang 等（2016）根据该数据库年度数据所做的失业分析已经得到了较为广泛的认可，月度频率特性更是提高了失业率波动的准确性和变异性。[③] 2010—2012 年，中国经济形势错综复杂，不同教育、年龄、性别、地区失业率

① 本文之所以并未使用“失业风险”这一术语，而是采用“失业阴影”，主要是基于严谨性考虑。He 等（2017）从理论层面指出，客观失业率抬升给就业者带来的不确定性可细分为两点：未来失业风险加大；即使不失业，未来薪酬被动降低的概率也会提升。值得强调的是，在现实生活中，由于行为人很难将两者进行严格区分，即谁也无法保证自己仅仅是被降薪而非辞退，因此，“失业阴影”的概念包含了“失业风险”。

② 对于养老保险和医疗保险来说，其缴费额与工资之比分别达到 28% 和 8%（白重恩等，2012）。可以看到，一方面，缴费额占比较高会对当前消费产生不可忽视的挤出效应；另一方面，未来不确定性的减弱将带来消费的挤入效应。如果挤出强于挤入，那么消费将增加。比如养老保险缴费率提高 1%，消费水平将降低 2.58%（邹红等，2013）。如果挤入强于挤出，那么消费将降低。比如医疗保险缴费率每提高 1%，消费水平将增加 2.10%（邹红等，2013）。白重恩等（2012）同样指出，虽然提高养老保险的覆盖范围有利于增加当前消费（以挤入为主），然而，养老金缴费占比的提高则对于抑制当前消费影响显著（以挤出为主）。相比之下，失业保险缴费额与工资之比仅为 3%，挤出效应相对微不足道，更容易分离出预期改变带来的挤入效应。

③ 考虑到一年之内，失业率变异性较大，上半年失业率较低并不代表下半年失业率不会反弹，因此使用年度数据会损失大量信息，而这恰恰对于分析家庭未来不确定性预期较为关键。

出现明显分化，即使是同一地区，低教育水平的女性年轻群体，其失业率也可能远远高于当地高教育水平的男性中年群体（Zhang et al.，2016），这直接导致特定群体家庭主要针对与之相似的群体失业率做出反应（Albanesi and Şahin，2017）。因此，基于以上四类外生性特征进行分组（对于户主来说，教育水平基本已经固定），不仅可以与其他单一维度的时变宏观变量（如地区 GDP）进行有效区分，而且可以互为对照，为准确识别提供支撑（Campos and Reggio，2015）。特别需要注意的是，本文核心变量为宏观数据，而被解释变量为微观家庭数据，所以并不存在反向因果关系（张军等，2017）。与既往文献研究失业者不同，本文分析对象为就业者，其收入水平在样本期内并未发生显著调整，因此可以有效识别“失业阴影”这一未来预期而非“失业”这一当前冲击对消费和劳动供给的影响。

与既往文献相比，本文可能的贡献主要体现在三个方面：（1）政策方面。从养老与医疗角度解释“高储蓄之谜”的研究汗牛充栋，本文则着重分析了失业阴影的影响，从而为降低预防性储蓄、提高居民消费等相关政策制定提供了新的学理支撑。（2）理论方面。研究失业对失业者影响的文献数以千计，相比之下，虽然就业者占据社会成员中的绝对多数，但是，探讨失业率对就业者影响的文献却乏善可陈。本文首次区分了“失业”与“失业阴影”，这对于识别预期、当前收入变动影响的差异性十分关键，毕竟失业会同时对两者造成显著改变，而在控制就业者当前收入之后，失业阴影仅仅影响预期。（3）稳健性方面。本文首次区分了消费数量变动与金额变化差异，这对于福利评价至关重要（Aguiar and Hurst，2005）。有关“退休消费之谜”的研究发现，退休后丰裕的闲暇时间保证了消费品搜索的充足性，从而大大降低了消费品价格，因此，退休后消费金额的下降并不必然代表消费数量的下降，并不意味着消费没有得到平滑（Battistin et al.，2009）。因为失业与退休一样会释放大量闲暇时间，而且失业率上升通常意味着物价降低（短期菲利普斯曲线），因此，对其进行区分变得十分必要。

二 文献述评

与本文主题最为相关的文献探讨了当失业率提高带来的未来收入不确

定性上升时，家庭当前消费是否表现平滑，劳动供给是否增加（Blundell et al.，2008）。Stephens（2004）指出，失业阴影是未来收入风险的核心代理指标，并在生命周期理论框架下检验了主观失业风险对于家庭食物消费的影响。他观测到，在失去工作前几年，家庭便开始减少该项目消费支出。Nalewaik（2006）进一步计算认为，代表性家庭会根据未来六年内的预期收入决定其当前消费水平。Blundell 等（2008）发现，除了消费变化，失业者家庭可以通过调整资产、获得转移支付或亲友救济、增加家庭成员劳动供给等途径进行自我保险。Hendren（2017）利用主观失业风险数据发现，相对于失业家庭变卖资产，尚未失业的家庭更多地通过调整消费来应对负面冲击，并且在失业前的1—2 年内消费降幅便达到7%左右。Campos 和 Reggio（2015）利用西班牙劳动力市场调查数据（Encuesta de Poblacion Activa，EPA）研究认为，失业率每提高1%，家庭消费平均下降0.7%。劳动供给方面，早期文献往往关注负面收入冲击对于就业者个人劳动时间的影响，但是，Blundell 等（2016）指出，这类模型并未考虑婚姻制度所扮演的风险分担角色，因此，以家庭为单位统筹分析配偶劳动供给，能够更好地刻画现实。比如，Hendren（2017）发现，户主主观失业概率每提高1%，配偶进入劳动力市场的概率将增加2.58%。

值得注意的是，国外大多数文献所用的健康和退休研究（Health and Retirement Study，HRS）数据库一直以来存在较大争议（Gan et al.，2005）。问卷问题“请问在未来12 个月内，您认为自己失去工作的概率有多大?”结果显示，出现0、50%、100%等焦点答案的频率明显较高。基于问卷计算的样本主观失业概率达到15.7%，而事后回溯结果显示，仅有3.1%的样本最终在12 个月内失业，因此，这一指标明显偏悲观（Campos and Reggio，2015）。在中国，同时含有失业率和消费信息两项指标的月度频率微观面板数据库极少，从而直接限制了相关文献发展。现有研究主要利用20 世纪90 年代末的国有企业职工“下岗潮”作为准自然实验进行讨论。比如，He 等（2017）指出，此次劳动市场剧烈调整，引起家庭预防性储蓄显著增加，甚至可以解释当期居民财富积累的40%，作为储蓄的对立面，家庭消费被明显抑制。类似地，樊潇彦等（2007）发现，国有企业改制带来的收入风险（以户主教育水平、职业、行业作为衡量指标）对耐用品消费影响显著。

正是因为国有企业改革带来的失业阴影显著地抑制了家庭消费，所以，从更广阔的视角来看，本文研究还有助于解释“中国高储蓄之谜”。实际上，这个文献表现出典型的“盲人摸象”的特征。部分学者从1959—1961年的“大饥荒”经历（程令国和张晔，2010）、性别失衡（Wei and Zhang，2011）、住房价格（陈斌开和杨汝岱，2013）、文化习惯（黄少安和孙涛，2005）、户籍制度（陈斌开等，2010）、养老和医疗保险（白重恩等，2012b）等方面分别进行了剖析，然而，基于失业阴影的解释尚不多见（温兴祥，2015）。

需要说明的是，无论是“大饥荒”还是“下岗潮”，作为离散的、不可复制的、独一无二的特殊历史事件，固然可以解释预防性储蓄的瞬间抬升，却很难用于分析绝大部分时期储蓄率的持续性增长。与此同时，文化因素在短期一般较为稳定，因此，无法解释1990—2007年出现的储蓄率翻番现象（Wei and Zhang，2011）。虽然陈斌开和杨汝岱（2013）以及Wei和Zhang（2011）认为，中国城镇地区住房价格的大幅上涨和性别失衡，分别可以解释2002—2007年或1990—2007年储蓄率增幅的45%和50%，但是，因为性别失衡是住房价格上涨的重要推手，所以，两种理论在一定程度上存在重叠。类似地，虽然陈斌开等（2010）认为户籍制度对降低预防性储蓄、提高消费至关重要，但是，户籍制度差异在相当程度上表现为社会保障制度差异（温兴祥，2015），因此，可以视为基础文献的直接推论。本文认为，自2003年以来，在养老、医疗保险已经得到大幅改善的情况下，中国居民部门储蓄率仍然在逐步抬升，住房价格和性别失调虽然可以解释一半左右的储蓄率增加，但是，这些证据并不能排除失业阴影在抑制消费方面所扮演的重要角色。面向未来，随着人口逐步降低，房地产市场必将趋于常态，随着传统文化观念改变，性别比例必将趋于平衡。相反，在任何现代化市场经济国家，经济、金融周期波动愈加频繁，失业问题此起彼伏，失业阴影作为一个连续变量，无论是过去、现在，还是将来，必将无时无刻不对消费产生影响。当然，正如其他所有相关文献一样，这里同样无法基于单一角度解释中国居民部门储蓄率历史变动趋势，但是，本文认为，失业阴影的解释力度在未来将越发显著。

三　理论分析

当家庭本身未受到失业直接冲击时，群组失业率上升是否会影响相应群组就业者的消费水平呢？这里主要基于 Nalewaik（2006）的研究进行拓展，并与下文实证分析形成较为紧密地结合起来。

首先定义 $\Delta U_t \equiv U_t - U_{t-1}$ 代表相邻两月的失业率变化。$\Delta c_t \equiv \ln(C_t) - \ln(C_{t-1})$ 及 $\Delta y_t = \ln(Y_t) - \ln(Y_{t-1})$ 分别表示消费和收入的对数变化（或者增长率）。$\lambda = 1/(1+r)$ 代表贴现因子，其中 r 为利率。此时，家庭当前消费水平、当前收入水平和未来收入增长预期三者间的关系如下（由于结论较为直观，中间过程推导可参见附录 A）：

$$\Delta c_t = \sum_{j=0}^{\infty} \lambda^j (E_t - E_{t-1}) \Delta y_{t+j} \tag{1}$$

式中，E_t 和 E_{t-1} 分别表示基于 t 期和 $t-1$ 期所有可用信息求得的条件期望。① 当前消费增速 Δc_t 等于收入增速期望的贴现值之和。为了凸显预期，这里进一步将当期与未来进行了区分：

$$\Delta c_t = (E_t - E_{t-1}) \Delta y_t + \sum_{j=1}^{\infty} \lambda^j (E_t - E_{t-1}) \Delta y_{t+j} \tag{2}$$

上式中，第一项表示对当期收入增速的预期修正，第二项是未来收入增速预期的贴现值之和。可以看到，即使家庭没有直接遭受失业冲击，收入在短期内保持稳定，失业率 ΔU_t 的增加也会影响其对未来收入预期 $(E_t - E_{t-1}) \Delta y_{t+j}$，$j \geqslant 1$ 中的一项或多项，从而作用于当前消费增速。换言之，t 时刻接收（感受）到的失业率上升这一新信息，意味着未来收入增速会出现减缓，即使家庭尚未遭受失业冲击，他们也会通过降低当前消费进行平滑。

可以看到，在理论上说，ΔU_t 除与未来预期相关外，还可能和第一项 $(E_t - E_{t-1}) \Delta y_t$ 紧密相连，渠道有两种：①总体失业率变动与个体失业相关，进而直接影响失业者的当期收入增速；②群组失业率的上升，可能反映了宏观环境恶化，这将导致个别群组（如年龄、性别、教育、地区）劳动需求下降，从而进一步弱化了劳动者议价的能力，最终表现为当期收入增速放缓。可以看到，在第一种渠道中，失业率与当期收入增速之间的关联性产生于个体失业。为了排除这一干扰，下文仅仅保留户主始终处于就业状态的家庭，并控制其他家庭成员的就业情况。与此同时，为了排除第二种渠道干扰，下文在回归方程中需要控制群组和家庭层面的当期收入

① 关于该公式的推导细节详见 Nalewaik（2006）附录。该式是在外生性劳动收入、固定利率和未来消费增长不确定的条件下，对贴现后的家庭预算约束进行对数线性化的结果。

增速。

需要注意的是，$(E_t - E_{t-1})\Delta y_t \equiv E_t\Delta y_t - E_{t-1}\Delta y_t = \Delta y_t - E_{t-1}\Delta y_t$，其中，$\Delta y_t$ 代表数据中可观测到的当期收入增速，$E_{t-1}\Delta y_t$ 则为 $t-1$ 时刻对当期收入增速的期望。作为理论设想，如果 $E_{t-1}\Delta y_t$ 无法在实证层面找到合理的代理指标，将难以隔断当期失业率与当期收入间的联系。事实上，如果假设不同家庭收入增速预期相同，那么 $E_{t-1}\Delta y_t$ 可以由时间虚拟变量代替。退一步讲，即使单个家庭收入增速预期存在差异，但只要预期的形成与教育、年龄、地域、性别相关①，那么群组收入变化$\Delta \overline{y}_t$ 也可以捕捉到 $E_{t-1}\Delta y_t$ 所蕴含的信息。令人欣慰的是，在以上任何一种假设下，实证结论均保持稳健，从而较为可信地验证了失业率变动与未来收入预期增速变动间的因果关系。此外，由于$\Delta \overline{y}_t$ 和 ΔU_t 均为群组层面数据，利用$\Delta \overline{y}_t$ 作为预期的代理变量还能够有效地避免伪回归。

四　数据与模型设定

（一）数据介绍

本文数据主要来自中国城镇家庭调查（Urban Household Survey, UHS），时间跨度为 2010—2012 年，范围涵盖中国东北地区、华东地区、华南地区以及西南地区的 4 个省市②的城市市区、县城关镇。该数据库采用分层抽样法，且因为样本量巨大，所以，在科学性和代表性方面具有较大优势。③ 根据 UHS 规定，每年有 1/3 的经常性调查户退出数据库，并进一步选取相应比例的新调查户替代退出家庭，所以最终体现为家庭和个体层面的面板数据。

为了与以往研究对比，这里进一步剔除户口不在本地的家庭④和消费支出为 0 的家庭，同时保留年龄在 15—60 岁的男性以及年龄在 15—55 岁

① 从图 3 来看，这一假设较为合理。

② 这些省市包括辽宁省、上海市、广东和四川省。

③ 具体包括：①户口在本地区的常住非农业户；②户口在本地区的常住农业户；③户口在外地，居住在本地区半年以上的非农业户；④户口在外地，居住在本地区半年以上的农业户。

④ 仅包括本市（县）非农业户口和本市（县）农业户口。

的女性[①]，最后得到743407个观测值[②]，各主要变量描述性统计如表1所示。从表1中可以看到，样本户主平均年龄为40.05岁，且女性户主接近占1/3。其他住房拥有量约为0.18个，说明经济条件整体上并不十分富裕。家庭消费与可支配收入之比约为72.82%，而根据国家统计局宏观数据测算，同期，辽宁省、上海市、广东省、四川省这一数字约为72.89%、69.16%、75.59%、76.31%，较为接近。从其他人口特征来看，制造业、公共管理和社会组织、居民服务和其他服务业的办事人员及有关人员、专业技术人员、商业和服务业人员占据主导地位，这部分群体以高中、初中、大学专科、大学本科学历为主。

表1　　主要变量描述性统计

	均值	标准差
户主年龄（岁）	40.05	11.35
家庭人口	2.88	0.91
其他住房拥有量（个）	0.18	0.52
家庭可支配收入（元）	5602.28	5500.13
家庭消费（元）	4079.31	7460.99

资料来源：UHS。

表1　　主要变量描述性统计（续）　　单位:%

户主职业	比重	教育	比重	户主行业分布	比重
国家机关党群组织和企事业单位负责人	3.86	未上过学	0.13	交通运输和仓储邮政业	9.96
专业技术人员	23.18	扫盲班	0.02	信息传输计算机服务和软件业	4.01
办事人员和有关人员	31.41	小学	2.31	批发和零售业	9.70
商业和服务业人员	19.04	初中	25.89	住宿和餐饮业	2.47

① 《国务院关于工人退休、退职的暂行规定》（国发〔1978〕104号）规定，国家法定的企业职工退休年龄是：男性年满60周岁，女性工人年满50周岁，女性干部年满55周岁。

② 其中户主281362个。

续表

户主职业	比重	教育	比重	户主行业分布	比重
农林牧渔和水利生产人员	0.55	高中	26.00	电力、燃气及水的生产和供应业	3.39
生产和运输设备操作人员及有关人员	16.31	中专	8.22	房地产业	1.66
军人	0.39	大学专科	21.32	租赁和商务服务业	1.98
不便分类的其他从业人员	5.25	大学本科	14.68	科学研究技术服务和地质勘查业	1.18
性别	—	研究生	1.43	水利环境和公共设施管理业	1.02
男	70.37	户主行业分布	—	居民服务和其他服务业	11.61
女	29.63	农林牧渔	1.18	教育	5.64
婚姻状况	—	采矿业	1.96	卫生、社会保障和社会福利业	3.62
未婚	1.65	制造业	17.34	文化、体育和娱乐业	1.42
已婚	93.25	金融业	3.08	公共管理和社会组织	14.72
离婚及丧偶	5.04	建筑业	4.06	国际组织	0

资料来源：UHS。

（二）失业情况描述

根据奥肯定律，当经济较为景气时，失业率往往较低；而当经济陷入衰退时，失业率往往较高。在美国，失业率每高于自然失业率1%，实际GDP相比于潜在产出水平将降低3.2%（卢锋等，2015）。在中国，虽然1990年以来经济时有波动（见图1），并且先后经历了国有企业重组（1995

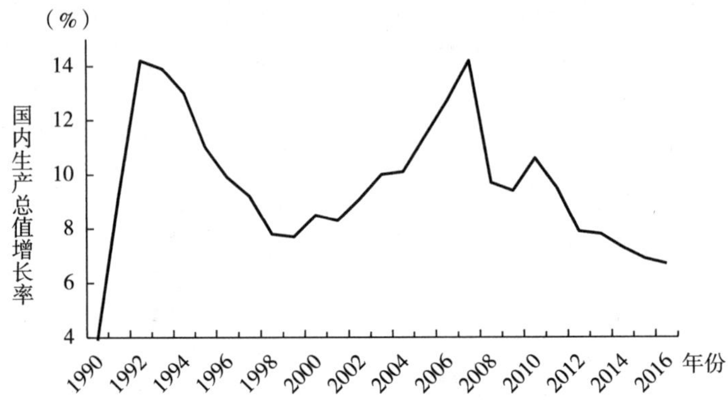

图 1　1990 年以来中国经济波动情况

资料来源：国家统计局。

年）、大专院校扩招（1999 年）①、加入世界贸易组织（2001 年）②、国际金融危机与“四万亿”投资（2008 年）等影响劳动力市场的重大事件，但是，官方失业率始终保持稳定（见图 2），数据质量或许能够作为一个

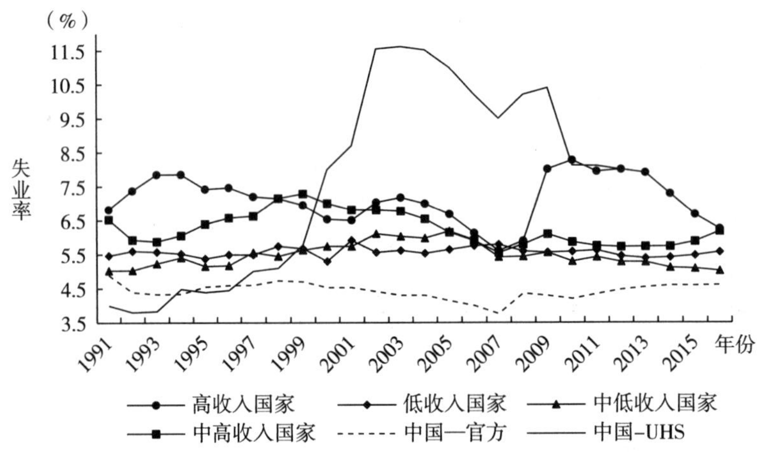

图 2　失业率变化：跨国比较

资料来源：UHS；国家统计局；世界银行；Feng 等（2017）；Zhang 等（2016）。

---

① 扩招前大学生毕业人数常年维持在 100 万左右，而 2016 年则已高达 765 万，增长仅近 7 倍，而同期中国人口增长则为 8% 左右。

② 2001 年中国进出口贸易总额增速仅为 7.46%，而在随后的十几年里常年维持在 20% 以上。

重要的研究视角（Feng et al. ，2017）（关于数据质量的进一步讨论可参见附录 B）。比如，Zhang 等（2016）发现，2005—2012 年，以 UHS 测算的失业率约为 8. 50% ，而官方数据仅为 4. 10% 。①

研究失业问题的起点在于失业人员的界定。由于各种文献对于劳动参与率以及失业率的定义与国际劳工组织（ILO）不尽相同②，为了保证数据的一致性，这里主要借鉴 Feng 等（2017）的研究口径，仅仅考虑拥有当地户籍的家庭。③ 具体来讲，UHS 包含 15 种就业状态：①国有经济单位职工；②城镇集体经济单位职工；③其他经济类型单位职工；④城镇个体或私营企业主；⑤城镇个体或私营企业被雇者；⑥离退休再就业人员；⑦其他就业者；⑧在校学生；⑨家务劳动者；⑩离退休人员；⑪丧失劳动能力者；⑫待分配者；⑬失业人员；⑭待升学者；⑮其他。④ 根据 Feng 等（2017）的论述，①—⑦被归类为就业者，⑫和⑬为失业者，而⑧、⑨、⑩、⑪、⑭和⑮被认为不在劳动力市场。⑤ 需要特别强调的是，本文

① 在 1995 年之前，中国城镇地区失业率低于低收入国家。关于 20 世纪 90 年代失业率的攀升（甚至超过了高收入国家），Giles 等（2005）认为，这主要是由于国有企业改革带来的经济结构调整所致。他们计算得到，在 1995—2002 年的 8 年间，共有 4500 万人失去工作，其中 3600 万人来自国有经济部门。对于 2008 年国际金融危机后 GDP 增速与失业率同时下降的情况，Zhang 等（2016）分析指出，2008 年国际金融危机后，“四万亿”投资的实施，使第二产业以及国有企业降低员工裁减力度，同时第三产业以及非国有企业劳动岗位创造增加，从而失业率持续下降。

② 根据张车伟（2003）分析，由于 ILO 所提供失业率定义，要照顾到不同国家的情况和发展水平，它不得不在某些方面含混不清或者允许灵活处理，而研究目的不同也会对定义口径造成影响。

③ Feng 等（2017）论述了此种处理方式的合理性，并对这一口径进行了大量的交叉验证和稳健性检验。合理性方面，他们认为，非户籍的失业人口既可以回归农村，也可以流入到其他城镇，因此由于此种迁徙的自选择行为，导致利用当地户籍人口（相比于全体样本）计算失业率或许可以更为准确地把握中国劳动力市场变化（Giles et al. ，2005）。在稳健性方面，当他们将非户籍人口纳入分析样本时，发现无论是对于失业率还是劳动参与率均未改变其演变趋势。实际上，他们发现，外来人口群体中失业率和劳动参与率均要高于拥有当地户口的样本。这主要是因为后者相比于前者享有更为完备的保障措施，如住房补贴、最低生活保障、医疗保险、失业保险、最低工资等，因此，保留价格相对更高，从而更容易选择失业状态或直接退出劳动力市场。

④ 指以上情况之外的其他未就业人口。

⑤ 本文样本数据中就业状态为⑮的个体仅占总观测值的 2. 24% 左右，且年龄均值为 69. 15 岁，标准差为 10. 03 岁，因此，无论是将其归为失业还是非劳动力，均不会对本文结果造成较大影响。

关于失业、就业和劳动力市场的归类与1982年ILO的定义十分相近。[①]以⑬失业人员为例，UHS的统计范围是：劳动年龄内具有劳动能力，过去曾从事过有收入的工作，调查时没有工作，正在积极寻找工作，且如有工作机会能马上应聘的人。再如，对于⑨家务劳动者的定义是，在劳动力年龄内，不打算就业，只在家庭从事家务劳动，且没有劳动收入的人。因此，考虑到其"不打算就业"这一属性，将其归类为劳动力市场之外，符合ILO规范。[②] 然而，本文承认UHS和经济合作与发展组织（OECD）等发达国家关于就业状态的定义存在至少两方面差异：①UHS关于就业状态的调查中并不涉及"参考周"（Reference Week）概念，而是记录被调查者当前的就业情况。②在OECD统计口径下，一个全职学生在暑假期间即使工作一个小时也会被记录为就业状态。但是，在UHS框架下，全日制在读学生在寒假或暑假参加兼职劳动，虽然在多数情况下会获得少量劳动报酬，但并不统计为就业人口（Feng et al.，2017）。不过，考虑到本文所要回答的问题是失业率变动对消费的影响，因此，即使存在一定的统计偏差，但只要这一偏差在2010—2012年保持稳定，那么也不会对结果造成显著影响。[③] 退一步讲，由于本文样本家庭户主年龄在40岁左右，因此，其消费或许会受到较为年轻的应届毕业生就业情况影响，但是，认为假期临时兼职过程中出现的失业状况，也会冲击家庭消费则既无坚实理论依据，也有违现实直觉。

在此设定形式下，本文计算了群组月度失业率的波动情况，如图3所示（劳动参与率可参见附录C）。[④] 从性别角度来看，女性失业率虽然高出男性近4个百分点，但其绝对水平在逐年下降。从年龄角度来看，对于低于（含）40岁的群体，其失业率高于40岁以上群体失业率约两个百分点。从受教育水平来看，对于低于（含）中专的群体，其失业率高于中专以上教育群组的失业率约5.5个百分点，显示教育水平高低仍然是影响

① 古尔斯等（Giles et al.，2005）基于ILO统计口径对2002年中国五大城市失业率进行了调查，并与UHS口径下相应城市失业率进行了比对，他们发现，前者仅为后者的1.06倍，十分接近。

② 可参见 https://www.insee.fr/en/metadonnees/definition/c1129。

③ 事实上，在2010—2012年并未出现重大改革事件，如历史上曾经发生的国有企业员工下岗潮或者大学扩招。因此，没有充分理由怀疑历年暑期学生打工情况发生重大差异，所以，这一因素可被时间维度的固定效应所控制。

④ 包含非户籍人口的失业率与劳动参与率情况详见附录D。

个体就业的主要因素。基于省市的划分结果显示，地区间的失业率差异明显[①]，且保持走低趋势。总而言之，图 3 所描绘的典型化事实基本符合传统劳动经济学预期，也与 Feng 等（2017）基于 1988—2009 年全部省份样本所得结论一致。从计量角度来说，除了横截面维度的丰富变异性，各个群组失业率同时随时间变化表现出较大的波动性，这与官方数据形成鲜明对比（见表 2）。不仅如此，由于各群组划分均基于外生人口特征[②]，并且

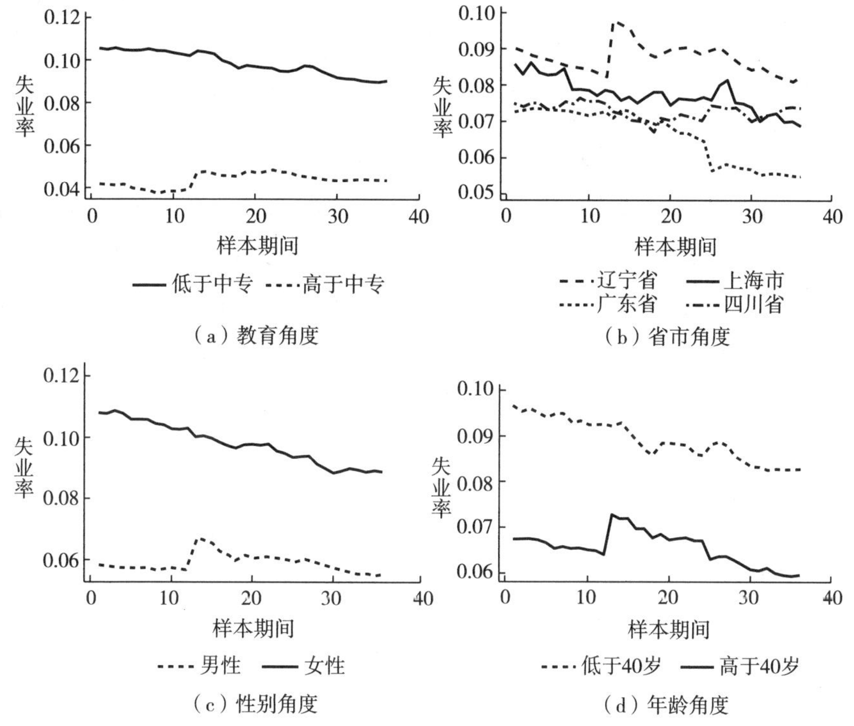

图 3　2010—2012 年各人口特征组失业率演变

资料来源：UHS。

① 各省市经济增速出现分化并非新鲜话题。比如国家统计局发言人盛来运指出，中国东北地区经济增速放缓可能与产业结构相关，在这种背景下，辽宁省失业率最高，在 2012 年年初甚至触及 10%，与此同时，劳动参与率大幅提高 2%。相比之下，民营经济主导的广东省，其经济发展持续保持良好态势，劳动参与率常年保持在 82% 以上，失业率在 2012 年达到最低，约为 5.5%。上海市和四川省这两项指标基本介于广东省和辽宁省之间，作为劳动力输出重镇的四川省，其城镇地区失业率在 7% 左右波动的同时，劳动参与率下降约 1.5%，约为 79.6%。

② 由于本文分析样本为 15 岁以上，且后文进一步限制在就业者范围，因此这一群体教育水平基本已经定型，可以视为外生。

其失业率在变动方向、变动程度上均有较大差异，从而即使是处在同一地区的样本也可形成对照组和实验组，这样做充分剥离了地区经济增长所带来的共变量问题，从而为模型识别提供了可能。①

（三）实证模型

如前所述，考虑就业人员相比于失业人员至少存在三方面优势：①根据生命周期理论，就业人员不像失业人员那样，其消费支出主要受到未来收入预期而非当期收入波动影响，因此，有利于将当前失业率与未来一定时期收入增长预期联系在一起。②可以在较大程度上减少将合成商品（Composite Good）作为消费测度指标带来的度量风险。以往研究发现，无论是退休人员还是失业者，其消费下降涵盖了交通开销、酒店住宿等与工作紧密相连项目支出的改变，而这些显然不具有经济学分析意义（Browning and Crossley，2009）。② ③可以有效解决遗失变量问题。以往研究发现，由于社会保障缺失、信贷与保险市场的不完善，失业者在失业的同时，通常会利用预防性储蓄平滑消费，而保持就业者却并非如此（Meng，2003；Carroll et al.，2003；Chamon and Prasad，2010）。由于一般微观数据并未将预防性储蓄纳入统计，通过剔除失业者样本有利于增强稳健性。

具体来说，这里借鉴 Hendren（2017）以及 Campos 和 Reggio（2015），设定回归方程形式如下：③

$$\Delta c_{i,g,t} = \gamma \Delta U_{g,t} + \beta' X_{i,g,t} + \phi \Delta y_{i,g,t} + \alpha_t + \theta_i + \delta_s + \varepsilon_{i,g,t} \quad (3)$$

式中，i 表示家庭，g 表示家庭所属相应群组，t 表示月份，消费增速

① 值得强调的是，由于季节性因素，无论是劳动参与率还是失业率，在跨年之际均会出现跳跃，其并不能被认定为异常值。退一步讲，无论原因如何，失业的增加毕竟会引发家庭对于未来生活的担忧，因此，采用季节调整后的数据对于国家层面经济分析固然有益，但是，与本文主题并不完全契合。

② 邹红和喻开志（2015）发现，退休显著降低了与工作相关支出达到 25.1%。李宏彬等（2014）更是指出，退休会使与工作相关的支出减少 33%，在家的食品支出减少 13%，受到强制退休制度约束的居民，其生活水平在退休后并没有实质性下降。

③ 失业率的变动可能与其他未被控制的宏观变量相关，造成内生性。鉴于此，①这里借鉴 Kroft 和 Notowidigdo（2016）的处理方法，将失业率变动与时间固定效应交叉项、失业率变动与地区固定效应交叉项分别予以控制，从而捕捉特定时间、特定地区劳动需求冲击等因素对于失业率的影响。结果显示，以上检验均未对基准结论造成显著影响。②通过添加 Bartik 冲击或者行业与时间的交叉项也并未明显改变本文的基准结果。

$\Delta c_{i,g,t} \equiv \ln(c_{i,g,t}) - \ln(c_{i,g,t-1})$，失业率变动 $\Delta U_{g,t} = U_{g,t} - U_{g,t-1}$。由于失业率的群组划分主要是基于具有前定属性的年龄、性别、省市、教育，因此并不存自选择问题。① 与此同时，因为 $\Delta U_{g,t}$ 为宏观层面数据，所以，相对于微观家庭消费表现为外生。② $X_{i,g,t}$ 包含了详细的家庭特征，如总人口、有收入人口③、其他住房数量④、借贷支出⑤，以及户主职业、行业、年龄⑥、性别、教育水平等。

如前所述，由于群组失业率变化可能与就业者当前收入水平存在一定的关联，对于收入增速的控制有利于分离预期，即 $\Delta y_{i,g,t} = y_{i,g,t} - y_{i,g,t-1}$。此外，$\alpha_t$ 为时间固定效应，用以控制消费的季节性变化以及宏观经济形势演变。θ_i 和 δ_s 分别为家庭和省市固定效应，用以控制相应维度不随时间变化但影响消费的相关因素。$\varepsilon_{i,g,t}$ 为随机误差项，代表家庭层面的异质性消费偏好冲击。γ 为本文关心的核心参数，其含义是，宏观群组失业率每变动 1% 将影响微观家庭消费变化 γ 个百分点。⑦

既有研究显示，UHS 关于收入的统计可能存在不精确之处，从而引发内生性问题（赵达等，2017）。为了消除这一隐忧，本文借鉴 Campos 和 Reggio（2015）的处理方法：①将 $\Delta y_{i,g,t}$ 从回归方程中剔除，发现对结果影响较小（见表 2）。②将个体收入增速替换为所属群组平均收入增速（$\Delta \bar{y}_{i,g,t}$），从而在一定程度上使异质性误差被平均核销，发现同样对结果影响较小（见表 2）。如此处理的另一优势还在于，$\Delta U_{g,t}$ 为群组层面数据，倘若收入增速也是如此，则 γ 代表了失业率造成的预期（而非当前

① 需要再次强调，因为户主年龄一般在 30 岁以上，所以，受教育水平已经基本保持不变，属于前定变量。

② 比如，中央银行货币政策在宏观层面，与 GDP、CPI 形成内生关系，但是，在研究对微观居民收入分配作用时，很少有文章将其设定为内生。本质上讲，实证文章中常见的双重差分也是利用了宏观冲击对于微观个体的外生性特征，在宏观层面，任何政策都具有某种内生属性。

③ 虽然本文研究对象全部为户主始终处于就业家庭，但是，由于群组失业率变化可能与其他家庭成员就业状态相关，因此，参考 Campos 和 Reggio（2015），这里一并进行控制。这样做还有助于反映家庭消费和闲暇的效用替代变化。

④ 用以控制家庭财富的变化。

⑤ 用以刻画是否面临信贷约束。

⑥ 用以控制消费的生命周期效应。

⑦ 为了反映不同群组人口占比，这里采用加权最小二乘法进行相应调整。与此同时，由于群组失业率变动会导致群组内部产生序列相关性，这里在群组层面对标准误进行了聚类。此外，根据卡梅伦等（Cameron et al.，2008），当核心变量群组类别较少（本文为 32 组）时，计算参数估计值的 P 值需要基于 t 分布而非正态分布。

收入）对消费的影响。③控制 $\Delta y_{i,g,t} - \Delta \bar{y}_{i,g,t}$，这一变量代表了不能被群组平均收入波动所解释的微观家庭收入异质性变化。

五　实证结果分析

（一）基准结果

1. 失业阴影与家庭消费

由表2（1）可以看到，群组失业率对于家庭当前消费存在明显抑制作用。群组失业率每增加1%，将引起就业者家庭消费下降0.48%。值得注意的是，这里考虑的只是户籍人口，他们大多处于正规部门，其工作相比于外来人口往往更为稳定，因此，对于失业率相对并不敏感（张军等，2017）。实际上，表2（2）列示了包含非当地户籍人口时，群组失业率的消费抑制情况。可以看到，这一数值的绝对值大幅提高到了0.66%，符合理论预期。

基于以上估计值，这里通过简单的匡算来深化本文研究的宏观意义。根据UHS，户主处于就业状态的家庭，其月均消费额约为4393.7元，如果以0.66%作为计算依据，那么一个典型家庭月度消费下降幅度约为29.1元，换算为年度值则为249.6元。[①] 来自国家统计局的数据显示，2016年，中国城镇就业人员约为4.1亿人，如果以户均劳动力两人计算，那么中国城镇地区失业率每提高1%，将导致该类群体月度消费额降低59.7亿元，年度降低511.7亿元。

此外，从图2可以看到，2000年前后推行的国有企业改革，将中国城镇地区失业率由5%以下迅速推升至11%以上。He等（2017）发现，失业风险引起的预防性储蓄增加，能够解释1995—2002年国有企业就业职工财富积累的40%，而作为储蓄的互补变量，消费下降自然变得十分显著。类似地，在2008年国际金融危机期间，以U代理的美国失业率同样出现迅速攀升，最高时达到17.1%（参见附录E）。Ravn和Sterk

---

① 根据Meng（2003）的估算，在其他条件保持不变的情况下，预测失业率每增加1%，对于保持就业的家庭来说，其年度消费下降额为66元左右，约为本文估计幅度的26.7%。这一差异既可能来自识别技术，也可能来自样本年代差异（该文所用数据为1995年和1999年），甚至可能受到数据频率影响。

（2017）指出，失业率的陡增大大提高了美国家庭的预防性储蓄，消费的下降严重制约了美国总需求的恢复，从而影响企业利润和投资决策，最终导致衰退的进一步恶化和失业率的进一步攀升，这在一定程度上解释了危机的持久性。与此不同，2010—2012 年，中国各个群组失业率整体上处于下行趋势且波动幅度在 2% 左右（见图 3），因此，消费敏感程度相对较低合情合理。

如前所述，为了评估测量误差对结果造成的影响，表 2（3）剔除了当期收入变动，这直接导致群组失业率系数相比于表 2（1）有所变大。一个计量经济学视角的解释是，当失业率增加时，即使是就业者，收入也可能存在小幅下降，引起消费走低。此时，如果引入收入变量，则可以有效控制这一传导途径，所得系数仅仅反映未来预期对当前消费的影响。换言之，如果剔除收入变量，则这一传导途径对消费造成的影响将会被群组失业率“吸收”。

恰如理论和实证模型部分所阐述的，利用 $\Delta \bar{y}_t$ 作为 $E_{t-1}\Delta y_t$ 的代理变量，不仅有利于分离失业阴影预期渠道，而且能够缓解测量误差和伪回归对结果造成的影响。表 2（4）至表 2（5）显示，数据误差等因素对基准结果影响有限。从其他变量来看，家庭总人口及收入人口越多、财富水平越高（以房屋拥有量衡量）、未存在借贷约束的家庭，其消费增速也越高，符合现实观察。

表 2　　基准回归结果

变量名称	(1)	(2)	(3)	(4)	(5)
	家庭收入	包含非户籍	不含收入	群组平均收入	群组平均收入与个人异质性收入
失业率变动	-0.4812*** (0.0971)	-0.6633*** (0.1354)	-0.5074*** (0.0120)	-0.5041*** (0.0743)	-0.4583*** (0.0962)
收入对数变动	0.1712*** (0.0051)	0.2214*** (0.0053)	—	—	—
收入人口变动	0.0481*** (0.0140)	0.0518*** (0.0141)	0.0439*** (0.0118)	0.0454*** (0.0140)	0.0438*** (0.0116)

续表

变量名称	(1) 家庭收入	(2) 包含非户籍	(3) 不含收入	(4) 群组平均收入	(5) 群组平均收入与个人异质性收入
家庭总人口	0.0024*** (0.0000)	0.0027*** (0.0000)	0.0023*** (0.0000)	0.0029*** (0.0000)	0.0022*** (0.0000)
性别分组	-0.0008 (0.0009)	-0.0000 (0.0011)	-0.0011 (0.0014)	-0.0012 (0.0011)	-0.0004 (0.0013)
受教育水平分组	0.0051*** (0.0010)	0.0076*** (0.0022)	0.0044*** (0.0008)	0.0043*** (0.0010)	0.0048*** (0.0013)
年龄分组	-0.0014** (0.0006)	-0.0020** (0.0009)	-0.0014** (0.0006)	-0.0014* (0.0008)	-0.0013** (0.0006)
借贷支出	0.0531*** (0.0022)	0.0594*** (0.0051)	0.0432*** (0.0054)	0.0460*** (0.0024)	0.0543*** (0.0019)
其他住房数量	0.0013* (0.0007)	0.0021* (0.0012)	0.0013* (0.007)	0.0012 (0.0014)	0.0022* (0.0012)
平均收入对数变动	—	—	—	0.1461*** (0.0179)	0.1916*** (0.0180)
个体异质性收入自然对数变动	—	—	—	—	0.1706*** (0.0063)
行业	是	是	是	是	是
职业	是	是	是	是	是
婚姻状况	是	是	是	是	是
个体固定效应	是	是	是	是	是
时间固定效应	是	是	是	是	是
省份固定效应	是	是	是	是	是
观测值	247115	265193	247115	247115	247115

注：***、**、*分别代表 $p<0.01$、$p<0.05$、$p<0.1$。

为了进一步在统计层面探寻消费支出下降的来源，这里基于国家统计局规定的八大类消费项目分别进行回归。可以看到，群组失业率对“其他商品和服务”影响较大。该项目涵盖了手表、金银珠宝饰品、美容费以及化妆品等子项目。根据生活常识，这些消费品的收入支出弹性大多较高，在家庭经济生活受到负面冲击时往往首当其冲，反应最为敏感。与此同时，食物、衣着、家庭设备用品及服务、教育文化娱乐均出现了轻微下降，这可能是由于失业阴影压力下，部分家庭出现了寝食难安状况，无暇休闲购物。与此相反，医疗保健支出在经济意义上有所上升。一种解释是：在精神压力和食物支出下降的情况下，家庭成员可能出现身体不适，从而不得不就医买药。交通和通信支出的增加较为有趣。注意到本文样本并未遭受失业或退休，因此，交通和通信等与工作息息相关的消费项目并未出现断崖式下跌。之所以出现轻微提高，或许是为搜寻新的工作做准备。最后，居住支出的下降可能来自家庭用电、用水、用气等节约行为。与本文不同，Meng（2003）研究发现，在 1995 年和 1999 年，教育支出受失业风险影响最大，不过，这一差异或许可以由 20 年来家庭生活水平提高所引起的消费理念变迁所解释。

表 3　　消费支出分项回归结果

变量名称	食物	衣着	居住	家庭设备用品及服务	医疗保健	交通和通信	教育文化娱乐	其他商品和服务
估计值	-0.2174*	-0.2362*	-0.8472*	-0.3495	0.5791	0.2934	-0.8824	-1.9927***
	(0.1291)	(0.1350)	(0.4761)	(0.8472)	(1.0820)	(0.7562)	(1.7026)	(0.4665)
观测值	247115	193278	220920	215732	135916	234459	175451	179158

注：*、*** 分别代表 $p<0.1$、$p<0.01$。

2. 失业阴影与劳动供给

传统劳动经济学理论认为，当遭遇负面冲击时，如果公共保险供给不足，家庭除了可以降低当前消费来平滑效用，通常还会提高家庭成员劳动供给以增加收入，实现自我保险（Blundell et al.，2016）。本文已经基于中国数据证实，失业阴影对就业者家庭消费影响显著，那么失业阴影是否会提高就业者配偶的劳动供给意愿呢？

$$Entry_{i,g,t} = \gamma \Delta U_{g,t} + \beta' X_{i,g,t} + \alpha_t + \theta_i + \delta_s + \varepsilon_{i,g,t} \tag{4}$$

为了回答这一问题，这里首先在前文样本中筛选出已婚家庭，得到样本观测值230434个。随后定义变量$Entry_{i,g,t}$，其含义是：当户主配偶在月份t处于就业状态，而上期为失业或不在劳动市场时取值为1，否则为0。①

筛选结果显示，共有1739个配偶满足条件，其中46.11%转化为城镇个体或私营企业被雇者，15.45%转化为其他就业者，转化为其他经济类型单位职工以及离退休再就业人员的比例分别为10.73%和10.33%，而转化为城镇个体或私营企业主的仅有7.22%，剩余部分不及10%，说明进入国有企业或城镇集体所有企业相对较为困难。从表4（1）可以看到，失业率每提高1%，作为就业者的户主，其配偶由失业状态进入就业状态的概率将提升0.81%，说明失业阴影的劳动供给效应在中国同样存在。②

为了考虑集约型（而非外延型）工作转换，即由非稳定工作状态（如兼职）转化为稳定（如全职）工作的情形，这里仅仅将国有、集体以及联营定义为就业，而将个体或私营被雇佣者等非正规部门就业定义为失业。③ 换言之，此时增加工作时间这一情形也可以由回归模型刻画。表4（2）显示，失业率每提高1%，作为就业者的户主，其配偶由失业或者个体私营被雇佣者转换为正规部门就业者的概率将提升0.89%，并未对表4（1）结论造成明显冲击，说明由非正规部门就业转化为正规部门的概率很低，考虑到中国社会现实，这一结果并不难理解。④

Aguiar等（2013）提出，在面临失业阴影或遭遇失业时，单身家庭因为没有配偶，无法在家庭层面通过增加劳动供给以自制保险，所以，消

① 本文样本户主中，1/3为女性。

② 因为儿女年龄、是否和父母一起生活等信息，与家庭成员劳动参与决策密切相关（Blundell et al.，2016）这里一并予以控制。

③ 张军等（2017）将国有、城镇集体、联营经济、股份制经济、外商和港澳台经济、其他经济单位中工作，并由其支付工资的人员归为正规部门就业，同时将城镇个体或私营企业主、城镇个体或私营企业被雇者、其他就业者归为非正规部门就业。

④ 附录F展示了失业与正规、非正规就业状态之间的转换概率。结果显示，失业转变至非正规部门就业的概率，远高于由失业或非正规部门就业转变至正规部门就业的概率。发达地区失业转变至正规部门就业的概率小于欠发达地区。欠发达地区失业者转变至非正规部门就业的概率要大于发达地区。这些证据直接说明正规部门就业市场门槛较高。

费者反应也会更为敏感。为了检验这一假说在中国的有效性，本文筛选出单身家庭进行分析。表4（3）显示，失业率每提高1%，该类群体消费支出降低0.69%，远高于表2所列基准结果，从这个角度来说，婚姻制度确实有助于降低预防性储蓄，而劳动供给效应则发挥了居住轻重的作用（Blundell et al.，2016）。以上结论对于深入理解商业周期各阶段劳动力市场结构变动具有一定启发意义。

表4　　失业阴影与配偶劳动供给

变量名称	(1)	(2)	(3)
	向就业转变	仅包含国有、集体以及联营	单身家庭
失业率变动	0.0813*** (0.0202)	0.0886*** (0.0239)	-0.6924*** (0.0979)
观测值	230434	230434	16681

注：***代表 $p<0.01$。

3. 失业保险是否有效

无论是失业阴影对家庭消费的抑制作用还是家庭成员劳动供给效应，均反映了失业保险制度的不健全。为对此进行正式检验，表5汇报了在控制就业、职业、行业等变量后，具有失业保险的家庭，其消费和劳动供给对群组失业率的反应情况。可以看到，虽然在经济意义上参与失业保险的家庭相比于没有失业保险的家庭，其消费略有提高、劳动供给概率略有下降，但是，在统计意义上这一效应并不显著，说明失业保险在缓解失业阴影冲击方面所发挥的作用非常有限。

表5　　失业保险是否有效?

被解释变量	家庭消费	向就业转变
失业率变动	-0.4432*** (0.0717)	0.0941*** (0.0426)
失业率变动×虚拟变量（失业保险）	0.1865 (0.2043)	-0.0385 (0.1372)
观测值	247115	230434

注：***代表 $p<0.01$。

实际上，既有研究显示，中国养老和医疗保障水平自 21 世纪之初已经得到长足发展（马双等，2010），但失业保险制度则显得相形见绌，补偿水平较低等问题尤为突出。[①] 1999 年 1 月 22 日颁布实施的《失业保险条例》第十八条规定："失业保险金的标准，按照低于当地最低工资标准、高于城市居民最低生活保障标准的水平，由省、自治区、直辖市人民政府确定。"换言之，与全球多数国家或地区的规定不一致，中国的失业补偿标准既不与失业前的收入水平相关联，也不与失业前的缴费水平相挂钩。[②] 根据本文测算，在 UHS2010—2012 年领取失业保险的群体中，其获得的补偿款中位数仅为 600 元/月，即使是位于 95% 分位数的家庭，也仅为 920 元/月。测算显示，这一水平不足当年全国城镇非私营单位就业人员月均工资的 20%，或者当年全国城镇居民月均可支配收入的 35%。总而言之，即使是失业保险参保人员，其在失业后也普遍面临贫困风险，失业保障水平完全不足以缓解该类群体产生的忧虑。

虽然本文分析以微观视角为主，但是，根据前文宏观匡算，失业率每提高 1%，将导致城镇地区年度消费降低近 511.7 亿元。Kroft 和 Notowidigdo（2016）指出，失业后的保障金额与工资之比每提高 10%，家庭平均消费就可以避免降低 2.7%。以此来看，如果中国失业保险保障力度未来能有较大提升，或许对稳定消费总需求能够发挥重要作用。

（二）稳健性检验

基准结果显示，失业阴影对于就业者家庭消费具有明显的抑制作用。然而，消费金额的下降是否意味着消费数量的降低？传统理论认为，失业率的提高或降低一般随着就业者劳动收入的下降或者增加，导致预期效应较难区分。就本文而言，群组失业率与就业者的收入相关性到底有多大？失业率季节性调整是否会彻底改变基准结果？虽然本文基本上不会涉及反向因果问题，对可能存在的测量误差也基于既有成熟文献分别进行了检验（Campos and Reggio，2015）。但是，为了夯实结论，这里对可能存在的遗漏变量问题做进一步分析。

---

① 《失业保险条例（修订草案征求意见稿）》在覆盖范围和缴费率两方面做出了适当调整，如将现行受益对象扩大到所有参保职工和参保企业，同时将 3% 的固定费率修改为不超过 2%。

② 在大多数国家，失业补偿标准一般处于其失业前收入水平的 50%—70%，待遇水平较低的国家一般也在 40%—50%（吕丹和曲展，2014）。

1. 价格还是数量

根据 Aguiar 和 Hurst（2005，2007），退休群体消费支出金额的下降在很大程度上可以由“家庭自给自足的生产替代”所解释。比如，Krueger 和 Mueller（2012）指出，相比于就业者，失业者用于家庭厨艺以及购物（搜寻廉价原材料）的时间会增加 35%。从消费金额来看，这些家庭的福利下降似乎十分严重，然而，因为其所面临的消费价格出现大幅降低，所以，实际生活只是受到轻微影响。在本文情景下，当群组失业率出现上升时，如果家庭消费数量并未出现下降，则失业率波动对消费者的福利影响较为有限。这一隐忧并非空穴来风。根据 Aguiar 等（2013）研究，在 2008 年国际金融危机期间，虽然全社会 74% 的工作时间减少可由失业者解释，但是，剩余 26% 则由就业者时长降低解释。

令人欣慰的是，UHS 不仅报告了家庭消费金额，而且记录了消费数量。本文参考 Aguiar 和 Hurst（2007）的研究，改进并构建单一家庭所面临的异质性消费价格，作为被解释变量，直接观察其与群组失业率是否存在显著负相关关系。具体来讲，本文假设位于省市 s 的家庭 $i \in I$，在月份 t 所购买的 $k \in K$ 类商品的价格为$p^{i}_{k,s,t}$，购买数量为$q^{i}_{k,s,t}$。由此可以计算得到家庭当月消费支出金额为：

$$c^{i}_{s,t} = \sum_{k \in K} p^{i}_{k,s,t} q^{i}_{k,s,t} \tag{5}$$

为了考虑现实生活中的地域差异以及不同家庭所面对的商品价格变异性，式（6）进一步构建任一省市任一商品当月的价格指数：

$$\bar{p}_{k,s,t} = \sum_{i \in I} p^{i}_{k,s,t} \left(\frac{q^{i}_{k,s,t}}{\bar{q}_{k,s,t}} \right) \tag{6}$$

其中

$$\bar{q}_{k,s,t} \equiv \sum_{i \in I} q^{i}_{k,s,t} \tag{7}$$

如果家庭根据平均价格进行支付，则该家庭当月消费支出金额为：

$$M^{i}_{s,t} = \sum_{k \in K} \bar{p}_{k,s,t} q^{i}_{k,t} \tag{8}$$

相应地，家庭当月所面临的价格指数为①：

① 可以看到，Aguiar 和 Hurst（2007）所说的指数与传统 Laspeyres 指数和 Paasche 指数一致，当价格变化时，“一揽子”商品保持固定。

$$\tilde{p}_{s,t}^{i} \equiv \frac{c_{s,t}^{i}}{Q_{s,t}^{i}} \tag{9}$$

可进一步标准正规化为：

$$p_{s,t}^{i} \equiv \frac{\tilde{p}_{s,t}^{i}}{\frac{1}{I}\sum_{i'} \tilde{p}_{s,t}^{i'}} \tag{10}$$

虽然 UHS 中大部分商品均包含有数量字段，但是，考虑到并非所有家庭在所有月份对所有商品进行消费，从而造成0值出现。鉴于此，这里只是选取了粮食、肉类、禽类、蛋类、鲜菜、鲜果六类生活必需品进行分析，其金额之和约占总消费的23.89%。① 最后，这里将六类商品价格指数作为被解释变量进行了回归，并以六类商品消费支出金额作为对照。

$$p_{s,t}^{i} = \gamma\Delta U_{g,t} + \beta' X_{i,g,t} + \phi\Delta y_{i,g,t} + \alpha_t + \theta_i + \delta_p + \varepsilon_{i,g,t} \tag{11}$$

表6显示，群组失业率的变化与个人价格指数变动并无必然联系，因此，消费支出金额的下降更多地与消费数量下滑有关。如前所述，因为本文样本均为户主就业家庭，因此，可以预期该群体并无过多时间进行家庭生产或者价格搜寻，得到这一结果也并不令人意外。

表6　　价格还是数量

变量名称	（1）	（2）
	个人价格指数变动	个人消费支出金额变动
失业率变动	0.0690 （0.1706）	-0.4208 *** （0.0724）
群组平均收入自然对数变动	0.0019 （0.0054）	0.1931 *** （0.0567）
个体异质性收入自然对数变动	0.0013 （0.0016）	0.1710 *** （0.0062）
观测值	208071	208071

注：*** 代表 $p < 0.01$。

① 具体是指所有样本家庭各月消费支出占比的平均值。

2. 预期还是当期收入相关性

尽管表2（3）所述结果，满足“失业阴影抑制消费支出”这一假说，然而，另外一种可能则是，失业率的提高往往随着劳动力市场需求的低迷，从而导致就业者收入出现下降，带动消费相应走低。为了检验后一种可能性，这里直接探讨了失业率与就业者家庭收入之间的相关性。借鉴 Hendren（2017），本文将被解释变量由家庭消费分别替换为户主和样本家庭可支配收入［可参看式（12）］，所得结果如表7（1）和表7（2）所示。

$$\Delta y_{i,g,t} = \gamma \Delta U_{g,t} + \beta' X_{i,g,t} + \alpha_t + \theta_i + \delta_p + \varepsilon_{i,g,t} \tag{12}$$

可以看到，无论是户主个人收入还是家庭收入，虽然均与失业率变动呈现反向关系，但是，这一系数在统计意义上并不显著。① 此外，表5显示，失业阴影有助于提高配偶劳动供给，从而增加家庭可支配收入，缓解失业阴影对消费的冲击，这或许可以解释为什么表7（2）相比于表7（1）绝对值较小。

表7　失业阴影与当期收入相关性

变量名称	(1)	(2)
	户主收入	家庭收入
失业率变动	-0.2137	-0.1671
	(0.2475)	(0.2126)
观测值	230434	230434

3. 季节性调整

通常认为，时间序列数据蕴含了季节、节假日等因素干扰，容易对经济形势判断形成困扰。虽然冬季停工等事件引发的失业率提高，也会不可避免地导致失业者生活陷入窘境，同时给其他就业者带来压力，但是，为了检验结论稳健与否，这里将调整后的失业率数据作为核心变量进行分析②，结果如表8所示。可以看到，或许是因为季节调整后的数据通常更为平滑，压缩了核心变量的变异性，所以导致估计系数在经济意义层面相比于表2基准结果有轻微降低。

① 与消费方程不同，此处在控制变量中剔除了收入变量。

② 季节调整的技术细节可参见张晓峒和徐鹏（2013）、Wang和Wu（2012）。

表 8　　失业率季节调整

变量名称	(1)	(2)	(3)
	X11 - ARIMA	SEATS①	春节调整
失业率变动	-0.4371***	-0.4855***	-0.4772***
	(0.0610)	(0.0843)	(0.0694)
观测值	247115	247115	247115

注：*** 代表 $p<0.01$。

4. 遗漏变量问题

众所周知，除了家庭微观特征，随时间变化的宏观市场环境和经济政策也会对家庭消费产生重要影响，并且由于流动性约束、所有制类型等因素而存在异质性，这些均无法由传统面板回归模型所刻画。鉴于此，①本文参考 Kroft 和 Notowidigdo（2016），控制了省市固定效应和时间交叉项，在这种情况下，识别依赖于年龄、性别和教育水平三个维度的横截面变异性。②本文还可以控制行业固定效应和时间的交叉项。③根据 Bartik（1991），构造具有外生属性的、城市—行业层面的劳动需求冲击：

$$Bartik_{ct} = \sum_{r} EmpShare_{crt_0} \times EmpGrow_{qrt} \tag{13}$$

式中，$EmpShare_{crt_0} = \frac{Emp_{crt_0}}{Emp_{qrt_0}}$，表示 2009 年城市 c 的行业 r 就业人员与 2009 年样本四省市该行业就业人员之比。$EmpGrow_{qst}$ 表示样本四省市行业 r 就业人员增速。进一步地，这里可以将行业替换为年龄、性别和受教育水平三个变量，依次构造 Bartik 冲击，并同时予以控制。

杨继生和阳建辉（2015）、杨继生和徐娟（2016）指出，即便如此，以上方法仍然无法遍历影响消费的所有共同因子，而基于 Bai（2009）所提方法则可以有效缓解上述问题，其模型设定形式为：

$$\Delta c_{i,g,t} = \gamma \Delta U_{g,t} + \beta' X_{i,g,t} + \phi \Delta y_{i,g,t} + \sum_{j=1}^{n} \lambda_{ji} \times f_{jt} + \varepsilon_{i,g,t} \tag{14}$$

式中，f_{jt} 为第 j 个随时间变化的共同因子，λ_{ji} 表示测度了不同家庭对第 j 个共同因子的异质性反应。可以看到，$\sum_{j=1}^{n} \lambda_{ji} \times f_{jt}$ 能够有效提取误差项

① SEATS（Signal Extraction in ARIMA Time Series）.

中各类系统性的、难以观测到的信息，从而保证了$\varepsilon_{i,g,t}$的随机性以及核心系数估计的一致性（Bai，2009；杨继生和阳建辉）。①

为了进一步缓解可能存在的内生性问题，最后采用工具变量法进行检验。具体来说，本文参考 Diamond（2016）、陈斌开和杨汝岱（2013），将城市—行业维度的 Bartik 冲击与各地土地开发面积的交叉项作为群组失业率的工具变量，采用二阶段最小二乘法进行估计。

根据陈斌开和杨汝岱（2013），中国用地指标受到中央政府严格把控，具有一定外生属性（相比于微观数据而言），并且土地开发面积越低，住房价格越高。与此同时，因为住房价格是影响劳动力流动（供给）的重要因素（Diamond，2016），所以，无论是 Bartik 冲击还是土地开发面积，对当地失业率波动均具有重要影响。

相比于单变量，采用交叉项作为工具变量能够有效避免其与随机项产生相关性，因而越来越受到实证学者青睐（Aladangady，2017）。具体来说，就 Bartik 冲击构造过程以及中国特色土地开发制度而言，无论从既有文献还是直观感受，很难认为其与当地经济不可观测因素存在较大关联。

由表 9 可以看到，在以上任何一种模型设定下，关于 γ 的估计值并未发生明显变化，这从一个侧面说明，即使存在遗漏变量，其与群组失业率也不存在显著相关性，从而并不会影响核心变量的无偏性。

表 9　　　　失业阴影对消费和劳动供给的影响：内生性

A						
变量名称	基准回归		时间固定×省市固定		时间固定×行业固定	
	(1)	(2)	(1)	(2)	(1)	(2)
失业率变动	-0.4583***	0.0813***	-0.4687***	0.0851***	-0.4462***	0.0790***
	(0.0962)	(0.0202)	(0.1118)	(0.0254)	(0.1005)	(0.0236)
观测值	247115	230434	247115	230434	247115	230434

① Moon 和 Weidner（2015）证明，如果因子个数 n 超过最优数量，将等价于控制了若干无关变量，这并不会对系数估计的一致性造成影响。因此，一个拇指法则是连续增加因子个数，直至核心系数保持稳定。

续表

B						
变量名称	Bartik Shock		Bai（2009）		工具变量法	
	（1）	（2）	（1）	（2）	（1）	（2）
失业率变动	-0.4354*** （0.1084）	0.0759*** （0.0211）	-0.4291*** （0.1028）	0.0762*** （0.0195）	-0.4137*** （0.0981）	0.0736*** （0.0174）
观测值	247115	230434	247115	230434	247115	230434

注：（1） ***代表 $p<0.01$；（2）每一设定形式下的两列结果分别为消费回归方程和就业转化回归方程。

5. 状态依赖

面对群组失业率的变化，基准失业水平分别为3%和6%的人群，其反映程度可能存在较大差异。为了对此进行检验，参考 Campos 和 Reggio（2015），本文在基准回归方程中加入。$\Delta U_{g,t}\times U_{g,t-1}$。类似地，这里还构造虚拟变量 U_{low}，当样本期内群组平均失业率低于50分位数时取值为1，否则为0，所得结果如表10所示。

表10　　状态依赖检验

变量名称	（1）	（2）	（3）
	基准结果	上期失业率水平值	失业率虚拟变量
$\Delta U_{g,t}$	-0.4583*** （0.0962）	-0.4641*** （0.0813）	-0.4693*** （0.1025）
$\Delta U_{g,t}\times U_{g,t-1}$	—	0.0094 （0.0148）	—
$\Delta U_{g,t}\times U_{low}$	—	—	0.0517 （0.2049）
观测值	247115	239827	247115

注：***代表 $p<0.01$。

可以看到，虽然在经济意义上，长期失业率较低的群体，其消费反应相对更为敏感[①]，但是，在统计意义上并不显著。本文的结论与 Kroft 和 Notowidigdo（2016）、Campos 和 Reggio（2015）保持一致。

（三）异质性分析

1. 所有制

所有制类型从一个侧面反映了工作的稳定性。比如，对于国有经济单位来说，虽然其生产效率长期以来广受诟病，但是，在一定程度上发挥着就业稳定器的作用，因此，这类就业者受到失业率波动的影响应该较小。相比之下，作为城镇个体或私营企业被雇者，他们的工作稳定性远不及国有经济单位，失业对于其来说可能并不陌生。

与预期相符，表 11 显示，随着不稳定性增强，家庭消费对于失业阴影的反应愈加强烈。尤其是对于那些没有固定职业的就业者，其调整程度甚至达到了国有职工等群体的 3 倍左右，群组失业率每提高 1%，家庭消费降低 1.22%。根据国家卫生和计划生育委员会流动人口司发布的《中国流动人口发展报告（2016）》，2015 年，每 5—6 个中国人中便有一个是流动人口，相比于拥有当地户口的就业者，他们大多属于就业“较稳定”或“不稳定”群体，对于失业保险的需求更为强烈。

表 11　　异质性分析

变量名称	(1)	(2)	(3)
	基准结果	年龄效应	就业稳定性效应
全样本回归	-0.4583*** (0.0962)	—	—
分组回归：26—35 岁	—	-0.4935*** (0.0641)	—
分组回归：36—50 岁	—	-0.3509** (0.1571)	—
分组回归：50 岁以上	—	-0.2510 (0.3565)	—

① 一个可能的解释是，当面临失业时，低失业率群体所承担的机会成本往往较高。相比之下，失业对于高失业率群体则更多地表现为“家常便饭”，因而对消费带来的冲击也应较小。

续表

变量名称	(1)	(2)	(3)
	基准结果	年龄效应	就业稳定性效应
分组回归：稳定①	—	—	-0.3982 (0.3165)
分组回归：较稳定②	—	—	-0.5034** (0.2211)
分组回归：不稳定③	—	—	-1.2242*** (0.1565)
观测值	247115	247115	247115

注：***、**分别代表 $p<0.01$、$p<0.05$。

2. 年龄

既有研究显示，临近退休年龄的个体，受到劳动市场波动的影响往往较小（Moffitt and Gottschalk，2008）。基于此的一个推论是，不同年龄群体所面临的失业阴影也会有所不同，临近退休的家庭，其消费反应也会较为迟钝。

具体来说，这里在控制变量中加入户主年龄分组虚拟变量与失业率的交叉项，得到分组回归结果如表 11 所示。可以看到，年龄位于 26—35 岁的户主，其家庭消费反应最为强烈，群组失业率每提高 1%，消费水平降低 0.49%。在现实生活中，该年龄段人口多为刚刚毕业工作不久的大学生，面临住房④、结婚等方方面面压力，对于失业阴影的恐惧可想而知。实际上，根据中国科学院的研究，中国 20—30 岁人群精神压力最大。⑤《北京日报》也报道，中国抑郁症平均发病年龄 30 岁左右。⑥ 无独有偶，韩国 30 岁以下人士失业率高达 12.5%，远高于全国平均的 4.9%。这直接导致韩国 20—30 岁男性抑郁症患者 5 年内增加了 40%，青少年抑郁症

① 包括在国有经济单位，城镇集体经济单位，联营经济，股份制经济，外商和港、澳、台经济工作，并由其支付工资的人员。

② 包括城镇个体或私营企业被雇者。

③ 包括以上就业情况之外的就业者，如保姆、托儿服务人员等。

④ 根据西南财经大学中国家庭金融调查，15—29 岁房贷拥有率为占 32%，30—44 岁占 35%，45—59 岁占 15%，因此，中青年群体按揭贷款拥有率最高，住房压力并不容易转移。

⑤ 网址为：https：//baijiahao.baidu.com/s？id=1555114233281592&wfr=spider&for=pc。

⑥ 网址为：http：//news.163.com/15/0821/03/B1GTRQM100014AED.html。

严重。相比之下，位于36—50岁的户主，家庭消费敏感程度居中，群组失业率每提高1%，消费水平降低0.35%。这部分群体一般面临着“上有老、下有小”的双重压力，户主一旦失业，可能意味着整个家庭经济支柱的坍塌，因此，失业阴影对于他们来说并非无关紧要。相反，对于50岁以上的群体，虽然群组失业率每提高1%，消费水平会降低0.25%，不过，这一数字在统计意义上并不显著，所以，与Moffitt和Gottschalk（2008）的结论一致。

六　结论及政策建议

中国面临着国有企业改革和“去产能”的双重紧迫任务，人工智能的发展则为未来劳资关系带来众多不确定性，加之失业保险仍然存在较多薄弱之处，所以，失业阴影的存在越发成为居民消费的制约因素。本文发现：①在其他条件不变的情况下，群组失业率每提高1%，将通过影响未来预期，导致处于就业状态的家庭消费下降0.48%，预防性储蓄动机明显。其中国有、集体和股份制就业者所受影响并不显著，户主为个体或私营企业被雇者的家庭消费下降-0.50%，而没有固定性职业的就业者下降高达-1.22%。②分项结果显示，其他商品和服务、食品、衣着下降明显，并且消费金额的下降并非源于搜寻频率增加带来的价格下降，而是消费数量的降低。③群组失业率每提高1%，户主配偶进入就业概率增加0.81%。可以看到，无论是消费还是家庭成员劳动供给，均体现为公共保险缺失下的“自我保险”行为。由于本文并未直接分析失业者，而是重点讨论失业率波动对于就业者家庭所产生的间接影响，这为理解失业率波动如何传导至宏观消费总需求提供了独特视角。

众所周知，医疗保险主要用于补偿疾病带来的医药、住院等费用，养老保险用于保障退休后生活水平，那么失业阴影的存在更大程度上源于失业保险的缺位，因此，必须对症下药。①实证结果显示，即使是拥有失业保险的群体，失业阴影也存在显著的消费抑制效应，一个重要原因是失业补偿金额明显偏低。因此，本文认为，失业补偿不应以当地最低工资标准为上限，而应该与失业缴费相一致，或与失业前收入水平相挂钩。②本文异质性分析表明，非正规部门就业者对于失业阴影更加敏感，并且相比于正规部门来说，他们的失业保险覆盖率又明显偏低。2017年11月10日，人力资源社会保障部发布的《失业保险条例（修订草案征求意见稿）》规定，各地政府拥有决定个体雇主和被雇佣者能否参与失业保险的权力。由于各地政府在民生领域投入各有偏好，这一政策或许不利于消解非正规部门就业者的失业阴影，全面覆盖可能更利于促使消费总需求“逆经济风向而行”（Mckay and Rei，2016）。③根据传统经济学理论，提高失业保险保障标准固然会引发道德风险的提升。但是，Kroft 和 Notowidigdo（2016）指出，在失业率较高时，以失业存续弹性[①]衡量的道德风险会显著降低。在中国，关于失业保险与道德风险的理论文章虽然有所发展，但是，对于经济周期中失业存续弹性的实证估计尚属空白。在此基础之上，全面评估失业保障提高的利（消费平滑）与弊（道德风险），从而计算最优失业保障水平，或应成为未来的重要研究方向。

参考文献

白重恩、李宏斌、吴斌珍：《医疗保险与消费：来自新型农村合作医疗的证据》，《经济研究》2012 年第 2 期。

白重恩、吴斌珍、金烨：《中国养老保险缴费对消费和储蓄的影响》，《中国社会科学》2012 年第 8 期。

蔡昉：《农民工就业面临各种风险》，《农村工作通讯》2013 年第 9 期。

陈斌开、陆铭、钟宁桦：《户籍制约下的居民消费》，《经济研究》2010 年第 1 期。

陈斌开、杨汝岱：《土地供给、住房价格与中国城镇居民储蓄》，《经济研究》2013 年第 1 期。

陈天红：《失业保险覆盖面扩大：现状、问题及政策选择》，《中国劳动》2016 年第 8 期。

程令国、张晔：《早年的饥荒经历影响了人们的储蓄行为吗？——对我国居民高储蓄率的一个新解释》，《经济研究》2010 年第 8 期。

黄少安、孙涛：《非正规制度、消费模式和代际交叠模型——东方文化信念中居民消费特征的理论分析》，《经济研究》2005 年第 4 期。

李宏彬、施新政、吴斌珍：《中国居民退休前后的消费行为研究》，《经济学》（季刊）2015 年第 1 期。

① 失业存续弹性是指失业持续期间变化率与失业保障金额变化率之比，该数字越大表明道德风险越严重。

卢锋、刘晓光、姜志霄、张杰平:《劳动力市场与中国宏观经济周期:兼谈奥肯定律在中国》,《中国社会科学》2015 年第 12 期。

吕丹、曲展:《典型国家失业保险制度》,《中国劳动》2014 年第 10 期。

马双、臧文斌、甘犁:《新型农村合作医疗保险对农村居民食物消费的影响分析》,《经济学》(季刊)2011 年第 1 期。

樊潇彦、袁志刚、万广华:《收入风险对居民耐用品消费的影响》,《经济研究》2007 年第 4 期。

温兴祥:《失业、失业风险与农民工家庭消费》,《南开经济研究》2015 年第 6 期。

杨继生、徐娟:《环境收益分配的不公平性及其转移机制》,《经济研究》2016 年第 1 期。

杨继生、阳建辉:《行政垄断、政治庇佑与国有企业的超额成本》,《经济研究》2015 年第 4 期。

臧文斌、刘国恩、徐菲、熊先军:《中国城镇居民基本医疗保险对家庭消费的影响》,《经济研究》2012 年第 7 期。

张车伟:《失业率定义的国际比较及中国城镇失业率》,《世界经济》2003 年第 5 期。

张军、赵达、周龙飞:《最低工资标准提高对就业正规化的影响》,《中国工业经济》2017 年第 1 期。

张晓峒、徐鹏:《季节调整方法在中国的发展与应用》,《统计研究》2013 年第 9 期。

赵达、谭之、张军:《中国城镇地区消费不平等演变趋势——新视角与新证据》,《财贸经济》2017 年第 6 期。

赵绍阳、臧文斌、尹庆双:《医疗保障水平的福利效果》,《经济研究》2015 年第 8 期。

邹红、喻开志:《退休与城镇家庭消费:基于断点回归设计的经验证据》,《经济研究》2015 年第 1 期。

邹红、喻开志、李奥蕾:《养老保险和医疗保险对城镇家庭消费的影响研究》,《统计研究》2013 年第 11 期。

Aguiar, M. and Hurst, E., "Consumption versus Expenditure" [J]. *Journal of Political Economy*, 2005, 113 (5): 919 – 948.

Aguiar, M. and Hurst, E., "Life – cycle Prices and Production" [J]. *American Economic Review*, 2007, 97 (5): 1533 – 1559.

Aguiar, M., Hurst, E. and Karabarbounis, L., "Time Use during the Great Recession" [J]. *American Economic Review*, 2013, 103 (5): 1664 – 1696.

Aladangady, A., "Housing Wealth and Consumption: Evidence from Geographically - linked Microdata" [J]. *American Economic Review*, 2017, 107 (11): 3415 - 46.

Albanesi, S. and Şahin, A., "The Gender Unemployment Gap" [R]. *NBER Working Paper*, 2017.

Apergis, N. and Georgellis, Y., "Regional Unemployment and Employee Loyalty: Evidence from 12 UK Regions" [J]. *Regional Studies*, 2017, 1 - 11.

Bai, J., "Panel Data Models with Interactive Fixed Effects" [J]. *Econometrica*, 2009, 77 (4): 1229 - 1279.

Battistin, E., Brugiavini, A., Rettore, E. and Weber, G., "The Retirement Consumption Puzzle: Evidence from a Regression Discontinuity Approach" [J]. *American Economic Review*, 2009, 99 (5): 2209 - 2226.

Blundell, R., Pistaferri, L. and Preston, I., "Consumption Inequality and Partial Insurance" [J]. *American Economic Review*, 2008, 98 (5): 1887 - 1921.

Blundell, R., Pistaferri, L. and Saporta - Eksten, I., "Consumption Inequality and Family Labor Supply" [J]. *American Economic Review*, 2016, 106 (2): 387 - 435.

Browning, M. and Crossley, T. F., "Shocks, Stocks, and Socks: Smoothing Consumption over a Temporary Income Loss" [J]. *Journal of the European Economic Association*, 2009, 7 (6): 1169 - 1192.

Cai, F., Du, Y. and Wang, M. Y., "Demystify the Labor Statistics in China" [J]. *China Economic Journal*, 2013, 6 (3): 123 - 133.

Cameron, A. C., Gelbach, J. B. and Miller, D. L., "Bootstrap - based Improvements for Inference with Clustered Errors" [J]. *Review of Economics and Statistics*, 2008, 90 (3): 414 - 427.

Campbell, J. Y. and Mankiw, N. G., "Consumption, Income, and Interest Rates: Reinterpreting the Time Series Evidence" [J]. *NBER Macroeconomics Annual*, 1989 (4): 185 - 245.

Campos, R. G. and Reggio, I., "Consumption in the Shadow of Unemployment" [J]. *European Economic Review*, 2015, 78: 39 - 54.

Carroll, C. D., Karen, E. D. and Spencer, D. K., "Unemployment Risk and Precautionary Wealth: Evidence from Households' Balance Sheets" [J]. *Review of Economics and Statistics*, 2003, 85 (3): 586 - 604.

Clark, A., Knabe, A. and Rötzel, S., "Boon or Bane? Others' Unemployment, Well - being and Job Insecurity" [J]. *Labour Economics*, 2010, 17 (1): 52 - 61.

Currie, J., "Labor Supply and Taxes: A Survey" [J]. *Journal of Economic Literature*, 2010, 49 (4): 961 - 1075.

Chamon, M. D. and Eswar, S. P. , "Why are Saving Rates of Urban Households in China Rising?" [J] . *American Economic Journal: Macroeconomics*, 2010, 2 (1): 93 - 130.

Diamond, R. , "The Determinants and Welfare Implications of US Workers′Diverging Location Choices by Skill: 1980 - 2000" [J] . *American Economic Review*, 2016, 106 (3): 479 - 524.

Eggers, A. , Gaddy, C. and Graham, C. , "Well - being and Unemployment in Russia in the 1990s: Can Society's Suffering be Individuals' Solace?" [J] . *Journal of Socio - Economics*, 2006, 35 (2): 209 - 242.

Engen, E. M. and Gruber, J. , "Unemployment Insurance and Precautionary Saving" [J] . *Journal of Monetary Economics*, 2001, 47: 545 - 579.

Farber, H. S. and Valletta, R. G. , "Do Extended Unemployment Benefits Lengthen Unemployment Spells? Evidence from Recent Cycles in the US Labor Market" [J] . *Journal of Human Resources*, 2010, 50 (4): 873 - 909.

Feng, S. , Hu, Y. and Moffitt, R. , "Long Run Trends in Unemployment and Labor Force Participation in Urban China" [J] . *Journal of Comparative Economics*, 2017, 45 (2): 304 - 324.

Gan, L. , Hurd, M. D. and McFadden, D. L. , "Individual Subjective Survival Curves" [J] . *Analyses in the Economics of Aging*, 2005: 377 - 412.

Hansen, L. P. and Singleton, K. J. , "Generalized Instrumental Variables Estimation of Nonlinear Rational Expectations Models" [J] . *Econometrica*, 1982, 50 (5): 1269 - 1286.

He, H. , Huang, F. , Liu, Z. and Zhu, D. , "Breaking the Iron Rice Bowl: Evidence of Precautionary Savings from Chinese State - owned Enterprises Reform" [J] . *Journal of Monetary Economics*, 2018, forthcoming.

Hendren, N. , "Knowledge of Future Job Loss and Implications for Unemployment Insurance" [J] . *American Economic Review*, 2017, 107 (7): 1778 - 1823.

Kerr, W. C. , Kaplan, M. S. , Huguet, N. Caetano, R. , Giesbrecht, N. and McFarland, B. H. , "Economic Recession, Alcohol, and Suicide Rates: Comparative Effects of Poverty, Foreclosure, and Job Loss" [J] . *American Journal of Preventive Medicine*, 2017, 52 (4): 469 - 475.

Knabe, A. and Rötzel, S. , "Scarring or Scaring? The Psychological Impact of Past Unemployment and Future Unemployment Risk" [J] . *Economica*, 2011, 78 (31): 283 - 293.

Kroft, K. and Notowidigdo, M. J. , "Should Unemployment Insurance Vary with the Unemployment Rate? Theory and Evidence" [J] . *Review of Economic Studies*, 2016, 83

(3): 1092 - 1124.

Krueger, A. B. and Mueller, A. I., "Time Use, Emotional Well - being, and Unemployment: Evidence from Longitudinal Data" [J]. American Economic Review, 2012, 102 (3): 594 - 599.

Kunze, L. and Suppa, N., "Bowling Alone or Bowling at All? The Effect of Unemployment on Social Participation" [J]. *Journal of Economic Behavior & Organization*, 2017, 133: 213 - 235.

McKay, A. and Reis, R., "The Role of Automatic Stabilizers in the US Business Cycle" [J]. Econometrica, 2016, 84 (1): 141 - 194.

Meghir, C., Narita, R. Robin, J. M., "Wages and Informality in Developing Countries" [J]. *American Economic Review*, 2015, 105 (4): 1509 - 1546.

Meng, X., "Unemployment, Consumption Smoothing, and Precautionary Saving in Urban China" [J]. *Journal of Comparative Economics*, 2003 (31): 465 - 485.

Moffitt, R. A. and Gottschalk, P., "Trends in the Transitory Variance of Male Earnings in the US: 1970 - 2004" [R]. *NBER Working Paper*, 2011.

Moon, H. R. and Weidner, M., "Linear Regression for Panel with Unknown Number of Factors as Interactive Fixed Effects" [J]. *Econometrica*, 2015, 83 (4): 1543 - 1579.

Nalewaik, J., "Current Consumption and Future Income Growth: Synthetic Panel Evidence" [J]. *Journal of Monetary Economics*, 2006, 53 (8): 2239 - 2266.

Liu, Q., "Unemployment and Labor Force Participation in Urban China" [J]. *China Economic Review*, 2012, 23: 18 - 33.

Ravn, M. O. and Sterk, V., "Job Uncertainty and Deep Recessions" [J]. *Journal of Monetary Economics*, 2018, forthcoming.

Schmieder, J. F., Von Wachter, T. and Bender, S., "The Effects of Extended Unemployment Insurance over the Business Cycle: Evidence from Regression Discontinuity Estimates over 20 Years" [J]. *Quarterly Journal of Economics*, 2012, 127 (2): 701 - 752.

Stephens, M., "The Long - run Consumption Effects of Earnings Shocks" [J]. *Review of Economics and Statistics*, 2001, 83 (1): 28 - 36.

Stephens, M., "Job Loss Expectations, Realizations, and Household Consumption Behavior" [J]. *Review of Economics and Statistics*, 2004, 86 (1): 253 - 269.

Wang, Q. and Wu, N., "Menu - driven X - 12 - ARIMA Seasonal Adjustment in Stata" [J]. *Stata Journal*, 2012, 12 (2): 214 - 241.

Warr, P., "Work, Happiness, and Unhappiness" [M]. New York: Lawrence Erlbaum Associates, 2007.

Wei, S. J. and Zhang, X., "The Competitive Saving Motive: Evidence from Rising

Sex Ratios and Savings Rates in China" [J]. *Journal of Political Economy*, 2011, 119 (3): 511-564.

Zhang, J., Xu, L. and Zhang, H., "Uncovering the Truth about Chinese Urban Unemployment Rates: 2005-2012" [J]. *China and World Economy*, 2016, 24 (6): 1-18.

附　录

附录 A　理论模型推导

假设C_t、A、X_t、W_t分别为代表性家庭在月份 t 的消费水平、资产持有水平、外生劳动收入水平以及财富水平。进一步假设该经济体中利率为 r，此时以贴现形式表示的家庭预算约束方程为：

$$A_t + \sum_{j=0}^{\infty} \frac{X_{t+j}}{(1+r)^j} = W_t = \sum_{j=0}^{\infty} \frac{C_{t+j}}{(1+r)^j} \tag{A.1}$$

在 $W_t = \sum_{j=0}^{\infty} \frac{C_{t+j}}{(1+r)^j}$ 两边同时除以 C_t，并取自然对数：

$$\begin{aligned} c_t - w_t &= -\ln\left[1 + \sum_{j=1}^{\infty} \frac{1}{(1+r)^j} \frac{C_{t+j}}{C_t}\right] \\ &= -\ln\left[1 + \sum_{j=1}^{\infty} \frac{1}{(1+r)^j} \exp\left(\sum_{v=1}^{j} \Delta c_{t+v}\right)\right] \end{aligned} \tag{A.2}$$

对右边表达式中的消费增长率变量，在 0 值附近进行泰勒展开：

$$\ln\left[1 + \sum_{j=1}^{\infty} \frac{1}{(1+r)^j} \exp\left(\sum_{k=1}^{j} \Delta c_{t+v}\right)\right] \approx \ln\left(\frac{1+r}{r}\right) + \left(\frac{1+r}{r}\right)$$

$$\sum_{j=1}^{\infty} \frac{1}{(1+r)^j} \sum_{k=1}^{j} \Delta c_{t+v} = \ln\left(\frac{1+r}{r}\right) + \sum_{j=1}^{\infty} \frac{1}{(1+r)^j} \Delta c_{t+j} \tag{A.3}$$

将式（A.3）代入式（A.2）可得：

$$c_t \approx w_t - \sum_{j=1}^{\infty} \frac{1}{(1+r)^j} \Delta c_{t+j} - \ln\left(\frac{1+r}{r}\right) \tag{A.4}$$

转向式（A.1）左边，进一步将资产价值 A_t 表示为未来收入（红利、股息等，记为 D_t）的贴现值：

$$A_t = D_t + \frac{1}{1+r} A_{t+1} = D_t + \sum_{j=1}^{\infty} \frac{1}{(1+r)^j} D_{t+j} \tag{A.5}$$

此时根据式（A.1），通过取自然对数，可以将财富变量表示为：

$$w_t = \ln\left[X_t + D_t + \sum_{j=1}^{\infty}\frac{1}{(1+r)^j}(X_{t+j} + D_{t+j})\right]$$

$$= \ln\left[\sum_{j=0}^{\infty}\frac{1}{(1+r)^j}Y_{t+j}\right] \tag{A.6}$$

根据 Campbell 和 Manviw（1989）的解释，此时 Y_t 为代表工资收入的人力资本与代表资本收益的非人力资本之和。类似于式（A.3），这里通过将式（A.6）对数线性化，得到：

$$w_t \approx y_t + \sum_{j=1}^{\infty}\frac{1}{(1+r)^j}\Delta y_{t+j} + \ln\left(\frac{1+r}{r}\right) \tag{A.7}$$

对式（A.4）两边取期望：

$$c_{t+1} \approx E_{+1}\, w_{t+1} - \sum_{j=1}^{\infty}\frac{1}{(1+r)^j}E_{t+1}\Delta c_{t+1+j} - \ln\left(\frac{1+r}{r}\right) \tag{A.8}$$

$$c_t \approx E_t\, w_t - \sum_{j=1}^{\infty}\frac{1}{(1+r)^j}E_t\Delta c_{t+j} - \ln\left(\frac{1+r}{r}\right) \tag{A.9}$$

根据 Campbell 和 Manviw（1989）：

$$w_{t+1} = r + k + \left(\frac{1}{\lambda}\right)w_t + \left(1 - \frac{1}{\lambda}\right)c_t \tag{A.10}$$

式中，$\lambda = 1 - \overline{C/W}$，$k = \ln(\lambda) - \left(1 - \frac{1}{\lambda}\right)\ln(1-\lambda)$。将式（A.10）代入式（A.8）和式（A.9）同时左右两边同时乘以$\frac{1}{\lambda}$和加上 $c_t - \frac{c_t}{\lambda}$，最后将两式相减：

$$\Delta c_{t+1} = E_t\Delta c_{t+1} - \sum\nolimits_{j=1}^{\infty}\lambda^j(E_{t+1} - E_t)\Delta c_{t+1+j} +$$

$$\sum_{j=1}^{\infty}\lambda^{j-1}(E_{t+1} - E_t)\Delta y_{t+j} + v_{t+1} \tag{A.11}$$

式中，v_{t+1}为式（A.6）到式（A.7）变化过程中的泰勒余项。根据 Hansen 和 Singleton（1982），如果消费增长率不可预测，那么消费增长率的期望便退化为常数。举例来看，如果家庭效用函数形式为：

$$Utility_t = E_t\sum_{j=0}^{\infty}\beta^j N_{t+j}\frac{(c_{t+j})^{1-\gamma}}{1-\gamma} \tag{A.12}$$

其中，N_{t+j}为偏好设定参数，代表影响消费效用的家庭人口规模或闲暇时间等。在服从对数正态分布假设下，由 Hansen 和 Singleton（1982）可以得到：

$$E_t \Delta c_{t+j} = \frac{r-\delta}{\gamma} + \frac{E_t(\Delta n_{t+j})}{\gamma} + \frac{1}{2\gamma}\mathrm{var}_t(-\gamma \Delta c_{t+j} + \Delta n_{t+j}) \tag{A. 13}$$

其中，$\delta = -\ln(\beta)$。此时代入式（A. 11）便可得到式（2）。

附录 B　关于数据质量的进一步讨论

实际上，单就数据本身（相对于奥肯定律而言）便可对正文谜团进行一些解读。以城镇登记失业率为例，其统计口径与国际劳工组织（International Labor Organization，ILO）有较大差异。在这一指标中，作为分子的登记失业人员必须同时符合以下条件：①非农业当地户口；②处于一定年龄区间（男性为 16—50 岁，女性为 16—45 岁）；③有劳动能力；④无业而要求就业，并在当地就业服务机构进行求职登记。作为分母的城镇劳动人口包括：①城镇单位从业人员（扣除使用的农村劳动力、聘用的离退休人员、港澳台及外方人员）；②城镇单位中的不在岗职工；③城镇私营业主、个体户主；④城镇私营企业和个体从业人员；⑤城镇失业人员。可以看到，这一统计口径主要存在以下三方面的问题（Feng et al.，2017）：①由于部分失业者并未拥有当地城镇户口，因此不符合登记为失业人口的条件；②正如前文所述，由于失业保障金额十分有限，即使符合条件的当地城镇户籍失业人口，也未必会主动到相关部门进行登记；③由于该统计数据采集方法为基层逐次上报，因此不能排除人为操纵等因素产生加总误差（Liu，2012）。正是由于以上问题的存在，导致中国官方失业统计指标，往往存在对真实失业率的低估。此外，由于官方并未公布历年劳动参与率数据，因此，作为失业率分母的劳动力市场规模更是无从知晓（Cai et al.，2013）。①

虽然对于数据质量的质疑此起彼伏，但是，由于统计工作的复杂性，试图获得可靠样本以了解真实失业情况并非易事。比如吉尔斯等（2005）利用实地调查数据，探究了沈阳、西安、武汉、上海和福州五个大城市的失业问题，他们发现，对于拥有当地户籍的样本而言，自 1996 年 1 月起失业率逐步攀升，由 6.10% 达到 2002 年 9 月的 11.10%。Liu（2012）借助

① 鉴于此，学者通常会利用“经济活动人口”除以总人口来得到劳动参与率（Cai et al.，2008）。然而，由于“经济活动人口”仅为就业人口与注册失业人口相加，因此不可避免地再次遭遇以上三种质疑。此外，由于官方数据并不包含年龄区间以及户口等信息，所以可信度并不高。

中国居民收入调查（Chinese Household Income Project，CHIP）数据，考察了10个省份的失业情况，发现2002年失业率水平约为9.50%。Feng等（2017）利用覆盖全部省份的UHS数据，计算了中国城镇地区1988—2009年的失业情况，结果如图3所示。可以看到，经过调整后的失业率在2002年前后达到最高点，约为11.5%。与此同时，Zhang等（2016）采用和本文完全相同的数据估算了2010—2012年四省市的失业率演变情况。总而言之，虽然基于不同数据来源和不同时间期间的研究结论有所不同，但是，一致认为中国城镇调查失业率存在低估，并在2002年前后达到最高点。

附录C　劳动参与率演变情况

失业率的计算与劳动参与率息息相关，因此，对于后者需要有一定的了解。下图显示，2010—2012年，男性高于女性约10%，且基本保持稳定。40岁以上群体在2010年高于40岁以下（含）群体约8%，但是，到2012年，这一差距缩小至4%，这主要得益于年轻群体劳动参与率的持续

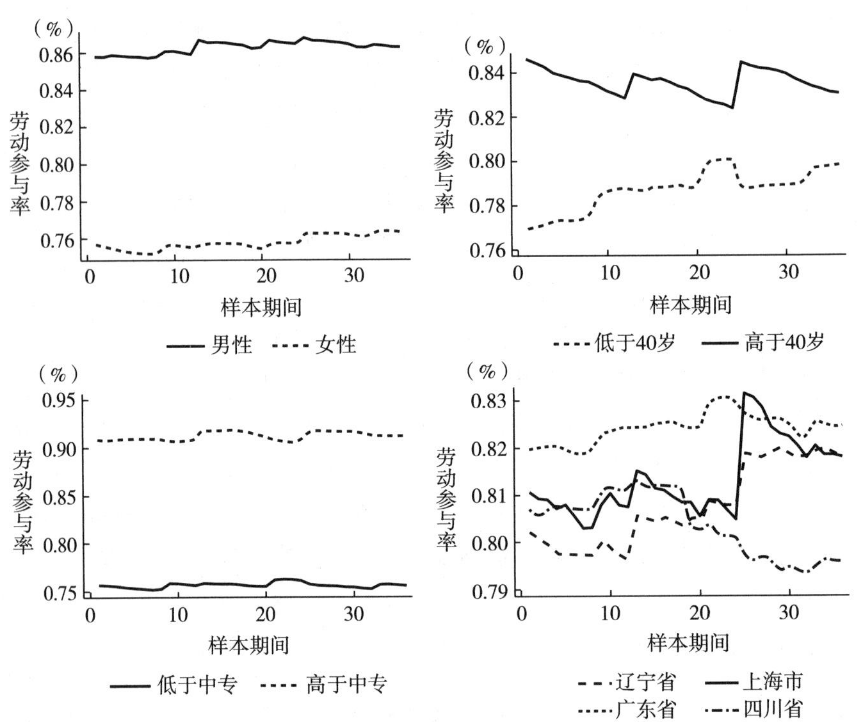

增长。高于中专群体的劳动参与率大幅高于较低教育群体约 15%，且这一关系基本保持稳定，因此，在老龄化日益严重的中国社会，如何提高低教育群体劳动参与率较为迫切。

附录 D 中国城镇地区各群体失业率与劳动参与率变演变：2010—2012 年（含非户籍）

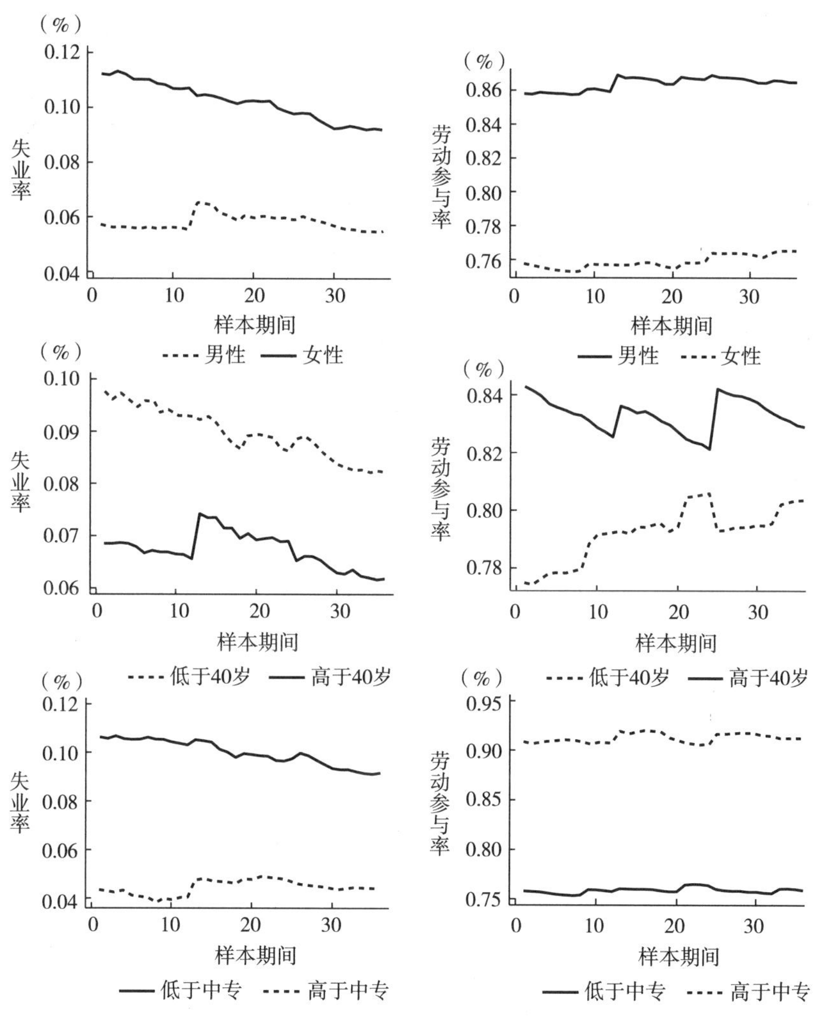

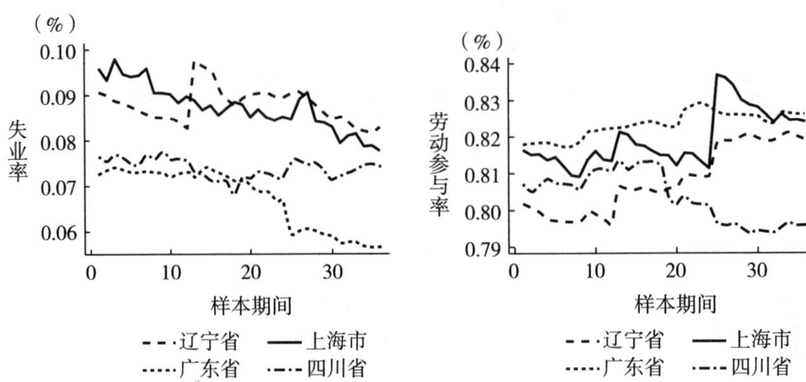

资料来源：UHS。

附录 E 美国失业率与劳动参与率：2000—2017 年

中国尚未公布月度频率的失业率数据，这里以美国为例，可以看到，在每年 2 月（6 月），失业率（劳动参与率）均会出现上升。

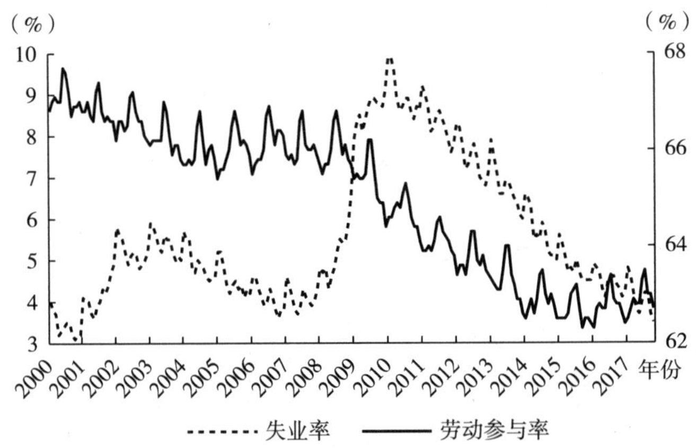

资料来源：美国劳工统计局（Bureau of Labor Statistics，BLS）。

附录F 中国城镇地区正规、非正规部门就业转移矩阵

单位:%

地区	发达地区（男）	发达地区（女）	欠发达地区（男）	欠发达地区（女）
失业—非正规	14.51	11.95	22.77	17.79
失业—正规	6.67	5.54	3.98	2.11
正规—正规	16.06	12.69	8.41	8.83
正规—失业	2.29	2.50	1.29	1.91
正规—非正规	2.57	4.40	3.34	4.81
非正规—非正规	19.89	18.80	18.38	19.26
非正规—失业	3.00	4.39	3.78	4.71
非正规—正规	2.44	2.59	2.37	2.25

注：发达地区为上海市和广东省，欠发达地区为四川省和辽宁省。

资料来源：UHS。

［农村改革与发展］

“三权分置”背景下农地经营权的流动性问题

崔宝敏　梁云燕

摘　要　本文在农村土地集体所有权、农户承包权和农地经营权“三权分置”背景下提出了我国农地经营权的流动性问题，将农地经营权作为财产性权利的出发点来分析经营权在不同农业经营主体间的产权流转能力和财产变现能力，并分析了影响农地流动性的因素。本文试图构建一个分析农地经营权流动性的理论分析框架，并把农村土地的稳定性和流动性纳入统一的农地地权系统框架内，进而探索一条适合我国农地经济发展的独特的制度设计道路。

关键词　经营权　流动性　稳定性

一　引言

自新中国成立以来，我国土地产权结构的改革依次经历了土地革命、人民公社化运动、“两权分离”和“三权分置”，农地产权制度一直伴随着国家政策和农民现实需求不断发生变化。改革开放后，为了调动农民的生产积极性，中共中央确立了“两权分离”的土地制度，即土地所有权和承包经营权分离的家庭联产承包责任制，这种土地产权制度虽然在一定程度上释放了农村生产力，使粮食产出大幅度增加，解决了新中国成立以

［作者简介］崔宝敏，山东财经大学副教授，《经济理论与政策研究》编辑部主任；梁云燕，山东财经大学经济学院研究生。

来的温饱问题，但是，也固化了基于公平机制而设立的“家家有地户户种田”的农业细碎化格局，其土地承包权归集体所有的机制也使农民更加明确集体成员身份，违背了市场经济下土地经营权应该具有流动性的现实需求。为了顺应农民要求保留土地承包权、流转土地经营权现实意愿，将承包经营权分成承包权和经营权的“三权分置”改革应运而生。“三权分置”改革过程是农地使用权不断发展、完善和创新的过程，具体如表1所示。

表1　我国农地经营权改革路径

时间	政策文件	内容	政策核心
2008年10月	《中共中央关于推进农村改革发展若干重大问题的决定》	赋予农民更加充分而有保障的土地承包经营权，允许农民以转包、出租、互换、转让、股份合作等形式，流转土地承包经营权以及扩大农村有效担保物范围	土地承包经营权流转
2013年11月	《关于全面深化改革若干重大问题的决定》	赋予农民对承包地占有、使用、收益、流转及承包经营权抵押、担保权能，允许农民以承包经营权入股发展农业产业化经营	农地产权结构变化，允许承包经营权抵押
2014年1月	《关于全面深化农村改革，加快推进农业现代化的若干意见》	在落实农村土地集体所有权的基础上，稳定农户承包权、放活土地经营权，允许承包土地的经营权向金融机构抵押融资	首次提出“三权分置”改革，继家庭联产承包责任制后第二次土地制度创新
2014年11月	《关于引导农村土地经营权有序流转，发展农业适度规模经营的意见》	规范引导土地经营权流转	规范经营权流转

续表

时间	政策文件	内容	政策核心
2015年2月	《关于加大改革创新力度，加快农业现代化建设的若干意见》	明确现有的土地承包关系保持稳定且长期不变的具体实现形式，界定农村土地集体所有权、承包权和经营权之间的权利关系	规范所有权、承包权和经营权的权利关系
2016年1月	《关于落实发展新理念，加快农业现代化，实现全面小康目标的若干意见》	要落实土地所有权、稳定农户承包权、放活土地经营权，完善“三权分置”办法	完善“三权分置”改革办法
2016年10月	《关于完善农村土地所有权承包权经营权分置办法的意见》	各地区各有关部门要充分认识“三权分置”的重要意义，妥善处理“三权”的相互关系，正确运用“三权分置”理论指导改革实践，不断探索和丰富“三权分置”的具体实现形式	确保“三权分置”有效实施
2017年2月	《关于深入推进农业供给侧结构性改革，加快培育农业农村发展新动能的若干意见》	要深化农村集体产权制度改革，落实农村土地集体所有权、农户承包权、土地经营权“三权分置”办法，加快推进农村承包地确权登记颁证，扩大整省试点范围	扩大“三权分置”试点范围
2017年10月	党的十九大报告——《决胜全面建成小康社会，夺取新时代中国特色社会主义伟大胜利》	要深化农村土地制度改革，完善承包地“三权分置”办法	进一步完善“三权分置”办法

续表

时间	政策文件	内容	政策核心
2018 年 1 月	《中共中央、国务院关于实施乡村振兴战略的意见》	完善农村承包地"三权分置"制度，在依法保护集体土地所有权和农户承包权前提下，平等保护土地经营权	土地经营权要与所有权、承包权享受平等保护

由表 1 可以看出，"三权分置"是我国农地产权结构坚定不移的改革办法，是继家庭联产承包责任制之后的第二次土地制度创新。"三权分置"改革的重点是放活土地经营权，让农村土地"动"起来，以产权的"流动"促进土地的流转，制度设计的目的是通过产权的细分，突破农地的规模经营局限和流转障碍，以推动规模经营，提高农业生产率，进而实现农业的集约化和现代化。

那么，问题是目前制度安排的轨迹下现实中土地流转的情况究竟如何？产权界定和细分对农地流转的作用程度如何？土地经营权作为财产性权利的流动性或流转能力怎么样？其流动性程度或流转程度受哪些因素的影响或制约，怎样突破这些约束或制约？流转效果又如何？本文将上述农村土地经营权的流转能力问题称为农地经营权的流动性问题，作为研究的主题，以产权的"动"对应土地的不动。农村土地产权的流动性问题，主要是针对"三权分置"改革背景下将农地经营权作为财产性权利的出发点来分析经营权在不同农业经营主体间的产权流转能力和财产变现能力。

二　地权流动性命题的提出

早在明清时期，地主对农民的剥削形式发生变化，永佃权产生。永佃权是指佃农通过约定交付租金的方式可以永久地使用某块土地，地主转卖土地不会影响佃农耕种土地，这种方式在现代农业生产过程中也可以使用，拥有土地但是没有耕种能力的农民可以只保留土地的田底权，出卖田面权①，古代"永佃权"的产生为当代地权流动提供了新思路。到 20 世

① 王红蕾：《析中国古代土地制度之演变》，《发展》1996 年第 8 期。

纪80年代，有学者提出土地的流动及其调节问题，当时将“土地流动”界定为土地用途和权属的比例结构及布局格局的调整[①]，流动的目的也主要是服务于国家或地区土地利用的全局。此后，土地流动被进一步界定为土地经营权、使用权的流动[②]，只不过受市场发展程度和生产力水平的制约，这时候的土地流动基本局限于集体范围内成员间的流动。90年代的土地股份制改革也是土地流动和集中的一种方式，如果大多数农民可以脱离土地有生存保障，拥有土地承包权并自愿进行土地流动，那么就可以通过土地流动的方式集中利用土地。[③] 广泛研究农地“使用权流动”的学者是邓大才，他在不同层面论证了使用权流动的环境、层次、模式，流动的风险和障碍，认为土地不能参与市场化是对土地资源的极大浪费，我们不能因为土地流动存在风险就放弃土地的最优化配置[④]，并认为，这一时期农地产权流动的内生机制和外部环境均不成熟，流动的比例也比较低，但是，土地流动的条件是相对的，其条件的形成也是随着土地流动的发展逐步完善的过程，如果等条件成熟后再推进土地流动，那么土地流动的条件将永远不会成熟，主张土地流动和完善流动条件应同时进行。于代松也指出，市场经济的基本特征就是流动，各要素通过流动进行重新整合以达到资源的最优配置，面对当前市场化的大环境，土地作为农村经济的核心要素有必要参与到市场化中来。

随着2004年国务院颁布《关于深化改革严格土地管理的决定》，做出了“农民集体所有建设用地使用权可以依法流转”的规定，学术界开始陆续使用“土地流转”的概念。不过，与之前农用地“使用权流动”所不同的是，此时，“流转”规范的是集体建设用地使用权流转。尔后，土地“流转”逐步取代“流动”成为农村产权关系变更的惯常用语并渐进沿用到承包地的使用权和经营权领域。国外有关土地流动的研究基本上都是指代所有权归属的变更[⑤]（Ho，Peter，2013；Chernina，E.，P. C. Dower，A. Markevich，2014），与我国“落实集体所有权、稳定农户承包

① 王家梁、边信玲：《论土地的流动及其调节》（摘要），《中国土地学会会议论文集》1987年。

② 武玉铭：《土地双向流动的趋势与对策》，《农业经济问题》1989年第4期。

③ 陈锡文：《土地流动集中必须是农民自愿》，《新财经》2001年第9期。

④ 邓大才：《农村土地流动的风险及规避途径》，《唯实》2004年第7期。

⑤ Ho，Peter，2013，“In Defense of Endogenous，Spontaneously Ordered Development：Institutional Functionalism and Chinese Property Rights”，*Journal of Peasant Studies*，40（6）：1087 - 1118.

权、放活农地经营权"的土地权属关系是截然不同的。

"三权分置"学说具有独特的理论价值，其前提是"落实集体所有权"，就是要坚持农村土地集体所有制，尊重所有权主体的集体组织占有、处分土地的权能，监督处理撂荒土地，发挥平整和改良土地的主导作用，在促进土地合理适度规模经营方面起到桥梁作用。[①] 其基础是"稳定农户承包权"，要保证土地承包关系长久不变，土地的承包权始终属于集体组织内部的农民。其核心是"放活土地经营权"，就是在保证耕地类型不改变的前提下引导土地经营权有序流转，发挥市场在资源配置中的决定性作用，允许土地经营权向金融机构抵押融资，发展形式多样、适度规模的农业，不断提高劳动产出率、资源利用率和土地产出率，实现农业现代化产业化经营，提高农业生产质量，提升农业竞争力。[②] "三权分置"的创新点在于将土地承包权与经营权分离，其设立顺应了农村人地分离的现实情况，将土地经营权从承包经营权中解放出来。土地经营权具有特殊权益，农地的社会价值决定了农地的集体所有权和家庭承包权不具有流通的性质，土地经营权不可具有永久性，流转合同到期时可以通过延长承包期或者重新承包形成新的土地经营权，继续经营土地。土地经营权流动不具有永久性也意味着农民不会丧失自己的生存利益。[③] 现阶段，农民财产性收入的构成主要来源于土地流转方面，因此，增加农民财产性收入的主要措施是促进土地流转。[④] 本文重申农地经营权的流动性命题，主要是基于"三权分置"改革背景下将农地经营权作为财产性权利的出发点来分析土地经营权的资产性，以及土地产权在不同农业经营主体间的流动能力和财产变现能力。"三权分置"改革背景下"经营权的流动性"不再是单纯的土地流转问题，它更多的是关于土地经营权的财产性和市场化程度问题，既与细分后的产权权属特征及其变现能力密切相关，又受到法律界定、历史"制度锁定"、可执行性与金融限定等诸多因素的影响。

"三权分置"改革下确权颁证和产权细分对农地流转的作用有促进论

---

① 叶兴庆：《从"两权分离"到"三权分置"——我国农地产权制度的过去与未来》，《中国党政干部论坛》2014 年第 6 期。

② 肖卫东、梁春梅：《农地"三权分置"的内涵、基本要义及权利关系》，《中国农村经济》2016 年第 11 期。

③ 孟勤国：《论新时代农村土地产权制度》，《甘肃政法学院学报》2018 年第 1 期。

④ 蒲实、郭晓鸣：《拓宽增加农民财产性收入的渠道》，《人民日报》2016 年 12 月 23 日。

和抑制论两派观点。促进论认为，“确权颁证”“还权赋能”和“三权分置”是土地经营权进行抵押贷款的产权基础①，通过进一步明晰产权边界增强了对地权稳定性的信心，降低了产权交易费用，进而促进农地经营权流转。② 抑制论从禀赋效应和流转主体行为能力的角度解释并认为，农地对于农户而言，是一种不可替代的人格化财产，产权细分不仅强化了农户的产权强度，而且增强了农户对土地的禀赋效应，进而抑制了地权流转③，农地是农民最可靠的社会保障、最重要的财产权利和最重要的生活资料④，是农民最直接的生活来源，一旦将土地流转，农民在流转期限内无法经营自己的土地，若其他生活来源没有保障，参与土地流转难免会有后顾之忧，因此，许多农民宁愿土地撂荒也不愿意进行土地流转。

经营权的进一步细分使农地经营权流动的制度条件、相关理论和实践发生了哪些变化？目前制度安排的演进轨迹下土地经营权流动的现状究竟如何？土地产权的流动存在哪些市场流动性风险？流动性不足问题又受哪些因素的影响或制约，怎样突破这些约束或制约？产权细分和经营权的流动性强度对农地流转的作用有多大？土地经营权作为财产性权利的流动是否真的能够有效推动土地规模化和农业的现代化？本文重新提出“三权分置”改革背景下农村土地经营权的流动性问题这个命题，与“流转”相对比，后者更多地强调土地产权关系变更这样一种现象和描述，而“流动性”概念的提出主要是为了评价农地产权的资产化能力和市场化程度，以分析如何提升产权的“流动性强度”和降低“流动性风险”来推进“不动产”要素——土地的流转和规模经营。

三　地权流动性的影响因素

农地经营权财产化，既是促进农地规模经营，转变农业增长方式的现实选择，也是实现农地流转机制创新和效率增进的客观要求。农地经营权

① 杨奇才、谢璐、韩文龙：《农地经营权抵押贷款的实现与风险：实践与案例评析》，《农业经济问题》2015 年第 10 期。

② Deininger, K. and Jin, S. Q., 2005, “The Potential of Land Markets in the Process of Economic Development: Evidence from China”, *Journal of Development Economics*, 78 (1): 241 – 270.

③ Jacoby, H. and Minten, B., 2006, “Land Titles, Investment, and Agricultural Productivity in Madagascar: A Poverty and Social Impact Analysis”, The World Bank.

④ 孙中华：《关于深化农村土地制度改革的几个问题》，《理论学刊》2016 年第 2 期。

财产化有利于推进土地经营权流动。根据已有文献研究来看，影响农地经营权流动性的因素和风险主要可以概括为以下四个方面：

首先，从法律权属的界定来看，经济逻辑不能代替法律逻辑，在经济逻辑上形成的方案未必符合法学逻辑，土地承包权和经营权在权利内容、权力主体和权利性质等方面存在较大差异，两者的侵权形态、救济方面以及责任方式均不相同，存在分置的法律基础。[①] 但是，承包权和经营权分置后经营权的定性依旧存在很大的问题。

第一，我国《中华人民共和国物权法》第一百八十四条和《中华人民共和国担保法》第三十七条第二款明确规定，禁止土地承包经营权的抵押，由于农村土地集体所有并且承载特定的保障功能，即使在"三权分置"的背景下，土地承包经营权仍然不能抵押。[②]《中华人民共和国物权法》若将承包经营权界定为用益物权便可以自由转让，但分置后的土地经营权并不具备物权的基本属性，而是债权。债权的法律流通性和转让的安全性是不足的[③]（Deininger et al.，2009，2011；孙宪忠，2016；张毅等，2016），将债权用来设置抵押也是没有法律依据的。[④] 同时有学者认为，从经营权能够收益、入股和抵押的角度来看，应该被界定为用益物权，而从其能转包、出租的角度看应该被界定为债权，但一项权利既可能是物权也可能是债权是不符合法律规定的[⑤]，因此，中央文件对于经营权设置不符合"一物一权"的原则，经营权的物权化是亟待解决的问题。肖鹏也强调，解决土地经营权抵押贷款问题的有效途径是明确土地经营权归属于物权，只有在这种方式下，才能促进经营权的流转。

第二，虽然土地经营权财产化是改革的方向，其发展将会对保障私权提出更高的要求，但《中华人民共和国物权法》并非事关土地问题的基本法典，这也就迫切需要完善《中华人民共和国土地管理法》。与此同时，土地制度的改革和财产化的完善绝不能突破《中华人民共和国宪法》

---

① 丁文：《论土地承包权与土地承包经营权分离》，《中国法学》2015 年第 3 期。

② 焦富民：《"三权分置"视域下承包土地的经营权抵押制度之构建》，《政法论坛》2016 年第 5 期。

③ 孙宪忠：《推进农地三权分置经营模式的立法研究》，《中国社会科学》2006 年第 7 期。

④ 楼建波：《农户承包经营的农地流转的三权分置——一个功能主义的分析路径》，《南开学报》2016 年第 4 期。

⑤ 孙越、郭嘉明：《"三权分置"下经营权的困境与出路》，《法制博览》2018 年第 22 期。

的约束，具体改革措施必须符合集体所有权的约束。[①]

第三，集体土地所有权和个人使用权记录体系薄弱，虽然颁发产权证书，但国家对于承包地设置的物权权能不完整，农户个人产权证书不明确、产权缺乏排他性、产权权能不完备，使用权和处分权受到严格限制，等等[②]，这些因素都限制了土地流转效率。

其次，从禀赋效应和流转主体意愿来看，笔者将从土地经营权流动的转入者和转出者两角度进行分析。

对于转出者，一方面，农地确权和细分强化了土地的人格化财产特征，增强了农户对承包土地的资源禀赋效应，患有“土地焦虑症”的农户选择保有土地静待地权的资产升值空间，降低了农户的流动意愿，造成土地经营权的主观流动性不足。除此之外，由于农民的流转意愿不同，土地的流转时间和流转范围可能不一致。例如，有的农民只想将土地的一部分进行流转，留下一部分自己耕种，有的农民愿意短期流转土地，有的愿意长期流转，这种现实情况下很难实现土地的集约利用、规模生产，要使有需求的生产者挨家挨户地去签约也会导致交易成本升高，可行性不高，甚至会出现政府强制农户参与土地流转的行为。另一方面，研究表明农户的水平分化（用“非农劳动力人数/总劳动力人数”表示）和垂直分化（用“非农收入/家庭总收入”表示）越明显，其农地资本化的意愿越强烈，农户的垂直分化影响其对土地功能的偏好，垂直分化程度越高，对于土地财产功能的偏好越明显，从而越愿意实现土地经营权的资本化，进而促进土地的流动性。[③] 除此之外，农业生产的高风险、高成本和低收益的特点也会使农民更愿意转出土地。

对于转入者，一方面，目前土地经营存在国家政策不稳定、体制壁垒和信息缺乏等问题。根据当前土地流转价格和人力、农药、化肥等价格，结合粮食收购价格计算，如果农业补贴政策和粮食最低价格政策不稳定，在产量不好的年份，经营者可能面临严重亏本。调查发展，农业经营存在

① 张富利：《农地“三权分置”改革的法理阐释与路径选择》，《西北农林科技大学学报》2018 年第 4 期。

② 杨璐璐：《农村土地经营权流转的现实困境与制度性原因分析》，《西北大学学报》2015 年第 4 期。

③ 黎翠梅、柯炼：《农户分化与农地经营权资本化选择》，《华南农业大学学报》2018 年第 3 期。

严重的体制壁垒，外来经营者难以利用村中的灌溉设备等基础设施，加之融资困难、土地流转期限不固定、经营者获取信息途径狭窄且容易失真等问题，将严重影响土地流转的效率及稳定性。① 另一方面，通过对湖北两县的实证研究分析，具有"农地所有权归集体所有"认知的农户集体成员身份认同感较强，对农地禀赋性依赖更重，更愿意转入土地，因此，这部分农民也是内生性农业大户的潜在培养对象。② 除此之外，家庭生命周期也会对土地流转产生影响。对于成熟的核心家庭，这类家庭中老年较多且资本积累已达到最大值，有丰富的农业生产经验和雄厚的生产资本，完全有能力支撑大规模农业生产活动，此时，家庭劳动力因素对这类家庭土地转入情况影响最大。③

再次，从产权流动的具体形式、流转期限和二级市场流通等具体操作层面来看，政策实施细则和操作惯例都对农地经营权流动施加了各种限制，严重束缚了农地产权的价值评估和区域性流动市场的完备性④，将其称为"方式强制"和"条件限制"，这些限制性条件构成了经营权的流动性障碍。土地流转存在区域差距明显、亲属间流转比例高的特点⑤，土地分散化较为严重，农地流转供需不匹配是农民参与土地流转程度低的主要原因，其中地块不匹配造成的影响大于制度不匹配。⑥ 具体来看，第一，土地的价值一直是学术界争论的热点问题。土地流转的价值体系评估不完善，价格评估方法不健全，市场配置资源的作用没有得到充分的发挥，减缓了土地资源市场化的步伐。⑦ 第二，土地流转的市场体制不完善也是阻碍其流转的关键因素。土地流转的一级市场（土地所有者与土地承包者

① 黄微微、朱理洋：《传统农业地区农地经营权流转困境：风险演化、成因分析及对策研究》，《中共成都市委党校学报》2018 年第 3 期；姜岩：《农村土地资本化改革的路径创新》，《西北农林科技大学学报》2015 年第 6 期。

② 钟涨宝、胡梦琪：《农户农地所有权认知及其对农地流转意愿的影响——基于湖北两县483 个样本农户的实证研究》，《中南民族大学学报》2018 年第 4 期。

③ 林善浪、林炜、梁琳：《家庭生命周期对农户农地流转意愿的影响研究——基于福建省1570 份调查问卷的实证分析》，《中国土地科学》2018 年第 3 期。

④ 赵翠萍、侯鹏、程传兴：《产权细分背景下农地抵押贷款的基本经验与完善方向——基于福建明溪与宁夏同心两地试点的对比》，《农业经济问题》2015 年第 12 期。

⑤ 郜亮亮：《中国农地流转发展及特点：1996—2008 年》，《农村经济》2014 年第 4 期。

⑥ 高名姿、陈东平：《契约视角下的农地流转供需不匹配——直接识别与经验分析》，《经济与管理研究》2018 年第 8 期。

⑦ 张晓娟、庞守林：《农村土地经营权流转价值评估：综述与展望》，《贵州财经大学学报》2016 年第 4 期。

之间的纵向让渡）和二级市场（土地承包者之间的横向交易）不健全，许多地方的土地流转都在自发、盲目地进行。第三，政府职能不明确，其宏观管理和微观服务的职能不清晰，没有建立与农民生产水平相适应、与农民承受能力相符合、与农村发展水平相协调的管理和服务体系。土地流转缺乏中介机构，没有建立合理的土地流转市场和交易场所，缺少稳定的信息传递渠道，容易出现交易成本高、交易双方擅自撕毁合同等强占、强用行为。同时，政府的政策适应滞后，土地流转后大规模的经营势必会增加金融、科技、农技、保险等行业的需求，因而将会改变农业的发展方式和服务方式，目前仍然偏向于农业、适合低效率普惠小农的发展方式和服务体系显然不能满足土地流转后的现代化规模化农业。第四，过度强调放活经营权，将导致土地的使用用途不好控制，流转前可能出现“确权不确地”的问题，流转后可能导致农地“非农化”和“非粮化”以及土地过度集中、合同违约等问题。土地流转速度越快、规模越大越容易导致“非农化”和“非粮化”现象，“非农化”可能侵蚀农业的基础地位，导致农产品供价出现问题，“非粮化”则会危及国家粮食安全，使“三权分置”增加粮食产量和增加农民收入的政策初衷被扭曲。① 例如，对某些地区的调查显示，土地流转后许多农地被用来搞生态农业、农家乐式的休闲农业，经营者擅自更改了土地用途。土地过度集中、流转合同违约等问题则可能会威胁国家土地安全、产业安全、生态安全和社会安全。② 第五，国家对“三权分置”的政策解读不明确，广大农民对政策知悉程度低，广泛存在农民不清楚土地经营权流动的形式有哪些、错误的“土地私人所有”的观念根深蒂固、“恋土”情节严重、流转后能否拿到农业补贴等问题，严重影响土地流转效率。

最后，从承包权与经营权细分的内生制度缺陷来看，“三权分置”的落实必须清晰界定农村土地权利体系。明确界定所有权、承包权、经营权的权力边界和三者之间的权力关系，这样，才能构建完整的产权基础和主

---

① 郑志峰：《当前我国农村土地承包权与经营权再分离的法制框架创新研究——以 2014 年中央一号文件为指导》，《求实》2014 年第 10 期。

② 李长健、杨莲芳：《三权分置、农地流转及其风险防范》，《西北农林科技大学学报》2016 年第 4 期。

体间权利与义务的对等机制。[①] 但是，中央并未在法律上和实施办法上都对"农村土地经营权"做出明确的权利义务规定，土地流转过程中农户承包权和经营权的相互权利关系和具体形式没有详细解释，没有考虑到对承包权进行保护或限制时经营权的物权属性和存续方式。具体来看，一方面，农户承包的"资格垄断性"与经营权的分散性和多主体介入性无疑会面临流动的交易成本约束[②]，影响经营权流动主体的定价独立性和投资能力[③]，抑制了产权流动市场的拓展。另一方面，土地流动机制的不健全、法律不完善势必会导致土地流出方和流入方权利和责任界定不明确，使流动后的土地缺乏利益保障、流动双方缺乏基本责任驱动力，容易出现双方在"谈判"时窃取额外利益或者短期掠夺土地的行为，可能会违背提高土地利用率、优化土地资源配置和进一步促进经济发展的改革初衷。"三权分置"改革为完善我国农村土地制度提供了政策指导，开拓了实践创新空间，但是，在经营权流动的具体细节和实践中依然面临众多尚未突破的流动性约束。

在2008年以来许多地区应土地流转的现实需求开展了土地经营权抵押，农地制度改革的重要目的是使承包农地的经营权获得抵押功能，这样，有利于承包农户与农业经营主体之间的土地利用关系，有利于科学配置土地和最大化发挥土地的价值。其中，抵押品估值难易程度、处置抵押物收益以及弥补贷款违约本息程度、地方政府部门是否扶持、风险评估体系是否健全、担保体系是否完善、市场竞争压力大小是影响金融部门评估经营权抵押情况的主要因素。[④] 我国土地经营权抵押主要有市场主导的自下而上的推动模式和政府主导的自上而下的引导模式两种。一方面，对于市场主导的推动模式，这种模式由基层发起，自主建立"抵押＋担保"的模式进行贷款业务，通常发生在合作社内部，民众参与度较高。抵押过程中经营权评估困难、承包经营权确权情况低、经营权实现难、经营权抵押贷款利率高金额少等多重因素使经营权抵押困难重重，土地经营权的流

---

① 郑荣宝、郑雪、陈美招、唐晓莲、李爽：《"三权分置"下的耕地保护风险防范机制研究》，《农业经济》2008年第7期。

② 同上。

③ 赵鲲、刘磊：《关于完善农村土地承包经营制度发展农业适度规模经营的认识与思考》，《中国农村经济》2016年第4期。

④ 曹璨、罗剑朝：《基于农户收入异质性视角的产权抵押融资约束分析——以陕西、宁夏两省区为例》，《统计与信息论坛》2015年第10期。

转及抵押期限短，其抵押价值不高，无法独立地发挥抵押作用，需要其他形式的抵押与土地经营权的抵押一起增加信用。[①] 另一方面，对于政府主导的引导模式，由于政府成立了专门的土地流转机构并且设立了抵押融资风险防控基金，所以，在这种模式下风险防控机制较为健全，风险控制能力强，但存在农村产权流转、变现渠道不同、土地价值评估方案不完善、新型农业经营主体融资困难等问题。目前，新型农村主体的农村金融需求旺盛但却得不到满足，土地经营权不能有效地发挥抵押功能，难以转变成有效的资本，导致现代农业发展面临资本不足的困境。[②] 农业发展本身对农地处分权从流转权到抵押权的内在要求，对农地承包权和经营权的分置也构成了选择方式上的实质性约束，这要求我们在当前的农业抵押贷款机制的设计和改革探索时，注意农地的不同流转方式影响农地经营权抵押的相应机理。[③]

实证分析结果表明，确权颁证和产权细分制度增强了流动主体对地权投资稳定性的信心，降低了产权交易费用，有助于加快农地经营权的流动。[④] 交易费用是影响农地流转的一个重要约束因素，流转中存在交易费用对转入户和转出户都有抑制作用，减少搜寻交易对象和流转信息的费用，提供有组织的土地流转服务，签订流转合同和限制土地用途能够有效地降低交易成本[⑤]（冀县卿、钱忠好、葛佚凡，2015）。但是，当农户搜寻、解读和利用土地经营权流转政策的信息成本过高，却能从网络信息中获取充足的土地流转信念时，农户仍愿意参与土地流转，表现为“羊群效应”（杨卫忠，2015）。农地经营权的流动又进一步提高了农户的家庭收入水平，产权流入能显著提高农业劳动生产率，增加农户的经营性收入，如冒佩华、徐骥等（2015）采用受处理的平均处理方法，薛凤蕊等（2011）和李中（2013）运用倍差法检验了土地经营权流动与农民收入的

---

① 张龙耀、王梦珺、刘俊杰：《农民土地承包经营权抵押融资改革分析》，《农业经济问题》2015 年第 2 期。

② 姜岩：《农村土地资本化改革的路径创新》，《西北农林科技大学学报》2015 年第 6 期。

③ 李宁、陈利根、孙佑海：《现代农业发展背景下如何使农地“三权分置”更有效——基于产权结构细分的约束及其组织治理的研究》，《农业经济问题》2016 年第 7 期。

④ 张娟、张笑寒：《农村土地承包经营权登记对土地流转的影响》，《财经科学》2015 年第 1 期。

⑤ 同上。

关系；同时，经营权流出可以增加农户的财产性收入，并通过提高非农业劳动生产率增加工资性收入（冒佩华等，2015），这会形成产权流动的良好互动机制，也为提升经营权流动性提供了依据。除此之外，土地经营权的抵押可以缓解农户创业选择过程中的流动性约束，对农户的创业参与和计划参与创业有明显的促进作用（彭艳玲等，2016）。

现有文献从不同角度分析了农地流转的特点，但是，将经营权作为资产从承包经营权中分离出来并系统研究其流动性的文献并不多，关于影响经营权流动性的因素及作用机理也未展开深入具体的分析。学者虽然从不同角度阐述了土地流转的法律和制度问题，然而“三权分置”改革背景下制度约束条件已经发生了显著变化，相关作用机制会由于产权结构的差异而出现不同，这种差别亟须深入研究。最后，在数据和实践资料受限情况下，国内外学者多以个别地区案例为研究样本，相关研究需要进一步补充。随着农村产权改革的深化，针对“三权分置”背景，研究农地经营权的流动性问题及其影响因素恰逢当时。

四 地权流动性的分析路径与基本观点

本文以“三权分置”背景下土地经营权的流动性问题作为研究对象，分析流动性不足形成的风险和限制条件，合理确定经营权流动与产权关系稳定的创新边界，探索经营权流动的有效组织结构和实现形式，相关研究的基本观点包括：

“三权分置”改革在农村有着强烈的社会诉求和深厚的实践基础，是马克思产权理论在实践中的新探索（顾钰民等，2017）。近年来，由于城市化步伐加快，农业生产、组织、经营方式发生市场化变革，农产品的商品化程度大幅提高并且伴随相对价值下降，城乡之间的隔离屏障松动，农民市场经济意识逐步增强，城乡之间的迁徙活跃，“三权分置”改革在这样的时代背景下应运而生。“三权分置”在城市化和农业现代化发展的过程中发挥重要作用，能够解决由于农村人口进城务农导致的农用地荒废问题，推进城乡一体化，解放了人和地，满足了农民生存和发展的多层次需求，同时满足了市场经济体制下市场对资源配置的要求，有效地解决农村劳动力过剩的问题。一方面，从流转的两方来看，农地承包户愿意流转土地但并不想永久失去土地，而农地经营者希望长期经营土地却面临土地随时可能被收回的约束（张毅等，2016）。“三权分置”改革通过承包关系长久不变的制度内涵和经营权的进一步细分，大大扩展了农户的产权配置及其效率改进的潜在空间（罗必良，2014）。另一方面，“三权分置”改革突破了“两权分离”的“瓶颈”，在新中国土地产权制度的依赖下回应了民众对利益的诉求，进而提高农地的流转速度（张富利，2018），这种制度明确了土地承包关系长久不变的制度内涵，即“长久不变”的核心是农户土地承包关系长久不变而非是土地经营权长久不变，“三权分置”下放活土地经营权解开了农村土地流转的困境（陈起阳，2014）。随着我国农地流转规模的日益扩大，各地兼顾流出方（承包户）和流入方（经营者）的实践探索（农地股份制、信托制、合作制等）为推动“三权分置”改革和农地流转积累了宝贵的实践经验。因此，“三权分置”改革是基于实践发展的诉求而迎刃构建的一个破解流转窘境、化解权利冲突的顶层制度设计，这既是一个重大的理论创新，也是一次巨大的制度创新和政策飞跃，其改革和实践是国家意志与政府能力在农村的社会的生动体现，具有重构政府、市场、农民和现代化之间关系的深层含义，不仅会对我国农村的治理和阶层重构产生重大影响，还将理顺乡村社会关系和政治权利，进而牢固广大人民群众的社会认同，促进社会稳定（卢新海、张旭鹏，2017）。

农地经营权的流转规模虽然逐步扩大，但其产权流动性和流转能力依然不足，受到法律悖论、交易边界、定价评估、抵押融资、实现形式等诸多因素的制约。土地经营权抵押权的实现可以采取《中华人民共和国物权法》规定的协议折价、协议拍卖、协议变卖、强制拍卖、强制变卖等方式，可以选择普通民事诉讼程序或者实现担保物权案件的特别程序，土地经营权的变价可以借助农村土地产权交易平台。农户以土地经营权设置抵押时，抵押权的实现可以采用强制管理的方式，不宜采用强制拍卖和强制变卖的方式。

农地经营权流转的效果并不确定。农地经营权流转的边际收益曲线的变动受农村要素市场联动叠加效应的影响，而边际成本曲线的变动则取决于交易费用和交易价格的叠加效应（林文声等，2016）。钱忠好等（2016）通过实证分析农地流转对农民收入的影响得出，农地流转能够促进转入户和转出户的家庭收入增加。对于转入户来说，虽然农地流转不利于转入户工资性收入增加，但有利于经营性收入增加且增加效应大于减少效应，进而使家庭总收入增加；对于转出户而言，农地流转对于家庭工资性收入、经营性收入和财产性收入均具有增加效应。付振奇、陈淑云（2017）通过对1025个农户流转租金价格及满意度进行实证分析得出，我国土地流转普遍存在“农户个体收益的流转悖论”，无论组织是否参与土地流转过程，农户收益和心理预期都很难达到最优，组织干预虽然提升了土地流转的价格，但也使转入户流入成本上升，农户的满意度降低，降低土地流转效率，在土地流转过程中要尽量避免政府组织直接干预流转过程。除此之外，市场发育程度也会对土地流转的效果产生重要影响，朱建军、郭霞等通过对比浙江省和甘肃省土地流转效果发现，对于市场发育程度较好的浙江省，农地流转明显提高了农业生产率，但是，市场发育程度较低的甘肃省，农地流转效果并不明显（2011）。夏玉莲等更细致地分析了农地流转对“三农”的影响，结果表明，农地流转对农业增产效率影响最大，农业增收效率次之，农村发展效率影响最小（2016）。

农地经营权的流转规模虽然逐步扩大，但其产权流动性和流转能力依然不足，受到地权“内圈关系”与“外圈关系”的双重约束。“内圈关系”主要是指“三个特定”限制、预期地租收益、交易边界、交易平台和成本、配套迂回装置的完备性、定价评估、市场定价机制缺失等内生制度的缺陷和不足；“外圈关系”则受到法律悖论、抵押融资、剩余劳动力转移、征地不可抗性、工商资本挤出效应等诸多城市外生环境和风险因素的制约。“两圈关系”的共同作用会严重束缚产权资产的定价能力和定价机制，进而影响土地经营权的流动性。

农地经营权的流动性与一般资产的流动性不同，表现在土地的有限性和资产专用性（位置固定性）、用途的不可变更性（农用耕地）和母权的主体限制和依附性、国家征用性，等等。从目前的流动实践结果看，农地经营权流动的绩效并不确定。农地经营权流动性的边际收益曲线受农村要素市场联动叠加效应的影响，而边际成本曲线的变动则取决于交易费用和交易价格的叠加效应影响。

破解农地经营权流动性不足的路径需要在造成流动性障碍的“两圈关系”中不断规范农村要素资产市场。包括经营权的权属性质物权化和可抵押细则的出台；产权定价与土地租金的市场议价机制、经营权流动的有效组织结构和实现形式；社会化专业化配套服务体系的构建和完善等。

参考文献

曹瓅、罗剑朝:《基于农户收入异质性视角的产权抵押融资约束分析——以陕西、宁夏两省区为例》,《统计与信息论坛》2015 年第 10 期。

陈锡文:《土地流动集中必须是农民自愿》,《新财经》2001 年第 9 期。

邓大才:《农村土地流动的风险及规避途径》,《唯实》2004 年第 7 期。

丁文:《论土地承包权与土地承包经营权分离》,《中国法学》2015 年第 3 期。

丰雷、蒋妍、叶剑平、朱可亮:《中国农村土地调整制度变迁中的农户态度》,《管理世界》2013 年第 7 期。

付振奇、陈淑云:《组织干预还是个体主导:对农户土地经营权流转行为效果的研究——基于 1025 个农户流转租金价格与满意度的分析》,《开放时代》2017 年第 4 期。

郜亮亮:《中国农地流转发展及特点:1996—2008 年》,《农村经济》2014 年第 4 期。

高名姿、陈东平:《契约视角下的农地流转供需不匹配——直接识别与经验分析》,《经济与管理研究》2018 年第 8 期。

高圣平:《新型农业经营体系下农地产权结构的法律逻辑》,《法学研究》2014 年第 4 期。

顾钰民、汪艳:《“三权分置”:中国特色社会主义农村集体土地产权模式的创新》,《学习与实践》2017 年第 10 期。

郭晓鸣:《“三权分置”改革必须构建三大制度支撑》,《社会科学报》2016 年 4 月 14 日。

黄建军:《“三权分置”视域下农地流转风险及防范》,《北方经贸》2018 年第 3 期。

黄微微、朱理洋:《传统农业地区农地经营权流转困境:风险演化、成因分析及对策研究》,《中共成都市委党校学报》2018 年第 3 期。

姜岩:《农村土地资本化改革的路径创新》,《西北农林科技大学学报》2015 年第 6 期。

李长健、杨莲芳:《“三权分置”、农地流转及其风险防范》,《西北农林科技大学学报》2016 年第 4 期。

李宁、陈利根、孙佑海:《现代农业发展背景下如何使农地“三权分置”更有效——基于产权结构细分的约束及其组织治理的研究》,《农业经济问题》2016 年第 7 期。

李中:《农村土地流转与农民收入——基于湖南邵阳市跟踪调研数据的研究》,

《经济地理》2013 年第 5 期。

林善浪、林炜、梁琳：《家庭生命周期对农户农地流转意愿的影响研究——基于福建省 1570 份调查问卷的实证分析》，《中国土地科学》2018 年第 3 期。

林毅夫：《90 年代中国农村改革的主要问题与展望》，《管理世界》2019 年第 3 期。

罗必良、胡新艳：《农村经营方式转型：已有试验及努力方向》，《农村经济》2016 年第 1 期。

罗必良、林文声、邱泽元：《农地租约以及对象选择：来自农户问卷的证据》，《农业技术经济》2015 年第 9 期。

冒佩华、徐骥、贺小丹、周亚虹：《农地经营权流转与农民劳动生产率提高：理论与实证》，《经济研究》2015 年第 11 期。

钱忠好、王兴稳：《农地流转何以促进农户收入增加》，《中国农村经济》2016 年第 10 期。

单平基：《“三权分置”理论反思与土地承包经营权困境的解决路径》，《法学》2016 年第 9 期。

孙宪忠：《推进农地“三权分置”经营模式的立法研究》，《中国社会科学》2016 年第 7 期。

孙越、郭嘉明：《“三权分置”下经营权的困境与出路》，《法制博览》2018 年第 22 期。

孙中华：《关于深化农村土地制度改革的几个问题》，《理论学刊》2016 年第 2 期。

夏玉莲、匡远配、曾福生：《农地流转、区域差异与效率协调》，《经济学家》2016 年第 3 期。

肖鹏：《土地经营权的性质研究——基于土地经营权抵押贷款规范性文件的分析》，《中国土地科学》2016 年第 9 期。

肖卫东、梁春梅：《农地“三权分置”的内涵、基本要义及权利关系》，《中国农村经济》2016 年第 11 期。

杨璐璐：《农村土地经营权流转的现实困境与制度性原因分析》，《西北大学学报》2015 年第 4 期。

杨卫忠：《农村土地经营权流转中的农户羊群行为——来自浙江省嘉兴市农户的调查数据》，《中国农村经济》2015 年第 2 期。

杨奇才、谢璐、韩文龙：《农地经营权抵押贷款的实现与风险：实践与案例评析》，《农业经济问题》2015 年第 10 期。

张富利：《农地“三权分置”改革的法理阐释与路径选择》，《西北农林科技大学学报》2018 年第 4 期。

张红宇：《关于深化农村改革的四个问题》，《农业经济问题》2016年第7期。

张龙耀、王梦珺、刘俊杰：《农民土地承包经营权抵押融资改革分析》，《农业经济问题》2015年第2期。

张晓娟、庞守林：《农村土地经营权流转价值评估：综述与展望》，《贵州财经大学学报》2016年第4期。

张毅、张红、毕宝德：《农地的"三权分置"及改革问题：政策轨迹、文本分析与产权重构》，《中国软科学》2016年第3期。

赵翠萍、侯鹏、程传兴：《产权细分背景下农地抵押贷款的基本经验与完善方向——基于福建明溪与宁夏同心两地试点的对比》，《农业经济问题》2015年第12期。

赵鲲、刘磊：《关于完善农村土地承包经营制度发展农业适度规模经营的认识与思考》，《中国农村经济》2016年第4期。

郑荣宝、郑雪、陈美招、唐晓莲、李爽：《"三权分置"下的耕地保护风险防范机制研究》，《农业经济》2018年第7期。

郑志峰：《当前我国农村土地承包权与经营权再分离的法制框架创新研究——以2014年"中央一号文件"为指导》，《求实》2014年第10期。

钟文晶、罗必良：《禀赋效应、产权强度与农地流转抑制——基于广东省的实证分析》，《农业经济问题》2013年第3期。

钟涨宝、胡梦琪：《农户农地所有权认知及其对农地流转意愿的影响——基于湖北两县483个样本农户的实证研究》，《中南民族大学学报》2018年第4期。

Chernina, E., Dower, P. C. and Markevich, A., "Property Rghts, Land Liquidity, and Iinternal Migration" [J]. *Journal of Development Economics*, 2014, 110 (3): 191-215.

Deininger, K. and Jin, S. Q., "The Potential of Land Markets in the Process of Economic Development: Evidence from China" [J]. *Journal of Development Economics*, 2015, 78 (1): 241-270.

Ho, Peter, "In Defense of Endogenous, Spontaneously Ordered Development: Institutional Functionalism and Chinese Property Rights" [J]. *Journal of* Peasant Studies, 2013, 40 (6): 1087-1118.

Jacoby, H. and Minten, B., "Land Titles, Investment, and Agricultural Productivity in Madagascar: A Poverty and Social Impact Analysis", The World Bank, 2006.

Su Fubing, Ran Tao and Hui Wang, "State Fragmentation and Rights Contestation: Rural Land Development Rights in China" [J]. *China and World Economy*, 2013, 21 (4): 36-55.

民营企业家任村主职干部实现乡村振兴的模式研究

——基于豫北辉县三个全国文明村的案例比较

杨玉珍

摘　要　乡村治理和乡村振兴中村主职干部的作用尤为重要。采取多案例比较的研究方法对豫北三位民营企业家任村主职干部实现乡村振兴的村庄进行持续跟踪，采用目的性抽样、半结构化访谈、实地调查、二手资料数据等方法，进行区域间横向比较和区域自身演进的纵向追踪。案例比较研究认为，民营企业家任村主职干部有其必然性，是宏观制度环境和制度供给、乡镇政府中意、农民的理性选择、民营企业家个人特质以及村庄发展内部困境下第一行动人共同作用的结果。民营企业家任村主职干部并非皆为私利，其政治关联、社会关爱、社会认同可以兼容。民营企业家所在村庄未来的持续发展需要价值引导和制度规范。民营企业家任主职干部的模式不可简单地复制推广，不可通过组织动员资金配套方式引导，不可后天地培育，但可以借鉴乡镇政府、原村“两委”的选人、用人机制。总结了民营企业家治村实现乡村振兴的四个潜在困境，即与共建共治共享的乡村治理现代化目标不一致、政府职能缺位下合法性权威向企业转移、企业的行政化与可持续投入压力以及农民的帮扶依赖与集体失语。

关键词　民营企业家　乡村振兴　村主职干部　多案例比较研究

［作者简介］杨玉珍，河南师范大学商学院副院长、副教授、经济学博士。

习近平总书记指出，实施乡村振兴战略，要推动乡村产业振兴、乡村人才振兴、乡村文化振兴、乡村生态振兴和乡村组织振兴，五个振兴是包含天地人三者的鲜活治理系统，其中能动的关键因素是人才。2018 年 9 月，中共中央、国务院印发的《乡村振兴战略规划（2018—2022 年）》也提出，推动乡村人才振兴，鼓励社会人才投身乡村建设，让各类人才在乡村大施所能、大展才华、大显身手。村主职干部是村庄的管理者、治理者，是乡村人才振兴中首要的、关键性人才，因此，乡村振兴战略的推进中谁来担任村主任、村支书等村主职干部，目前各地出现的新乡贤、能富精英、返乡各类社会人才群体担任主职干部，其担任村主职干部推动乡村振兴的模式、路径和绩效值得研究，基于此，本文主要研究民营企业家任村主职干部实现乡村振兴的模式。

一　文献综述

现有文献直接研究民营企业家任村主职干部及其乡村治理模式、乡村振兴路径的极少，但存在两个视角的关联性研究，一个视角是从乡村振兴角度探讨能人治村、富人治村、新乡贤治村的机制、路径及绩效；如学者贺雪峰以浙江宁海和广东东莞为例，回答了两地“谁来当村干部”的问题，他的研究指出，浙江农村村干部企业家化始于 2000 年前后，浙江农村主职村干部大多由富人企业家担任且运行成功，而珠三角地区的农村曾有过富人企业家担任村干部的尝试但却不成功，其原因是村干部职位与富人企业家企业经营之间的兼容性与兼顾性。① 也有学者将民营企业家归入新乡贤行列，研究新乡贤群体的资财、知识、道德、情怀特征，认为其兼具乡村与城市、传统与现代基因，成为跨越乡村治理困境的重要选项。②另一个视角是从民营企业家角度出发，探讨民营企业家政治参与、政治关联的动机及精英俘获等问题。认为民营企业家担任村主职干部也属于政治参与，论证了民营企业家政治参与的动机，即个人经济地位、政治地位、社会地位需要，企业发展的政策需要和资源支持，规避转型经济中制度风

① 贺雪峰：《浙江农村与珠三角农村的比较——以浙江宁海与广东东莞作为对象》，《云南大学学报》2016 年第 6 期。

② 李金哲：《困境与路径：以新乡贤推进当代乡村治理》，《求实》2017 年第 6 期。

险的需要以及履行社会责任与实现个人价值的需要。① 但民营企业家不同的样本选择所得的研究结论也不同，对政治参与过程中民营企业家是经济人、政治人、社会人的认定也不一致。② 也有学者的研究表明，我国转型经济背景下企业家的政治联系具有工具性和亲社会性双重角色，企业家注重社区构建、参与社会治理的政治联系具有利己和利他的双重效应，企业对外部环境、外部资源是“拿”和“给”同时存在，且随着制度转型的深入和市场体系的完善，对“给”的角色要求越高。③ 民营企业家在与乡镇和街道办事处搞好关系方面通常不是跟上级领导建立私交，而是采用为当地社区或乡镇做贡献，帮助基层政府和社区分担部分公共服务，诸如为政府活动提供赞助，出钱为本社区修建健身设施，慰问孤寡老人和困难户等。④ 综合发现，尽管目前针对民营企业家参与乡村治理的动机、持续效果的研究极少，但乡村振兴中能富精英治村与民营企业家政治参与这两个视角的研究具有内在关联和一致性。一方面，乡村中的能富精英、新乡贤很多是有一定的资产、创业成功或有实业的民营企业家；另一方面，随着乡村振兴作为国家战略提出并写进党章，民营企业家的政治参与中越来越多的是参与乡村治理，其参与乡村治理的动机和形式直接决定乡村振兴能否实现。通过本文的研究，试图回答四大问题，民营企业家治村实现乡村振兴的模式是偶然性还是必然性，是否有充分必要条件？民营企业家治村是否皆为私利，这一群体是否是可供培育的、选择的、较优的村主职干部？民营企业家治村实现乡村振兴的成功案例是否具有可复制性和可推广性？这种乡村振兴模式所在乡村本身是否能实现可持续发展？本文的研究框架如图 1 所示。

---

① 邬爱其、金宝敏：《个人地位、企业发展、社会责任与制度风险：中国民营企业家政治参与动机的研究》，《中国工业经济》2008 年第 7 期。

② 胡怀敏：《民营企业家的政治参与：经济人还是政治人》，《求实》2013 年第 11 期。

③ 刘海建、吕秀芹、董育森等：《是否皆为利己——制度转型深入期企业家政治联系的双重角色》，《南开管理评论》2017 年第 4 期。

④ 王龙飞：《政治资本：作为县级人大代表的私营企业家》，《上海大学学报》2016 年第 4 期。

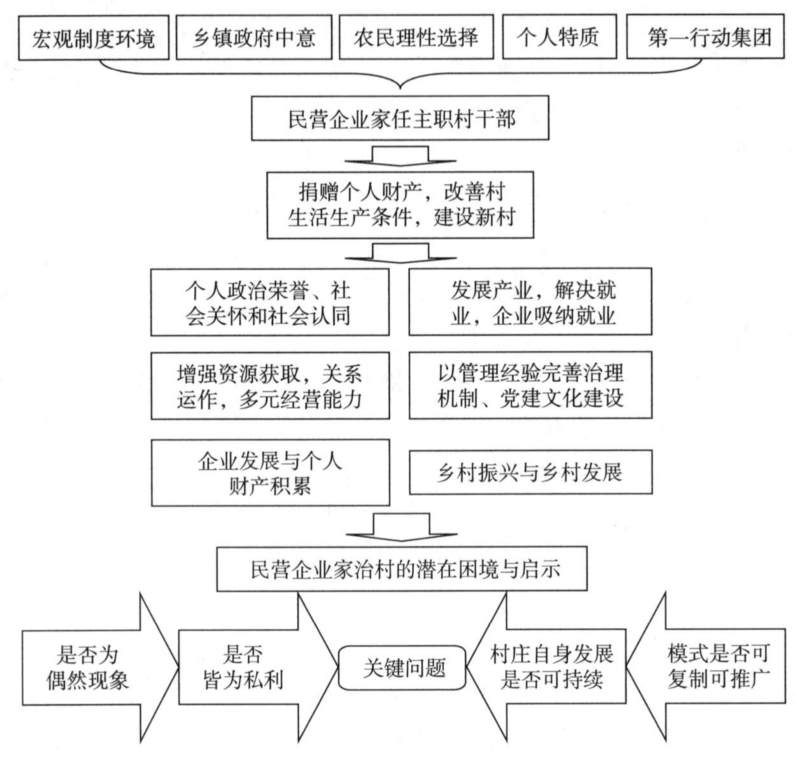

图1　研究框架

二　研究方法和样本选取

本文采用多案例比较研究方法，采用此种方法的合理性有三：一是我国农村多样性、异质性强。乡村振兴涉及我国2.8万个建制镇、52.6万个行政村和270万个自然村，牵动7.2亿乡村人口，覆盖18亿亩耕地和4亿亩农村建设用地，如此多元的乡村、庞大的人口、广阔的地域覆盖面，乡村治理以及实现乡村振兴的模式一定是多元的，哪类群体抑或谁来担任村主职干部也具有区域的适应性效率，同时目前各地在推进乡村振兴的过程中，大多是“碎片化”的局部实验和“即兴式”的举措，表面上看，各地因地制宜、亮点不少，但没有形成制度的规范，这种“差异性”“碎片化”和“即兴式”区域实践的经验只有在案例研究中进行深刻剖析、挖掘，找到理论依据和理论共性后才能进行推广。二是民营企业家参与乡村治理的动机及其治理绩效等内在逻辑尚不清楚。民营企业家治村实现乡村振兴模式的可复制性、可持续性、内在规律性在学术界、实业界也存在争议，而案例研究则适合用于研究尚不充分的领域，针对特定案例的探索性研究能够真实地描述既存的现象，揭露现象背后的逻辑和理论。三是民营企业家担任村主职干部进行乡村治理的过程中除其个人资财、村庄建设投资等经济因素是可以量化的外，其参与治理的捐赠动机、情感及道德的投入以及治理效果等很多属于质性话语，需要用质性研究方法来研究。为了避免单一案例无法充分说明普遍性与特殊性的问题，本文采取多案例比较的研究方法对所选样本进行事实比对、文本分析，通过建立一些因果理论假设，进行区域间横向比较和典型区域自身演进的纵向追踪，对豫北辉县三个村庄进行了持续三年的关注，其间采用目的性抽样、半结构化访谈、实地调查、二手资料数据等多种方法收集资料，调研和访谈涉及村主职干部、村“两委”委员、普通村民、镇政府领导等多元主体，力求资料之间互相佐证，以满足质性研究对三角证据的要求。

研究所选取的民营企业家治村的三个案例均属于豫北新乡市下辖的县级市辉县市。之所以将样本选在河南省北部新乡市辉县，是基于以下三个原因：首先，三个样本村既有文化政策的一致性，也有区位的差异性。三个村都位于一个县域内，省际区际文化、政策导向上比较相似，可以剔除文化等外部变量不同所带来的影响效应。同时在一个县域内，三个村的具体区位又有不同，张村镇裴寨村位于城市远郊，孟庄镇南李庄村属于县城的城郊村，孟庄镇范屯村位于辉县市的南大门，即地级市新乡市的城郊，这样的样本组合既有普遍性也有特殊性。其次，辉县市所属的地级市新乡市是全国农村改革试验区、河南省统筹城乡发展试验区，新乡的新型城镇化曾是全国全省的典型，地处新乡市辉县的三个村庄是河南省推进新型城镇化的典型，三个村也均是全国文明村，且仅十年来其村支书或党支部书记均是民营企业家担任，属于本文所研究的民营企业家治村实现乡镇振兴的典型模式。2005—2018 年，全国共进行的五个批次的全国文明村镇评选中，河南省累计有 245 个全国文明村镇，数量居全国第二位，河南省新乡市全国文明村镇累计 16 个，在河南省内排名也比较靠前，辉县市孟庄镇南李庄村是 2015 年第四批入围全国文明村镇的，辉县市张村乡裴寨村、辉县市孟庄镇范屯村是 2017 年第五批次入围全国文明村镇的，入选全国文明村镇说明其在推动经济社会协调发展，特别是在文明村镇创建、美丽乡村建设、乡风民风、人居环境、文化生活“三个美起来”等精神文明建设中有突出的成效，说明三个村庄可以作为乡村振兴、乡村治理的标杆去挖掘和分析。最后，辉县市属于河南省 18 个地级市中地处豫北的新乡市，新乡市有一批优秀的乡村基层干部，其中不乏企业家精神或民营企业家兼任基层干部带领实现乡村振兴的案例，有企业家精神、被誉为“农村经济学家、农民政治家”的史来贺带领新乡县七里营镇刘庄村实现了共同富裕，有企业家精神的吴金印带领唐庄脱贫小康，民营企业家刘志华带领新乡县小冀镇京华村实现了城镇化，新乡市已经将包括民营企业家在内的先进群体带领乡村振兴、加强基层党建的典型进行宣传教育、学习示范推广，因此，地方政府的持续关注为本研究提供了持续跟踪、持续比较的可能。

三　民营企业家治村的案例描述

（一）辉县市孟庄镇南李庄村

辉县市孟庄镇南李庄村位于辉县市南郊，地处城乡接合部，紧邻辉县市太行大道，区位优势较好，但是，十年前的南李庄和豫北的很多村庄一样，集体经济极为薄弱，群众收入来源单一，因地处城市近郊而耕地紧张，全村有 351 户 1200 多口人，耕地只有 320 亩，人均不足三分地，大多村民以种菜务农为生，人均收入不足 5000 元，全村 60% 的住房是 20 世纪六七十年代所建，没有统一规划，村民散乱居住，私搭乱建现象严重。村内道路规划无序、高低不平，很多都是断头路、布袋路，唯一一条通向市区的道路也是坑洼不平、污水横流，村里不通自来水，仅有一口 40 年前打的水井，仅深 20 多米，水质难以保证，当地人形象地称“守着黄金土，过着穷日子”。2018 年，南李庄全村 350 多户，人口 1131 人，人均收入 3.2 万元，村集体收入 1500 万元，户均住宅面积 270—290 平方米，实现了“双气”入户。调研发现，南李庄村十年间的变化与党支部书记范海涛有直接的关联，范海涛的另一重身份是河南孟电集团党委书记、董事长、总经理，1964 年生于南李庄，长于南李庄，2008 年开始担任村党支部书记，其任职后的主要工作或措施有：

第一，完善基础设施，投资公共服务。2008 年，出资 80 万元为村里打了 620 米的深水井；2009 年，出资 13 万元修路，出资 6 万元配备健身活动器材，出资 8 万元为村民办理养老保险；2013 年，投资 250 万元建设敬老院，村里 70 岁以上老人每月仅需要交 200 元生活费即可入住。

第二，改善居住条件，建设新型社区。2010 年，由范海涛的企业河南孟电集团出资 1.6 亿元，无偿为南李庄 351 户村民建造 270—290 平方米的叠加别墅，即南李庄社区，新社区占地 150 亩，可容纳 615 户，社区配套建有社区服务中心、卫生室、超市、文化大院、老年幸福院等公共服务设施，实现了天然气、暖气双气入户，社区周围建设的 160 间门面房全部归村集体所有，每年村集体增收 200 多万元。

第三，探索共同富裕新路子，增加集体经济收入。2011 年，孟电集团出资 3000 万元，利用建新村节约下来的 70 亩土地建设服务中心和家居建材城，将租金收入全部归入南李庄社区居民集体所有，每年增收 300 多万元，提供就业岗位 500 个。2014 年，孟电集团又出资 1.48 亿元，建设南李庄建材城二期和农贸市场，两个市场可提供就业岗位 2000 多个，增收 1100 万元，保证村民创业有市场、就业有岗位且年底有分红；村里 45 岁以下人员有就业意愿的安排到孟电集团上班，年龄较大的安排到社区和两个市场做物业管理、保安、保洁工作。截至目前，农民盖房难、增收难、养老难“三大难”问题在南李庄都得到解决。

第四，落实三项制度，抓基层党建。实行党员积分管理制度，对党员发挥模范作用、违纪违规等情况进行写实管理，进行加分、奖分、减分和一票否决。实行党员干部考评制度，按照“基本要求类、发挥先锋作用类、违纪扣分类、一票否决类”四个类别 25 个指标进行党员积分管理量化考核，按照积分制分值和个人述职情况，每年 6 月底和 12 月底，对党员干部履职情况进行考评，由党员、村民代表打分，结合考核结果，按照规定予以奖惩。实行党员亮身份承诺服务制度，开展党员设岗定责、承诺服务，在村里醒目位置设置“党员承诺墙”，公开服务内容。

第五，制定村规民约文明公约，倡导和谐社会风尚。创立文明家庭认领制、完善文明家庭创建及动态管理制度。2015 年 3 月，开展文明创建活动以来，全村 351 户中 99% 的户成为“文明家庭”。建立了村民代表联系户制度，一位村民代表联系 8—12 户。建设党群服务站，明确服务事项和服务内容，服务站每天一名党员、一名干部值班，对群众提出的事项进行办理。开通便民服务110电话，配备110服务车，群众有急事，可拨打村内110电话，予以及时救助。

对南李庄村庄治理的持续投入成为范海涛及所在企业履行社会责任的重要内容，除在南李庄村的持续投入奉献外，民营企业家范海涛每年拿出30万元，帮助辉县市困难党员，拿出50万元补贴全市贫困职工生活，设立200万元的教育专项基金，出资百万元为本县一偏远农村修建蓄水池，解决2000多人的饮水问题，在新乡市福利院设立海涛爱心屋。通过个人投资、企业奉献、社会关爱，范海涛也获得了政治认同和荣誉，2013年当选十二届全国人大代表，先后获得河南省劳动模范、全国五一劳动奖章、河南省优秀共产党员、感动中原十大年度人物、全国劳动模范、“中国好人榜”敬业奉献好人、河南省十大“三农”新闻人物、全国道德模范。受到党和国家领导人的接见，范海涛成为河南省新乡市打造的先进群体标杆，南李庄社区成为新乡市先进群体教学示范点。

（二）辉县市张村乡裴寨村

如果说辉县市孟庄镇南李庄村是“守着黄金地，过着穷日子”的城郊村的话，那么辉县市张村乡裴寨村则是太行山余脉丘陵地带的贫困村，自然条件、区位条件、经济条件都很差，土薄石厚、干旱少雨，村民的生产生活条件一直都很差。2005年前，全村153户，595口人，共661亩地。住的是土窑洞、土坯房，吃的是收集雨水而来的地窖水，走的是泥泞不堪的小路，人均收入不足1000元，属于省级贫困村。农业生产靠挑水点种，收麦用手薅，运麦用筐挑，打麦用棍敲，存在住房难、出行难、生产难、生活难“四大难”。2005年，裴春亮任裴寨村村委会主任，2010年任党支部书记，裴春亮系裴寨村人，另一重身份是河南省春江集团董事长、河南宝泉旅游度假区出资开发人。任村主任、村支书期间，裴春亮的主要工作和成绩有三个方面：

第一，改善村民生活和生产条件。2005—2008年，个人出资3000万元建设裴寨新村，让全村村民无偿住进了新楼房；2006年，出资83万元打了一口530米的深水井，让村民吃上了自来水；2007—2010年，出资860万元建设引水工程田心池，解决了农作物的灌溉问题。

第二，大力发展当地产业，解决农民就业。2006年，多方筹资15亿元，让村民家家入股成立了春江水泥厂。2010年，把老村的破土房拆除复垦土地600余亩，建设了玻璃日光温室和钢架地温温室。2011—2013年，出资5100万元建设拦洪蓄水库，以利于发展高效农业和特色旅游业。带领群众建设了商业一条街，在道路两旁建立了900多间商业楼房，满足社区居民的经商需求，一系列措施使人均收入不足1000元的省级贫困村发展到人均收入达1.3万元的新型城镇化社区。

第三，注重基层党建和文化建设。提出裴寨村党支部的“五个一”和裴寨村党支部书记“五个一”[①]，形成支部党员大会、全体村民大会统一意志，月末干群联席会监督落实，村小组会反馈听取社情民意，监督委员会全程跟踪问效的联动管理体系。提出“建强班子、带好队伍、服务群众”的理念，建设“六型”班子和“四好”队伍，倡导“三守三心六爱”建设文明和谐社区。[②] 开设红色课堂且每周定期举办，邀请党员干部、专家学者讲述党史。开展系列创建活动，进行星级文明户评比，争做“五好家庭”“十佳儿媳”评选活动。建设村文化长廊呈现革命前辈拼搏奋斗、村民见义勇为、残疾人身残志坚等事迹。在村里竖立起文化石，不乏“做一个勇于承担责任、能够解决问题的共产党员”“孝，不是明天的事，是今天的事，是现在的事”等启发性语句。建立红白喜宴厅，成立了红白理事会，要求村里喜宴一律在大厅办，统一标准，统一规格，减少了喜宴大操大办和村民之间的攀比和浪费，一定程度上实现了情德法治村。[③]

随着村庄的建设和经济发展，裴春亮作为民营企业家捐助、奉献于乡村振兴的事迹也受到广泛关注和好评。[④] 2007年11月，中共河南省委、

---

① 裴寨村党支部的“五个一”是：每月召开一次政治理论学习会议，每月召开一次月末干群联席会，每月组织一次义务劳动，每季度组织一次实用技术培训，每年开展一次评先表彰活动。裴寨村党支部书记“五个一”是：每月到居民家里吃一顿饭，每月走访一次困难家庭，每季度给党员讲一次党课，每年走访一遍居民家庭，每年主持召开一次群众大会。

② “六型”是指建设学习型、发展型、服务型、创新型、民主型、廉洁型；“四好”队伍是指人品修养好、能力素质好、团结共事好、加快发展好；“三守三心六爱”是指文明和谐社区守法、守纪、守信，有爱心、有责任心、有上进心，爱党、爱国、爱社区、爱岗、爱家、爱自己。

③ 裴寨村自己整理了乡村治理十条基本做法：抓好党建十个一，坚强战斗堡垒；月末干群联席会，畅通民主管理渠道；成立监督委员会，强化村务管理透明度；推行“排长制”，服务群众全天候；创建“习书堂”，提升干群文化素质；实施积分换物方法，调动村民参与热情；开播《朗读时间》，丰富群众文化生活；评选身边道德模范，学有目标，做有方向；健全社团自愿组织，群策群力治理乡村；营造乡风文明氛围，潜移默化教育群众。

④ 裴春亮任村主职干部的十多年来，用于帮助贫困、社会公益、新村建设、兴修水利及精准扶贫上的资金累计投入达1.83亿元。

省政府决定，在全省开展向裴春亮同志学习活动，其先进事迹得到党和国家领导人的关注和肯定。裴春亮也先后被评为中华慈善事业突出贡献奖、中国十大杰出青年、全国道德模范、全国优秀共产党员、中国最美村官、全国劳动模范等荣誉称号，当选第十一届、第十二届全国人大代表、十九大党代表、河南省委候补委员。

（三）辉县市孟庄镇范屯村

辉县市孟庄镇范屯村位于辉县市南大门，南邻济东高速，东毗新乡市工业园区，西依辉县产业集聚区，交通便利，区位优势突出。外地来的游客，只要从南踏入辉县市境地，就进入了范屯村，范屯村全村3536口人，耕地面积1370亩。几年前，范屯村还是辉县孟庄镇有名的乱村，家族势力格局导致基层民主制度难以推进，村集体企业的资产和破产处理引发利益之争，一度是新乡市有名的“上访村”“问题村”。当前，孟庄镇范屯村的党支部书记是琚宪庆，琚宪庆2008年年底任范屯村村委会主任，2009年当选范屯村党支部书记，琚宪庆的另一个身份是河南省新乡市安达机动车驾驶员培训中心的校长、总经理、董事长。其上任后所推进的主要工作有四个方面：

第一，改善村庄基础设施和公共服务。之前村里道路泥泞，没有路灯，夏天、过年用电高峰期因为变压器不够用而跳闸停电现象严重。琚宪庆上任后，修路、更换变压器、架线安装路灯、搞村内绿化栽种果树、建游园、安装健身器材，改善了村基础设施。

第二，建设新型社区和产业园区。以河南省新型农村社区建设为契机，配套完成了社区、村委、诊所、幼儿园为一体的新型社区，不同于前两个案例，他所建的新型社区不是无偿捐赠，建好后集体以每平方米600—700元的价格向村民出售。2011年，通过招商引资先后投资9000万兴建顺发创业园区，建成后提供就业岗位500多个，也增加了村集体的收入。

第三，推进基层党建和文化建设。在上级党委政府开展的“村级党组织认领升级”活动中，在“党建先进村”的基础上，认领了“党建示范村”。实施党员量化积分管理办法，根据党员年龄、职务、身体状况、工作特点确定考核基础分值，结合党员的年度个人述职报告对其进行考评，公示党员量化积分情况并进行奖罚。开展党员义务值班活动，目前超过60%的党员参与义务值班活动，实现服务群众“零距离”。为党员设岗定责，让党员“有岗有责、有责有为”，发挥党员先锋模范作用。开展慰问老党员、七一活动等丰富的党内活动。开展为“五保户”大扫除、爱心捐献、义务献血、贫困户义诊、义务巡逻、植树绿化、游园除草、环境整治等志愿者活动。开展以“认领制”为抓手的文明家庭创建活动，设立了“十星级文明户”标准①，通过农户认领、认领挂牌、动态管理、严明奖惩等程序，目前96%以上的村民成为“十星级文明户”。

第四，完善村民自治制度。创新提出了“提案＋例会”制的村民自治全过程制度机制。以村民代表提案和例会为抓手，以发现问题和正确解决问题为目的，形成了提案提出、提案协商、提案例会决策、提案执行、提案监督“五步工作法”。建立月末干群联席会，并明确其主要议程和主要内容。琚宪庆系范屯村人，在任职过程中，他个人及所在企业已经向社会捐助善款和资助大学生98.5015万元，先后获得“新乡市文明市民”，河南省交通厅抗震救灾先进个人、辉县市首届十大杰出青年创业精英，新乡市五一劳动奖章，当选红旗区十二届、十三届人大代表。②

四　民营企业家治村的多案例比较分析

（一）民营企业家任村主职干部是否仅是偶然：民营企业家任村主职干部有其必然性

三个样本案例中的民营企业家都是在自己的事业正值稳定上升期时回乡担任村干部的，既有其偶然的触发因素，也有其内在必然性。

1. 宏观制度环境与制度供给

2005年10月党的十六届五中全会明确提出建设社会主义新农村的重大历史任务，提出了“生产发展、生活富裕、乡风文明、村容整洁、管理民主”的总体要求。河南省作为农业比重大、农村人口多的发展中大

① “十星级文明户”标准是政治思想、遵纪守法、邻里和睦团结、环境卫生、科技兴农、计划卫生、移风易俗、诚实守信、创业致富、重视教育。

② 访谈中，琚宪庆还主动提到另两个样本案例南李庄、裴寨，他说，我和他们的共同点是：我们都是全国文明村，我们都是民营企业家；我和他们的不同点是他们的身后分别是孟电集团和春江集团，我身后仅仅是一个安达驾校，意思是我的企业规模、总资产、盈利能力比不上他们，我自然不能像他们一样大手笔，自然政治荣誉和社会认同较低。

省，将完成这一历史任务作为重要的紧迫内容。河南省提出新型农村社区建设，作为现代城镇体系的重要层级，将新型农村社区作为统筹城乡、推进城乡一体化、促进农村发展的关键。新农村建设、新型农村社区建设曾被河南认为城镇化建设的创新之举，新乡市又是新型城镇化建设的典型，新乡市作为全国农村改革试验区、河南省统筹城乡发展试验区接待过全国多批考察团，而三个样本村庄三位民营企业家任村支书、党支书，并进行新村、新社区建设都是在2005—2010年，正是河南省轰轰烈烈推动社会主义新农村、建设新型农村社区、新乡市作为全省典型的年份，即自上而下的社会主义新农村建设、河南省政府大力推动成为宏观层面的制度环境。2017年，党的十九大提出乡村振兴的战略并写入党章；2018年9月《乡村振兴战略规划2018—2022》规划提出，宏观层面是又一制度环境推动期。

2. 乡镇政府中意

后税费时代，乡镇等基层政权没有了税费收入，但在官僚体制下乡镇政权作为末端依然承担着发展经济和维持稳定双重任务，对于乡镇政府或村集体而言，除少数工商业发达地区的基层组织外，目前许多乡村基层政权组织集体资源缺乏、财政无力、动员能力不足，自身资源匮乏的乡镇政权希望通过村级党组织来分担压力，而最有效的方法就是以正式或非正式的方式支持民营企业家等能富阶层进入党组织并领导村级组织，民营企业家的个体性资源能够有效地弥补因集体资源缺乏而不能承担的公共责任，分担部分公共服务，还能起到带领完成精准扶贫乡村振兴的示范效应，协助乡镇完成经济发展和脱贫指标。民营企业家通常也具有较强的社会资源和关系网络，能够运用多种策略解决好钉子户、上访人员甚至各种灰黑势力。如此，民营企业家等能富精英成为乡镇比较中意的村级党组织干部人选。

3. 农民的理性选择

对农民来说，选举、支持民营企业家任村支书也是为摆脱生活困境、向往美好生活下的理性选择，三个村庄的共同点是：人多地少，农业生产条件较差，农民广种薄收，收入较低生活艰难，存在出行难、吃水难、就医难、上学难等问题。人多地少的矛盾及农业生产条件差使农民被迫外出打工，一方面导致农村“空心化”现象，另一方面也产生了“三留守”等社会问题。现实中，农民生存环境窘迫但又向往美好生活，在村民自治的制度环境中，农民自然将改善生活的希望寄托到民营企业家等村治精英上。同时，“在市场经济及大众文化盛行的今天，财富已经成为村庄社会中衡量个人价值的基本尺度”，很多乡民仅以财富来判断、认可、推荐基层代理人，出现了2005年在裴春亮缺席的情况下高票当选村支书的情况。农民的理性行为选择体现了市场化背景下农民的生存哲学，反映了农民强烈的依赖心理和普遍迷茫，他们在通过自身努力无法获得预期成功时，希冀获得外部力量的支持和庇护，希望救世主的出现，从外界获得阳光与雨露。

4. 民营企业家个人特质和个人价值观

民营企业家“情感在乡、责任在乡”是其担任村主职干部的必要条件。什么样的人才会情感、责任在乡呢？首先是必须具备在乡成长的经历，在其幼小时期的在乡成长中就种下善良、感恩和责任。裴寨村的党支部书记裴春亮1970年出生，自幼家贫，他12岁以后的四五年间家里祸不单行，三哥在矿井出工时触电身亡，二哥在拉石灰的途中车毁人亡，40岁的大哥突患脑中风卧病在床，两个嫂子撇下三个孩子离家出走，父亲一病不起，母亲患上了食道癌。此时，未成年的裴春亮挑起家里的重担，伺候生病的父母和大哥，还要照顾三个年幼的侄儿侄女。此时左邻右舍在自家都不富裕的情况下送衣服、米面，后来干脆把几个孩子接走轮流抚养。最困难的是，裴春亮16岁那年父亲去世，家里没钱安葬，遗体在家停了三天没有入殓，在这时是老支书裴清泽登门，派人刨了村里的两棵梧桐树给裴春亮父亲做了棺材，党员干部兑钱给他父亲买了寿衣，乡亲们出米、出柴安葬了春亮父亲。在裴春亮最困难的时期，乡亲们的帮助给未来的民营企业家种下了善念与感恩，这成为日后捐赠家乡、回馈乡亲的必要条件。南李庄村的党支部书记民营企业家范海涛受到的则是家风、家庭的影响，他的父亲范清荣1957—1975年曾任南里庄党支部书记18年，把经济落后的穷村变成了远近闻名的先进村，曾获得全国劳模等荣誉。1991—1994年母亲顾族荣53岁时按照村民和上级的意愿任过三年的党支部书记，带领村民用三年的时间还了50万元债务。访谈中其父多次提到：“是共产党救了我，我一辈子都不能忘！”其母顾族荣被问到在村支书岗位上的体会时，只说了一句话：“干什么都不能有私心。”父母作为基层干部为群众办事的决心以及无私奉献的精神伴随着范海涛的成长，从小在这位民营企业家的心中种下了责任、担当和奉献之心。

5. 村庄发展的内部困境下第一行动人出现

2005年，裴寨村进行第五届村委会换届选举前，村里已连续三届没有村委会主任，原因是裴寨穷，愿意主动挑起担子的人不多，几个想干的人得不到大家的信任，难以通过基层民主选举。而村庄要发展必须有坚强有力的领导班子，原村党支部多次召开会议、筛选村委会主任候选人，最后锁定裴春亮，却也料想到已经在县城创业成功，有自己产业的裴春亮是绝对没有兴趣的，此时就出现了老支书、乡亲们的情感呼唤、三顾春亮家请其出山参与竞选。第一次是老支书裴清泽和村委委员张贵先到裴春亮县城的家里，被春亮一口回绝。时隔两天，老支书、张贵先、副书记裴泉海第二次敲响了裴春亮家的门，依然是态度坚决。于是第三次，老支书裴清泽组织了两面包车 70 多人，这些人中有不少长者，这些长者很多都是裴春亮年幼时曾接济过他家的、对裴有大恩的人，老支书不失时机地说："春亮啊，咱村的情况你最了解，大家伙儿是真的信任你，今天你要不答应，我们就不走了！"当然，这个情感呼唤的时机特别好，在穷且有内部纷争的裴寨村来这么多人请他是裴春亮没有想到的，于是才有了 2005 年 4 月 20 日，裴春亮不在场的情况下以 94% 的高票当选村支书。在三顾县城动员裴春亮回乡竞选支书的过程中，有个重要的人物就是老书记裴清泽，这位正是安葬春亮父亲的老支书，他一心为裴寨，认定裴春亮，于是在两顾不成的情况下第三次纠集百姓来请，通过情感的呼唤达成目的，这位伯乐式的老支书是制度环境、村庄发展的内部困难中的第一行动人，他推动了裴寨村的乡村振兴。

这样，宏观的制度环境制度供给、乡镇政府的中意、农民的理性选择、民营企业家个人特质和个人价值观、村庄发展内部困境下第一行动人的出现构成民营企业家任村主职干部的充分必要条件（见表 1）。

表 1　　三个村庄民营企业家任职村干部情况对比

村庄	村庄区位	现任党支部书记	企业身份	企业是否在村在乡	任村主任、村支书的时间	个人的内在特质	任职的外在触发
南李庄	城市近郊	范海涛	河南省孟电集团党委书记、董事长、总经理	在孟庄镇地域，不在本村	2008 年至今	土生土长的本地人、创业精神的企业家、父母皆是村干部的家庭背景	乡镇领导的挖掘

续表

村庄	村庄区位	现任党支部书记	企业身份	企业是否在村在乡	任村主任、村支书的时间	个人的内在特质	任职的外在触发
裴寨村	城市远郊	裴春亮	河南省春江集团董事长、河南宝泉旅游度假区出资开发人	在辉县市、卫辉市境内，不在本村	2005年至今	土生土长的本地人、创业精神的企业家、年幼家贫丧父，获全村人帮助	善于发现人才的执着的老支书
范屯村	城市近郊（城乡接合部）	琚宪庆	河南省新乡市安达机动车驾驶员培训中心的校长、总经理、董事长	企业在村	2008年至今	土生土长的本地人、创业精神的企业家、	乡镇领导的挖掘

（二）民营企业家任村主职干部是否皆为私利：民营企业家的政治关联、社会关爱、社会认同可以兼容

乡村振兴、乡村治理中的民营企业家兼具经济性角色和社会性角色，其行为不仅具有工具行为，还有亲社会行为，生于斯、长于斯的民营企业家参与乡村治理担任村干部过程中不仅仅是纯粹利己，还有利他效应，阴暗面和明亮面都很重要，企业不仅仅是资源、“寻租”的“拿”，还有对外部环境的“给”，中国的市场竞争并未让民营企业家都变成谋求个人利益最大化的怪兽，随着市场意识的建立和市场机制的完善，民营企业家把基层政治参与、政治关联视为参与社会治理、反映社会主体地位、实现个人价值的通道。南李庄村范海涛访谈中多次提到“共产党讲党性，老百姓讲良心，企业讲社会责任”。而他所界定的企业社会责任是“要对政府负责任、对股东的资金安全和收益负责任、对消费者负责任、对员工负责

任、对资源环境和可持续发展负责任，对社区发展负责任”。最后这一条“对社区发展负责任”要求企业回馈社会，为社区提供就业机会，为社区的公益事业提供慈善捐助，向社区公开企业经营的有关信息。对于常常被人问起的“为什么要拿自家企业的钱为别人建新房这一问题?”范海涛的答案是:“我是个民营企业家，但我首先是个人，是个知恩图报的人，同时还是个有良心的基层共产党员。”“一个人富不算富，大家富了才算富。”裴寨村裴春亮出资3000万元给农民盖新村的决定作出后，首先反对的是他的妻子，离家数月未归以示抗议。访谈中裴表示，为了实现个人价值，为后代留一个好名声。本文研究中发现，民营企业家担任村主职干部并不是直接把政治联系当成获取工具性利益的手段，但是，在社会关爱中，民营企业家确实获取了政治荣誉、社会光环，政治荣誉、社会光环与其企业资源获取能力被认为具有关联性，三村的党支部书记都具有政治光环，接受过党和国家领导人的接见，某种程度上既是个人的荣誉，也表明了企业的政治身份，体现了企业的社会责任，形成无形的政治庇护，比如裴春亮的春江集团覆盖水泥、化工、金融、旅游等多个领域，已经全面实现多元化经营，2012年春江集团接手了辉县市潭头水力发电站，并获得宝泉景区开发经营权，其中其经营的宝泉度假区是辉县市当地唯一一个由民营企业经营的旅游区，且不在南太行山水之列，其资源获取能力很强。也就是说，全国劳模、全国最美村官等政治荣誉有利于增强民营企业家资源获取能力，有利于推动企业多元化经营，有利于获得政治庇护。同时，本文研究推测民营企业家的光环效应、政治荣誉也会成为倒逼和监督企业家、企业严守制度与社会规范，起到双向约束作用。

（三）民营企业家任村主职干部所在村庄是否能持续发展：持续发展需要村庄制度治理体系的规范与完善

三个案例中民营企业家的示范事件只是个案，村庄的发展不可能一直依赖于其某任村主职干部的治理能力和个人资产，在其民营企业家本人退出村庄治理后，村庄是否还能有较强的治理能力和发展能力，未来三个村庄要想实现持续发展，除价值的引导外还需要有制度规范，包括村庄治理体系、制度框架、选人用人机制等。通过案例的比较发现，三个村庄都做到了习近平总书记要求乡镇村工作将抓发展和抓党建结合起来，三个村庄都注重基层党建、治理机制和社区文化建设，并以制度的形式明确、固定下来。村民收入提高、住进新社区的三个村庄的共同点是抓党建和抓发展结合起来，诸如制定党员积分管理制度、党员设岗定责和联包帮带制度，发挥党员的积极性；建立干群联席会制度，发挥民主监督的作用；开展文明家庭创建活动，建立文明家庭认领制，开展“好媳妇、好婆婆”“孝老爱亲”模范评比等创建活动；注重文化建设，建设远程教育学习室，开展现代农业知识、创业技能、法律知识等培训；设置文化石、宣传栏、道德墙、学雷锋文化长廊，成立红色课堂、道德大讲堂。实践的做法只有以制度的形式固定下来，才具有可持续性，才具有法制而非人治特点，才不会因为在任民营企业家个人意志的改变或生命周期的变化而终止。

（四）民营企业家任村主职干部是否可复制、可推广：不可简单地推广复制，不可有组织地动员

民营资本家担任村主职干部推动乡村振兴模式本身具有双重性，不可否认，民营企业家通过自身资源的投入为乡村振兴做出了贡献，但对于我国异质性很大的广大农村地区，尤其是中部、西部地区的乡村振兴与发展，农业在产业结构中依然处于弱势地位，通过倚重民营企业家的个人捐资来实现“先富带后富”的模式不具有普遍性，不可简单地推广复制。目前，在乡村振兴的大旗下，在战略规划要求“实行更加积极、更加开放、更加有效的人才政策，推动乡村人才振兴，让各类人才在乡村大施所能、大展才华、大显身手”的呼唤中，也不可通过“有组织的动员引导、项目资金配套支持、提高乡镇医疗教育水平”等措施吸引其回乡贡献，如果强调通过项目和资金的配套支持来吸引其投身乡村可能会形成另一种形式的招商引资和资本下乡，同时民营企业家本身具备一定资财、一定的资金配套支持未必有吸引力。关键是上文所说情感在乡、情感归属。同时，民营企业家型有责任意识、利他大局的村主职干部也不是后天可以培养的，三个案例中民营企业家的共同特点是出生在乡，情感上与村庄具有亲和性，这是其愿意奉献乡村经济社会发展的重要因素，这种情感是在其社会交往和自我修养中形成了个人的“文化”和“道德”，属于“先赋性”的社会资本，而非短期培育形成的社会资本。但民营企业家奉献于乡村振兴，可以借鉴的是乡镇政府、原村“两委”、长者对情感在乡的能富精英任村主职干部的“选人、用人”机制，就像三个案例中都存在的伯乐型的老支书或者乡镇领导的点拨，第一行动人的作用可以发挥。

五　民营企业家治村实现乡村振兴模式的潜在困境

不可否认，民营企业家通过自身资源的投入为乡村振兴做出了贡献，通过发挥民营企业家的管理才能和治理能力直接推进了典型村庄的乡村振兴。但这种模式也有其潜在困难。

（一）与乡村治理能力现代化目标不一致

党的十九大报告中提出，新时代中国特色社会主义思想的重要内容之一是明确全面深化改革总目标，是完善和发展中国特色社会主义制度、推进国家治理体系和治理能力现代化。国家治理体系和治理能力现代化是全面深化改革的目标。2018 年“中央一号文件”《中共中央国务院关于实施乡村振兴战略的意见》中明确指出，到 2020 年，乡村振兴取得重要进展，制度框架和政策体系基本形成。2018 年 9 月，《乡村振兴战略规划 2018—2022 年》也指出，要打造共建共治共享的现代社会治理格局。三个重要文件中，乡村治理能力现代化应该是以完善的制度和政策体系来治理乡村社会，德治、人治应该是法治基础上的进一步要求和对于法治的补充与协助。民营企业家治村和新乡贤治村、富人治村、能人治村、精英治村类似均强调治理者的个人能力、个人资源、个人道德自觉性，具有前现代治理色彩，其本质上依然是一个缺少制度性规范和监督的人治体系，不宜泛化地将乡村治理寄希望于个人道德品质和利他行为。这种将乡村治理寄托于能贤精英的做法就可能出现不确定性和不可持续性，会因能贤个人的意志转变而转变，比如一些“能贤精英”在初期往往通过投入私人资源来推动乡村经济社会发展，但在获得普通村民认可和政治认同进入乡村基层政权领导阶层后，可能会利用体制优势进行资源俘获，开始牟取私人利益。① 因此，当前国家为推动乡村振兴而大规模推动的资源下乡模式，在农村基层民主监督制度不健全的情况下，也需要警惕民营企业家等能富阶层通过各种方式变相侵吞国家资源，剥夺其他阶层对国家惠农利益的分享等局面。

---

① 王铁梅、董江爱：《企业主导农村城镇化的缘起、问题及对策——一个典型案例的调查与思考》，《山西大学学报》2014 年第 3 期。

（二）政府职能缺位与权威合法性转移

民营企业家在治村过程中捐助个人财产改善村庄生产生活条件，虽然短期内确实利用私人资源弥补了集体资源的不足，但也会造成农村基层政府对私人资源的过度依赖，从而导致政府社会服务、公共产品供给中的缺位。案例中的三个村庄，在民营企业家进入前以传统农业为生，基层政府由于财力匮乏，供给公共产品和公共服务的能力严重不足，导致农民的生产生活条件长期得不到改善，民营企业家担任村主任、村支书后，修路、打井、修水库、建学校、建养老院、困难群体的帮扶，主动承担了公共产品和公共服务供给的责任，民营企业家公共服务而投资的这些钱来源于个人的捐助，是企业的产出，百姓都心知肚明，因此，企业取代了政府成为基层社会治理的重要主体，农民由以往对政府的过多依赖转变为对民营企业家个人的崇拜和对企业的依赖，大大增强了对企业的信任感和认同感，降低了对基层政府的认同感和信任感。本应承担基本公共产品供给的乡镇基层政府直接把公共服务的责任推给了企业，没有及时建立起企业、农民之间的桥梁，基层政府职能的缺位，企业公信力的加强必然使乡村治理的合法性权威向企业转移，存在政府被民营企业家、被其所在企业“绑架”的风险。

（三）企业的行政化与可持续投入压力

民营企业家所在企业本是市场主体，其行为动机是追求利润，但企业领导人担任村委会主任或党支部书记后用企业的产出、个人的资产进行村庄建设投入，企业还要连带承担管理公共事务、供给公共物品、调解邻里矛盾等职能，其持续的投入会加重企业的负担，加剧企业的运营风险。案例中，南李庄社区党支部书记范海涛是这样比喻自己的村庄和企业的：“好比一家有两个孩子，一个穷孩子一个富孩子，社区是穷孩子，企业是富孩子，做家长的一般会去帮穷孩子，或者要求富孩子帮穷孩子。”但是，企业和社区是属性决然不同的主体，一味地用企业去帮扶社区必定引发企业员工、合伙股东的不满，具有可持续投入的压力。同时，三个案例中都将自己创办的企业用于解决村民就业，也蕴藏了一定的风险，村民就业能力、专业知识参差不齐，未必能满足相应企业的用工需要，民营企业家如果仅仅是政治上为解决村民就业而强行安排必然损失经济效率。

（四）农民的帮扶依赖与“集体失语”

三个村庄的农民通过民主选举程序将治理权授予民营企业家，使其成为民众代理人，使农民在社区新居建设、共同富裕中处于被动参与状态，普通村民在这一过程中享受到的是仅有的“财富涓滴”效应，是一种被动的参与效应，出现经济学中的养懒汉，如同扶贫中的“重输血、轻造血”，再加上接受的是企业家捐助的住房，所谓“拿人的手短”，自然更加难以进行利益表达和利益维护，从而“集体失语”。具体表现在：南李庄社区门面房、建材市场、农贸市场是在集体土地上建设的，农民每年能领取到一定的股份分红和一些福利；裴寨村农民也有部分持有春江集团的股份，每年取得分红，但农民对企业的运营状况、发展规划及企业面临的风险完全不知情，更无法监督和约束企业经理人的行为。民营企业家出资的社区建设，社区发展、村庄规划、产业选择全部由企业家及所在企业决定，农民更多地充当了被动的接受者。

此外，尽管基层民主制度日益完善，现代化因素日益向农民渗透，但我国千百年积淀形成的小农意识和传统思想在计划经济时代进一步强化了农民的依赖性。张村乡裴寨村地处偏远山区，农民的思想相对保守、封闭，基层民主制度的完善激发了当地农民参与村治精英选举的积极性，但一旦选出他们满意的村治精英后，他们便会恢复原有的消极参与的常态，甚至对被选出的村治精英以何种形式实现自身的利益诉求，他们并不感兴趣。对村庄发展模式、产业支撑等农民并没有给予更多的关注，农民关心的仅仅是企业承诺的门面房分红、企业分红和其他福利。农民主体性参与、主动参与意愿不足，共同造成农民在民营企业家任职后出现“集体失语”。

参考文献

贺雪峰：《浙江农村与珠三角农村的比较——以浙江宁海与广东东莞作为对象》，《云南大学学报》2016 年第 6 期。

李金哲：《困境与路径：以新乡贤推进当代乡村治理》，《求实》2017 年第 6 期。

邬爱其、金宝敏：《个人地位、企业发展、社会责任与制度风险：中国民营企业家政治参与动机的研究》，《中国工业经济》2008 年第 7 期。

胡怀敏：《民营企业家的政治参与：经济人还是政治人》，《求实》2013 年第 11 期。

刘海建、吕秀芹、董育森等：《是否皆为利己——制度转型深入期企业家政治联系的双重角色》，《南开管理评论》2017 年第 4 期。

王龙飞：《政治资本：作为县级人大代表的私营企业家》，《上海大学学报》2016 年第 4 期。

陈晓萍、徐淑英、樊景立：《组织与管理研究的实证方法》，北京大学出版社 2012 年版。

何倩倩：《“乡贤治村”调查》，《决策》2015 年第 4 期。

王铁梅、董江爱：《企业主导农村城镇化的缘起、问题及对策——一个典型案例的调查与思考》，《山西大学学报》2014 年第 3 期。

Eisenhardt, “Building Theories from Case Study Research” [J] . *Academy of Management Review*, 1989, 14 (4): 532 - 550.

城乡融合发展的现状及对策分析

李蒙蒙

摘　要　目前我国城乡二元分割现象明显，城乡要素无法自由双向流动，城乡居民收入差距过大，严重阻碍了农村现代化和城镇化的进程。为破除城乡二元体制，促进城乡融合发展，需加快户籍、土地、公共资源配置等方面的制度改革，同时，建立健全与之相配套的财政、金融政策体系，为城乡融合发展提供财力支持。只有协调推进乡村振兴和新型城镇化的共同发展，才能形成城乡互补、全面融合的城乡发展新局面。

关键词　城乡融合　制度保障　政策体系

党的十九大报告指出，“农业农村农民问题是关系国计民生的根本性问题”，必须“建立健全城乡融合发展体制机制和政策体系，加快推进农业农村现代化”。21世纪初以来，从党的十六大的“统筹城乡发展”到十七大的“城乡一体化”，再到十九大的“城乡融合发展”，我国在系统破除城乡二元体制、推进城乡共同发展方面采取了一系列措施，也取得了积极的进展。但城乡二元分割的制度性障碍尚未完全消除①，城乡二元结构明显、城乡差距过大仍是我国目前面临的主要结构性问题之一。②城乡要素流动不顺畅，教育、医疗、就业、住房等公共资源配置失衡现象严

［作者简介］李蒙蒙，清华大学社会科学学院理论经济学博士研究生。

① 党的十八届三中全会通过的《中共中央关于全面深化改革若干重大问题的决定》指出，城乡二元结构是制约城乡发展一体化的主要障碍。

② 国务院发展研究中心农村部课题组：《从城乡二元到城乡一体——我国城乡二元体制的突出矛盾与未来走向》，《管理世界》2014年第9期。

重，要素长期从乡村向城市单向流动。[①] 这些由体制因素所导致的城乡要素无法双向自由流动、二元结构突出等问题阻碍了我国农业现代化和城镇化进程。我国经济发展已经进入新常态，需要蹄疾步稳地推进全面深化改革，加快破除城乡分割的体制机制障碍，重塑新型城乡关系。

本文将首先描述我国目前城乡二元分割的现状。其次着重讨论如何通过深化户籍、土地、公共资源配置等方面的改革，为城乡融合发展提供制度保障。最后阐释如何建立健全与制度改革相配套的财政、金融政策体系，统筹好短期和长期、制度和政策的关系，在不断完善相关体制机制的同时，构建有利于城乡均衡发展的配套政策体系。

一 城乡二元分割的现状

（一）户籍制度障碍

户籍制度是影响中国城乡流动最为突出的制度障碍。[②] 改革开放40年来，我国虽然在政策层面上取消了农村人口进城的限制，以至于到2017年年底，已经有2.8亿农民工在城市就业，但现行的城乡分割的二元户籍制度仍然阻碍着大量进城农民落户和迁徙人口定居，这无疑是户籍制度改革面临的主要矛盾。同时，很多被统计为城市户籍人口的农村流动人口，实际上也是居住“边缘化”，生活“孤岛化”，长期处于“半城市化”的状态。[③] 随着户籍制度改革的推进，许多城市放宽户口迁移条件，取消农业户口和非农业户口类别，将城乡居民统一登记为居民户口。这种统一户籍身份的做法提高了“城镇人口户籍化率”，却没有提高“城镇人口市民化率”。由于这些改革大多是形式上的改变，将农民户籍登记身份由农业变为非农业，却没有提供和城镇户籍身份配套的教育、医疗、就业等社会服务，导致许多农村迁移人员无法永久居留。受教育程度较高的年

① 应该指出的是，劳动力、土地两大要素虽然在形式上从农村源源不断地流向城市，但农民作为农村土地的所有者并没有公平地分享农地转用的增值，近三亿的农民工也很少在城市落户从而享受与城市原户籍人口同等的公共服务和社会保障。所以说，即使是这种单向流动也是不自由不充分的。

② 李强：《影响中国城乡流动人口的推力与拉力因素分析》，《中国社会科学》2003年第1期。

③ 王春光：《农村流动人口的“半城市化”问题研究》，《社会学研究》2006年第5期。

轻劳动者从农村迁移到城市地区仅仅是劳动力转移的第一个过程，能够在迁入地长期居留才算完成真正的迁移。[①] 原中央农村工作领导小组副组长陈锡文在全国“两会”户籍制度改革讨论时曾表示：“户籍簿就是几张纸，换了一个城镇户籍簿，但是户籍簿后面所承载的一切，社会公共管理和基本公共服务不能解决的话，那这张纸也没有太大用处。”[②]

在城乡人口反向流动方面，同样存在一些制度和政策层面的限制。近些年，许多乡村地区利用当地自然风光、特色民风民俗等吸引城市居民下乡消费，凭借良好的自然景观和宜居的环境，不少地方成为城市居民休闲娱乐和养老的常住点。然而，现行的制度和政策，既不允许城市居民到农村买房租房，也不允许城市居民到农村租地建房，这就严重地阻碍了城市居民下乡消费和各类人才下乡创业。因此，现行户籍制度，既阻碍了农村劳动力向城市的转移，也不利于城市居民向农村的流动。

（二）土地制度障碍

如果说城乡分隔的二元户籍制度阻碍了城乡之间人口的自由迁徙，那么现行的城乡二元土地制度则阻碍了土地资源在城乡之间的合理配置。《中华人民共和国宪法》和《中华人民共和国土地管理法》规定，“城市市区的土地属于国家所有”，“农村和城市郊区的土地，除由法律规定属于国家所有的以外，属于农民集体所有”。当制度的实行不能够合理地反映资源的稀缺性时，便会产生扭曲的经济现象。[③] 由于我国城乡土地实行了两种不同的所有制，缺乏城乡统一的建设用地市场，导致农村集体土地拥有的权能远远低于城市国有土地，土地在工业化、城市化和农业现代化进程中所做的贡献无法通过土地市场得到客观公平的评价，城乡土地很难做到“同地同权同价”，农民土地财产各项权利无法得到有效保障。[④] 权利的不平等进而导致地价、房价的巨大差异，拉大了城乡居民的收入水平的差距。

---

① 蔡昉：《劳动力迁移的两个过程及其制度障碍》，《社会学研究》2001 年第 4 期。

② 《中国户籍制度改革从形式走向实质》，http：//finance. sina. com. cn/china/20140312/120818484912. shtml。

③ North，D. C.，“Institutions and Credible Commitment” ［J］. *Journal of Institutional and Theoretical Economics*，1993，149（1）：11 –23.

④ 国务院发展研究中心课题组：《制度先行：推进集体建设用地合理有序入市》，《中国经济时报》2014 年 2 月 13 日。

除了城乡土地的二元所有制，我国农村土地的流转市场也不尽完善，发展缓慢，而产权和土地制度是制约土地流转市场发展的主要因素。① 现阶段，很多农民将乡村土地出租给他人经营，土地承包权和经营权分离。农业部部长韩长赋曾经表示，截至 2016 年 6 月，全国 2.3 亿农户中，流转土地的农户超过了 7000 万，比例超过 30%，东部沿海发达省份流转土地农户比例超过 50%。② 为了顺应广大农民特别是大量进城务工农民保留土地承包权、流转土地经营权的意愿和继续务农的家庭以及下乡的工商资本实现农地适度规模经营的要求，中共中央和国务院提出，在农村集体土地所有权与农户承包经营权两权分离的基础上，进一步将土地承包权与经营权分离，实行集体土地所有权、土地承包权与土地经营权“三权分置”。

上述“三权分置”，提高了农村土地使用效率，有利于加快新型城镇化和农业现代化步伐，“是继家庭联产承包责制后农村改革又一重大制度创新”。但是，“完善三权分置办法的意见”在强调放活“经营权”的同时，又严格限定农地承包权只能在集体经济成员内部发包和流转，这恐怕又会在一定程度上影响土地规模经营的实现。同时，城乡建设用地增减挂钩跨省域交易由国家统筹组织实施，不允许省际自行交易，这也在很大程度上削减了跨省域交易的正向效益。

（三）城乡公共资源配置失衡

除了户籍制度、土地制度的障碍，我国城乡公共资源配置失衡现象也阻碍了城乡融合的发展。2016 年，全国一般公共预算支出决算数为 187755.21 亿元，其中，与“三农”相关的农林水③预算支出决算数总和为 17513.44 亿元，占全部预算支出的 9.33%；中央一般公共预算支出决算数为 86804.55 亿元，农林水预算支出决算数总和为 779.07 亿元，仅占全部预算支出的 0.90%。可以看出，无论是全国还是中央财政预算支出，

---

① 叶剑平等：《中国农村土地流转市场的调查研究——基于 2005 年 17 省调查的分析和建议》，《中国农村观察》2006 年第 4 期。

② 《农业农村部部长韩长赋关于〈关于完善农村土地所有权承包权经营权分置办法的意见〉的解读》，http：//www.xinhuanet.com/live/2016－11/03/c_ 1119842493.htm。

③ 农林水主要包括农业、林业、水利、南水北调、扶贫、农业综合开发、农村综合改革、普惠金融发展、目标价格补贴和其他农林水支出。

与“三农”相关的财政预算支出比例都偏低。

教育方面，2016年，全国流动人口调查数据显示，有3—6岁儿童的流动人口家庭人均教育支出为1270元/年，而城镇本地家庭人均教育支出仅为1033元/年，表明农业转移人口比户籍人口承担更大的教育支出压力。由于学前教育并未纳入义务教育范畴，农业转移人口随迁子女很难进入公立幼儿园并得到相关财政补助，市场购买服务的方式导致流动人口家庭比户籍人口家庭承担更高的学前教育费用。

医疗和社会保障方面，2016年，全国流动人口调查数据表明，60周岁以下流动人口参加城镇职工医疗保险、城镇居民医疗保险和城乡居民合作医疗保险的比例分别为22.3%、3.7%和3.4%，参保比例较低。

住房方面，2016年，536932名流动人口的动态监测调查数据显示，流动人口中，享有住房公积金的比例仅为14.2%，流动人口被置于主流的住房分配制度之外，买房、租房困难，住房的稳定性较差。

金融资源配置方面，截至2017年年底，我国全部金融机构涉农贷款余额为30.95万亿元，占各项贷款的24.84%①，政府部门和金融机构过多强调涉农贷款总量的快速增长，而忽视了贷款的具体投向、结构配置等，导致涉农贷款没有给农民带来最大的效益。城乡金融资源配置差距较大。农业、农村和农民需要的金融服务往往成本高、风险大、收益低，逐利本性导致资金从农村流向城市，同时一些制度因素也导致农村存款很难只用于农村。② 农村金融市场、金融机构提供的金融服务不能满足现代农村、农业发展的多样化需求，金融机构以提供基本的存款、汇款类业务为主，保险、证券等金融产品市场发展相对滞后。

上述高昂的学前教育费用，较低的社会保险参保比例，失衡的金融资源配置和买房、租房困难现状均是城乡公共资源配置非均等化的具体体现，这在很大程度上约束了农村转移人口在迁入地的长期居留。

二 城乡融合发展的制度保证

城镇化进程的快速发展和城乡居民收入差距的缩小有赖于城乡二元体

---

① 《中国银监会办公厅关于做好2018年银行业三农和扶贫金融服务工作的通知》（银监办发〔2018〕46号）。

② 汪小亚等：《农村金融改革：重点领域和基本途径》，中国金融出版社2014年版。

制改革，只有城乡二元体制改革取得突破性成就，才能促进国民经济的持续健康发展。[①] 因此，需加快破除户籍、土地等制度障碍，实现城乡公共资源均衡配置，为城乡融合发展提供制度保障。

（一）全面推进户籍制度改革

改革户籍制度，实现农业转移人口市民化和城乡居民自由迁徙，首先应当完善户籍身份衍生的教育、医疗、就业和住房等公共服务，为进城农民工及随迁家属提供平等的社会福利，有序推进农业转移人口市民化，而不仅仅是给予农业转移人口一张户籍证书。同时，也需打通要素下乡制度性通道，吸引城市人才流向农村，实现人口双向、自由流动。

1. 统筹推进农业转移人口市民化

“加快户籍制度改革落地步伐，强化常住人口基本公共服务。”[②] 实施梯度推进户口迁移制度，做好从居住证到落户的衔接工作，全面放开特大超大城市落户限制。现阶段，我国城市化率还比较低，大城市数量明显偏少，人口比重明显偏低。[③] 我国特大超大城市不够多也不够大，对城市人口规模不能采用计划和行政手段人为加以控制，在逐步实现城乡基本公共服务均等化的基础上，应该保障进城务工的农民自由选择大（包括特大超大）中小城市定居的权利。

引导进城落户农民有偿退出农村各项权益，保障农业转移人口及其随迁家属和城市居民平等享有教育、住房、医疗和就业等公共服务。建立户籍人口城市化政绩考核制度，将农民工和本市居民平等享受社会福利的市民化比重列入当地政府官员政绩考核指标体系，使加快城市化成为各级政府官员追求政绩的自觉行动。[④]

2. 推动城市居民下乡消费和各类人才下乡创业

户籍制度的改革，既要有助于吸纳外来农民农[⑤]到农村地区落户，成为村集体经济组织的成员，共同参与乡村振兴事业，也要有利于吸引城市

① 厉以宁：《论城乡二元体制改革》，《北京大学学报》2008 年第 2 期。

② 《国家发展改革委关于实施 2018 年推进新型城镇化建设重点任务的通知》（发改规划〔2018〕406 号）。

③ 蔡继明等：《城市化路径选择：大城市优先还是小城镇优先》，《河北学刊》2017 年第 6 期。

④ 蔡继明：《关于加快农民工市民化的建议》，《中国青年报》2016 年 3 月 8 日。

⑤ 农民农是与农民工相对应的概念，是指外来的农民不是进城务工而是到本地务农。

居民下乡消费、休闲养老，还要为城市各类人才下乡创业并长期居住提供保障。

应该指出的是，在城乡人口双向流动过程中，农村人口向城市流动是不可逆转的大趋势，如前所述，我国目前的城市化水平还很低，城市化进程还远没有完成，城市化速度还有待于加快，从长期和总体上看，不存在所谓“逆城市化”。① 人为地限制大城市人口规模、用行政手段强制驱赶所谓城市低端人口以致由于城乡二元制度的阻隔迫使大量农民工返乡务农，这种“逆城市化”措施和现象恰恰是不正常的，应该加以制止和避免，这和上述城市人口向农村的流动不能同日而语。

（二）深化土地制度改革

我国的城乡土地资源是一个整体，土地及捆绑在土地上的权益环环相扣，为了改变城乡土地二元所有制现状，体现土地的真实价值，应该发挥市场在土地资源配置中的决定性作用，提高土地资源配置效率，健全乡村产权保护交易制度，完善“三权分置”制度，建立城乡统一建设用地市场。

1. 发挥市场在土地资源配置中的决定性作用

土地不仅是经济学中与劳动、资本并列的三大基本经济资源之一，而且是与劳动资源并列的两大原始资源之一。在工业化和城市化快速推进的当今中国，土地资源的稀缺性和重要性更是日益凸显。现实生活中，市场不是万能的，由于垄断势力、信息不对称以及外部性等因素会导致市场失灵，需要政府这只“看得见的手”出手相助，对土地市场资源配置产生的负外部性加以限制，正外部性给予补偿。但政府对微观经济活动的介入，只限于弥补市场的缺陷，校正市场的偏差，而不是取代市场配置资源的决定性作用。因此，国家土地利用规划的制定与土地用途管制的实施，也必须建立在市场在土地资源配置中起决定性作用的基础之上，充分尊重土地市场的规律，依据由土地市场形成的反映土地资源稀缺性及其机会成本的土地价格。②

2. 健全乡村产权保护交易制度

农村集体产权制度改革是巩固社会主义公有制、完善农村基本经营制

---

① 徐林：《“逆城镇化”并未出现城市化仍是主旋律》，《中国城市报》2018 年 7 月 2 日。

② 蔡继明：《土地管理法修改建议》，《中国改革》2017 年第 4 期。

度的必然要求，是维护农民合法权益、增加农民财产性收入的重大举措。[①] 为了“保护农民集体资产权益，调动农民发展现代农业和建设社会主义新农村的积极性”，应该健全乡村产权保护交易制度。全面清产核算乡村集体经济资产，并将集体资产所有权确权到不同集体。明确农民集体土地增值收益分配权，合理划分国家、集体和个人土地增值收益，切实维护农民的土地承包权、宅基地完整的用益物权等各项权益。

3. 完善乡村土地“三权分置”制度

完善现行乡村土地“三权分置”制度，在保障集体所有权和农民承包权的前提下，在现行《中华人民共和国农村土地承包法》和《中华人民共和国物权法》赋予农户承包经营权各项权益的基础上，给予农民抵押担保等更加完整的用益物权，促进农地产权在更大范围内和更大程度上流转。[②] 允许集体经济组织之外的成员依法直接获得农村集体土地的承包经营权，在自愿公平竞争的市场上，实行有偿、有期转让，使交易各方共赢多赢。

探索宅基地集体所有权、农户资格权和使用权“三权分置”制度，允许宅基地在符合城乡统一规划的前提下自主进入市场，赋予农村宅基地在集体经济组织内部和外部的出租、担保、抵押和转让的完整产权。建立进城落户农民宅基地有偿退出和转让机制，对于符合享受城市公租房条件的农民工，不能强迫其无偿放弃原宅基地的使用权。

4. 建立城乡统一建设用地市场

在符合规划和用途管制前提下，允许农村集体经营性建设用地出让、租赁、入股，实行与国有土地同等入市、同权同价。[③] 根据工业化、城市化和农业现代化的进程对村庄建设用地结构进行动态调整，扩大农村集体建设用地入市范围，允许符合国土空间总体规划和土地利用分区规划的所有农村集体，而不仅仅是经营性建设用地土地，通过出让、租赁、作价出资或者入股等方式与国有土地同权、同价入市。

建立城乡建设用地增减挂钩节余指标跨省域调剂机制[④]，进一步优化

① 《中共中央、国务院关于稳步推进农村集体产权制度改革的意见》（2016 年 12 月）。

② 蔡继明：《“三权分置”：农村改革重大制度创新》，《农家顾问》2016 年第 12 期。

③ 《中共中央关于全面深化改革若干重大问题的决定》，人民出版社 2013 年版。

④ 《国务院办公厅关于印发〈跨省域补充耕地国家统筹管理办法和城乡建设用地增减挂钩节余指标跨省域调剂管理办法〉的通知》（国办发〔2018〕16 号）。

土地资源配置，使偏远地区的农民分享工业化和城市化所带来的土地增值。在严守耕地红线和保护生态环境的前提下，建立城乡建设用地增减挂钩节余指标和耕地占补平衡指标的市场化交易，按照市场配置资源的要求，自行决定增减挂钩和占补平衡的规模及地区，发挥经济发达地区和资源丰富地区资金源互补优势，助推脱贫攻坚和乡村振兴。①

（三）实现城乡公共资源均衡配置

解决城乡之间公共资源配置失衡问题是促进城乡融合发展的关键，如前文所述，户籍制度改革的本质是推进农业转移人口市民化，为农业转移人口及其随迁家属提供教育、医疗、就业、住房等和城市户籍身份相挂钩的公共服务。只有促进城乡居民公共服务均等化，才能真正打破城乡分割二元体制，实现城乡融合发展。

1. 构建城乡联通基础设施体系

完善城乡村基础设施和互联互通的城乡基础设施体系建设，扩大城乡间公用设施共享共建范围，提高基础设施的使用效率，降低基础设施建设成本，推动城市重要公用设施向周边乡村延伸，便于城乡人才、资本、技术等要素双向流动。

应该指出的是，城市基础设施相对完善和农村基础设施相对薄弱是不争的事实，一方面要缩小两者之间的差距；另一方面在国家公共财政资源有限和给定的前提下，与其把大量公共资源投入农村，不如利用这些公共资源把更多的农村人口吸引到城市，前者可能事倍功半，后者则会收到事半功倍的成效。

2. 健全城乡共享基本公共服务体系

在教育方面，改善农村义务教育学校办学条件，提高农村教师工资待遇。大力保障进城务工人员随迁子女接收教育的权利，放宽随迁子女入学条件，鼓励城市优质学校吸纳农民工子女，接受基本义务教育、小学教育和初、高中教育等。发挥优质学校对农村薄弱学校的拉升作用，建立双方资源共享，友好往来的常态化机制。落实异地中、高考政策，解决在城市上学多年、未完成户籍身份转变的农民工随迁子女异地中、高考问题。

---

① 《自然资源部关于实施跨省域补充耕地国家统筹有关问题的解读》，http：//www. gov. cn/zhengce/2018 - 07/30/content_ 5310510. htm。

在医疗和社会保障方面，实施全民参保计划，扩大农村居民医保报销范围，完善医保支付和报销制度，减轻农民就医负担。完善城镇职工基本养老保险、农村居民基本养老保险制度和统一的城乡居民基本医疗保险制度、大病保险制度，建立全国统一的社会保险公共服务平台。做好新型农村合作医疗保险、养老保险和城镇职工医疗、养老保险的衔接工作，实现医疗、养老保险城乡之间和跨地区之间的转移和报销。

在住房方面，坚持房子是用来居住的理念①，建设更多公共租赁住房，将收入水平低、无住房的农业转移人口纳入保障体系。规范租房市场，避免有关房产企业垄断并恶意抬高房租现象。逐步扩大公积金制度覆盖范围，为在迁入地有固定工作的流动人口提供公积金，并实现公积金的跨地区转移和接续，使进城务工人员能够住有所居。

在就业方面，健全城乡统一的人力资源市场，全面落实城乡劳动者平等就业、同工同酬制度，健全农民工劳动权益保护机制。组织开展农民工职业技能培训，拓宽农民工就业创业渠道，提供就业服务公共平台。延长中小企业生命周期，为农民工提供充分的就业岗位。我国中小企业数量众多，占全部企业的比重高达97%，创造了80%的城镇就业岗位。相对于欧美国家、日本等企业，我国中小企业平均寿命较短，所以，需要加强对中小企业的诊治、救助，延长中小企业的生命周期，进而为农民工提供更多的就业岗位。②

三　城乡融合发展的政策体系

城乡融合发展是一个系统性、综合性工程，需要统筹好制度和政策、短期和长期的关系，因此，在完善户籍制度、土地制度和公共资源均衡配置的同时，也应该提供与之相配套的财政、金融政策支持。

（一）健全财政、金融支持政策

农村金融作为我国金融体系的重要组成部分，是支持和服务“三农”

---

① 党的十九大报告指出：坚持房子是用来住的、不是用来炒的定位，加快建立多主体供给、多渠道保障、租购并举的住房制度，让全体人民住有所居。

② 蔡继明：《关于加快农民工市民化的建议》，《中国青年报》2016年3月8日。

发展、促进城乡融合发展的重要力量。党的十八大以来，中央多次强调要坚持“金融服务实体经济”的原则，发挥金融在“三农”中的核心作用。[①] 在相关政策的推动下，农户小额贷款优惠政策不断完善，农业保险保费补贴范围持续扩大。截至2016年，中央财政拨付农业保险保费补贴资金158.30亿元，为超过两亿户的农民提供了两万多亿元的风险保障。农村金融服务体系不断完善，服务范围不断扩大，为农业发展、农民增收和农村稳定做出了重要贡献。尽管我国农村金融已经取得长足发展，但是，横向来看，农村金融仍是整个金融体系中最为薄弱的环节[②]，在广度和深度上都还有较大的提升空间。因此，应该继续完善农村金融政策体系，积极引导各类金融机构为城乡融合发展提供资金保障。

1. 加大中央财政对农业转移人口市民化的支持力度

全面实施人、地、钱“三挂钩”政策。第一，建立城镇建设用地增加规模与吸纳农业转移人口落户数量挂钩机制；第二，健全财政转移支付与农业转移人口市民化挂钩机制；第三，建立财政性建设资金对城市基础设施补贴数额与城市吸纳农业转移人口落户数量挂钩机制，特别是加快实施中央预算内投资安排向吸纳农业转移人口落户数量较多城镇倾斜的政策。

在教育方面，将农业转移人口及其随迁子女纳入公共财政保障范围，逐步减免中等职业教育学杂费并实施普惠性学前教育政策。统一城乡教育经费保障机制，确保农业转移人口子女享有平等的受教育权利。

在医疗和社会保障方面，实施统一规范的城乡社会保障制度，中央和地方各级财政参照城镇居民的补助标准，给予农业转移人口相同的财政补贴。

在就业方面，各级财政部门要统筹上级转移支付和自有财力，设立就业专项资金，确保农业转移人口享有职业介绍和培训等服务。

2. 允许承包地经营权和农村宅基地使用权抵押贷款

抵押权作为一种担保物权，是实践中最理想、最常用的担保形式。凭借可靠的担保效力，抵押权在促进市场经济的良性运转中发挥重要的作

① 《国务院办公厅关于金融服务“三农”发展的若干意见》（国办发〔2014〕17号）。

② 中国人民银行：《金融服务报告》，中国金融出版社2017年版。

用。[①] 目前，我国城乡抵押权利不平等，大部分国有土地使用权和城镇居民房产权可以用于银行抵押贷款，而多数农村地区农民的承包地经营权和宅基地使用权不能作为贷款抵押的标的物，宅基地不允许自由买卖，只能在村集体居民间进行交易，这成为农民贷款融资的重要阻碍。农村承包地经营权和农民住房财产权"两权"抵押贷款是农村金融改革的重要内容，对提高农村土地使用效率、促进农村金融发展具有重要意义。

2015 年 8 月，国务院发布了《关于开展农村承包土地的经营权和农民住房财产权抵押贷款试点的指导意见》，按照所有权、承包权、经营权三权分置和经营权流转的有关要求，开启了"两权"抵押贷款的试点工作。试点工作开展以来，农民贷款额度有所提高，贷款融资困难问题得以缓解，试点工作取得阶段性成果。据中国人民银行副行长潘功胜介绍，截至 2017 年 9 月末，全国 232 个试点地区农村承包土地的经营权抵押贷款余额 295 亿元，累计发放贷款 448 亿元；59 个试点地区农民住房财产权抵押贷款余额 196 亿元，累计发放贷款 261 亿元。[②] 通过"两权"抵押贷款扩大了农业生产规模，增加了农民收入，但同时也存在抵押物市场价值难以估算、抵押风险较大等问题。为此，应该继续深化"两权"抵押贷款改革，逐步实现全国"两权"抵押贷款全覆盖。建立健全农村产权流转体系，整合各地农村产权信息，实现不同地区农村产权信息共享和对接。加大农村金融产品的创新力度，完善抵押贷款利率、期限和担保等，允许多产权组合抵押，满足农村居民多样化贷款需求。探索抵押贷款和保险公司结合的新方式，分散农业经营风险。完善抵押物处置机制，做好风险保障工作。

3. 建立耕地流转基金，推进农地规模经济实现

我国目前集中连片的耕地较少，零散细碎的耕地较多，农村户均耕地规模过于狭小，如果提升这些零碎耕地的集约化程度，可以大幅度增加有效耕地的数量。与此同时，随着越来越多的人口由农村向城市迁移，农村大量耕地闲置，无人耕种，将这些闲置耕地流转给有需要的居民进行集约使用，能够改变耕地的粗放使用方式，提高耕地使用效率。

---

① 崔建远：《物权法》，中国人民大学出版社 2009 年版，第 466—467 页。

② 《我国"两权"抵押贷款试点取得阶段性成效》，http：//www. sohu. com/a/212157848_267106。

然而，目前农地流转费普遍在每亩400—800元，根据目前国内粮食价格和成本，每亩粮食作物的纯收入也不过400元左右，在这种情况下，许多土地转入农户和农业企业通常只能将通过流转扩大的农地用于种植果树、蔬菜、花卉等非粮食作物。由此必然出现农地经营规模扩大与粮食安全之间的矛盾。为此，建议国家从各种支农、惠农、强农的财政资金中拿出一定比例，或者在中央财政预算中增加一项支出，建立耕地流转基金，对于转入土地用于粮食种植的农户或企业给予一定补贴，使之在正常年景从事粮食生产能获得一定净收益。耕地流转补贴力度，取决于国内外粮食市场供求状况、国家对粮食安全系数的估计和预期达到的目标。这样，才能既推进农地流转和规模经济的实现，又确保国家的粮食安全。

（二）构建城乡普惠金融服务体系

积极发挥差别化存款准备金作用，对涉农贷款余额达到一定比例的商业银行，降低其存款准备金率，激励金融机构增加“三农”服务业务。优先办理涉农票据、小微企业票据再贴现，并给予优惠利率支持。

推动农村金融机构回归本源，保障金融机构农村存款主要用于农业农村，发展普惠金融，将更多的金融资源投向农村农业实体经济，完善乡村金融机构服务农村农业体系。

扩大金融服务体系覆盖范围，完善农村金融市场准入机制，引入除四大国有商业银行之外的开发银行、农业发展银行等金融机构以及非金融机构，在业务范围内为城乡融合发展提供融资支持。完善适合农业农村特点的金融服务体系，构建由政策性和商业性银行、保险公司、证券公司等金融机构组成的竞争性金融服务体系，加强信贷与保险、担保合作，为城乡居民提供多样化金融产品。

（三）改善金融服务监管体制

改善金融服务和控制金融风险是同等重要的两方面，单方面增强金融服务而没有控制好风险会导致整个金融体系的崩溃。因此，在不断提升农村金融服务的同时，也要改善金融服务监管体制。

“三农”金融服务机制应该具备“股权结构、公司治理、发展战略、组织架构、业务发展、风险管理、人才队伍、绩效考核和监督评价”等支持“三农”发展的制度安排和能力建设①，除了合理的股权设置和金融业务发展，农村商业银行也应该做好风险管理工作，制定风险管理政策和流程，设置风险预警机制，确保涉农金融业务风险可控。各地金融监管机构需发挥指导和监督作用，完善差异化监管手段，提高监管效率。我国农村各地区经济发展水平差距较大，城乡融合发展过程中政策和发展环境的不确定性较大，各地金融监管局应该因地制宜，根据农村金融机构的实际情况，建立差异化的监管技术和制度。同时，银监会必须赋予各地监管机构更大的独立性和灵活性，引导农村金融机构走差异化和特色化的发展道路。

四　结语

近些年来，我国城乡居民收入虽然有所降低，但仍然差距较大。为加快农村现代化进程，党的十九大报告提出，要实施“乡村振兴战略”。但是，提出乡村振兴战略，不是反对城镇化，也不是要把城乡发展对立起来，而是应该根据我国的实际出发，科学引领现代化进程中的城乡格局及其变化。②“三农”问题的病根是城乡二元结构，统筹城乡经济社会发展是解决好“三农”问题的根本途径。③只有加快破除城乡二元结构的土地、户籍、公共资源配置等制度障碍，并辅之以配套的政策体系，推进乡村振兴和新型城镇化协调发展④，才能最终实现城乡要素自由双向流动、公共资源配置均衡、城乡融合发展的新局面。

参考文献

蔡昉：《劳动力迁移的两个过程及其制度障碍》，《社会学研究》2001年第4期。

蔡继明：《关于加快农民工市民化的建议》，《中国青年报》2016年3月8日。

① 《银监会办公厅关于〈加强农村商业银行三农金融服务机制建设监管指引〉的通知》（银监办发〔2014〕287号）。

② 陈锡文：《不要把城乡发展对立起来》，《北京日报》2018年6月11日。

③ 陆学艺：《破除城乡二元结构，实现城乡经济社会一体化》，《社会科学研究》2009年第4期。

④ 蔡继明：《乡村振兴战略应与新型城镇化同步推进》，《学术前沿》2018年第10期。

蔡继明：《“三权分置”：农村改革重大制度创新》，《农家顾问》2016 年第 12 期。

蔡继明：《土地管理法修改建议》，《中国改革》2017 年第 4 期。

蔡继明等：《城市化路径选择：大城市优先还是小城镇优先》，《河北学刊》2017 年第 6 期。

蔡继明：《乡村振兴战略应与新型城镇化同步推进》，《学术前沿》2018 年第 10 期。

陈锡文：《不要把城乡发展对立起来》，《北京日报》2018 年 6 月 11 日。

厉以宁：《论城乡二元体制改革》，《北京大学学报》2008 年第 2 期。

李强：《影响中国城乡流动人口的推力与拉力因素分析》，《中国社会科学》2003 年第 1 期。

陆学艺：《破除城乡二元结构，实现城乡经济社会一体化》，《社会科学研究》2009 年第 4 期。

国务院发展研究中心农村部课题组：《从城乡二元到城乡一体——我国城乡二元体制的突出矛盾与未来走向》，《管理世界》2014 年第 9 期。

国务院发展研究中心课题组：《制度先行：推进集体建设用地合理有序入市》，《中国经济时报》2014 年 2 月 13 日。

王春光：《农村流动人口的“半城市化”问题研究》，《社会学研究》2006 年第 5 期。

汪小亚等：《农村金融改革：重点领域和基本途径》，中国金融出版社 2014 年版。

吴维平等：《寄居大都市：京沪两地流动人口住房现状分析》，《社会学研究》2002 年第 3 期。

徐林：《“逆城镇化”并未出现城市化仍是主旋律》，《中国城市报》2018 年 7 月 2 日。

叶剑平等：《中国农村土地流转市场的调查研究——基于 2005 年 17 省调查的分析和建议》，《中国农村观察》2006 年第 4 期。

中国人民银行：《金融服务报告》，中国金融出版社 2017 年版。

North, D. C., “Institutions and Credible Commitment” [J]. *Journal of Institutional and Theoretical Economics*, 1993, 149 (1): 11 -23.